LER MARX

FUNDAÇÃO EDITORA DA UNESP

Presidente do Conselho Curador
Herman Jacobus Cornelis Voorwald

Diretor-Presidente
José Castilho Marques Neto

Editor-Executivo
Jézio Hernani Bomfim Gutierre

Conselho Editorial Acadêmico
Alberto Tsuyoshi Ikeda
Célia Aparecida Ferreira Tolentino
Eda Maria Góes
Elisabeth Criscuolo Urbinati
Ildeberto Muniz de Almeida
Luiz Gonzaga Marchezan
Nilson Ghirardello
Paulo César Corrêa Borges
Sérgio Vicente Motta
Vicente Pleitez

Editores-Assistentes
Anderson Nobara
Henrique Zanardi
Jorge Pereira Filho

EMMANUEL RENAULT
GÉRARD DUMÉNIL
MICHAEL LÖWY

LER MARX

Tradução
Mariana Echalar

© 2010 da tradução brasileira
© 2009 Presses Universitaires de France (PUF)
Título original: *Lire Marx*

Fundação Editora da Unesp (FEU)
Praça da Sé, 108
01001-900 – São Paulo – SP
Tel.: (0xx11) 3242-7171
Fax: (0xx11) 3242-7172
www.editoraunesp.com.br
www.livrariaunesp.com.br
feu@editora.unesp.br

CIP – Brasil. Catalogação na fonte
Sindicato Nacional dos Editores de Livros, RJ

D922L
Duménil, Gérard
   Ler Marx / Gérard Duménil, Michael Löwy, Emmanuel Renault; tradução Mariana Echalar. – São Paulo: Editora Unesp, 2011.
   280p.

Tradução de: Lire Marx
Inclui bibliografia
ISBN 978-85-393-0123-2

1. Marx, Karl, 1818-1883.   2. Filosofia marxista.   3. Socialismo.   4. Comunismo.   I. Löwy, Michael, 1938-.   II. Renault, Emmanuel, 1967-.   III. Título.

11-2413.   CDD: 320.532
                                                         CDU: 321.74

Editora afiliada:

SUMÁRIO

7   Apresentação

11 **Primeira parte**
    Política
      Michael Löwy

15 Capítulo 1
    Da esquerda hegeliana ao comunismo

35 Capítulo 2
    A revolução proletária

57 Capítulo 3
    A análise das revoluções de 1848

71 Capítulo 4
    A Internacional, o Estado e a comuna russa

103 **Segunda parte**
    Filosofia
      Emmanuel Renault

109 **Capítulo 1**
Crítica da religião, da política e da filosofia
(*Anais Franco-Alemães*)

141 **Capítulo 2**
Trabalho alienado e filosofia da prática
(*Manuscritos de 1844* e *Teses sobre Feuerbach*)

177 **Capítulo 3**
Crítica da ideologia e abandono da filosofia
(*A ideologia alemã*)

205 **Terceira parte**
Economia
Gérard Duménil

211 **Capítulo 1**
O projeto e o método

235 **Capítulo 2**
Mercadoria, dinheiro e capital

271 **Capítulo 3**
Concorrência, técnica, distribuição e finanças

305 Obras sobre Marx

309 Referências bibliográficas

APRESENTAÇÃO

"Marx morreu definitivamente para a humanidade." De que ano data esse clamor de um grande pensador liberal? De 1989, ano da queda do Muro de Berlim, ou de 1991, ano da dissolução da URSS? Na realidade, trata-se de um anúncio solene de Benedetto Croce feito em... 1907. A profecia revelou-se um tanto prematura. Dez anos depois, em 1917, o morto ressuscitou em Petrogrado [atual São Petersburgo] e, na sequência, de diferentes formas, no resto do mundo. Hoje, fala-se menos em fim do que em "retorno" de Marx, e o jornal *The New York Times* pergunta se ele não seria o grande pensador do século XXI – é claro: desde que não se confunda o original com a falsificação, as ideias de Marx com suas caricaturas autoritárias.

Qual é o objetivo deste livro nesse contexto novo? O leitor não encontrará nele um manual do marxismo. E pelo simples motivo de que estamos convencidos de que a única maneira de conhecer o pensamento de Marx é ler seus escritos, atentando para o modo como ele formula suas ideias e ordena seus argumentos, como ele apresenta os problemas e constrói suas soluções. O que propomos é simplesmente *uma introdução à leitura de Marx*, a partir de uma seleção de textos em que cada um é precedido de uma rápida contextualização e seguido de uma explicação.

Várias coletâneas de "trechos escolhidos" de Marx e do marxismo, quase sempre de excelente qualidade, foram publicadas em francês. Citamos em especial *Introduction aux morceaux choisis de Karl Marx* [Introdução a trechos escolhidos de Karl Marx], de Henri Lefebvre e Norbert Gutterman; uma década e meia depois, *Pages choisies pour une éthique socialiste* [Páginas escolhidas para uma ética socialista], de Maximilien Rubel; e, dezoito anos depois, *Marx et les marxistes* [Marx e os marxistas], de Kostas Papaioannou. Essas obras – hoje esgotadas e dificilmente encontradas – apresentam excertos curtos ou sem explicação. Nós, de nossa parte, quisemos facilitar a leitura dos "trechos escolhidos", aliando-os a uma apresentação que os situa em seu contexto histórico e teórico e explicita seus princípios e consequências principais. Para preservar o caráter introdutório deste livro, evitamos tanto quanto possível citar os debates de interpretação e as referências aos incontáveis comentários oriundos do marxismo ou da pesquisa acadêmica.[1] Procuramos do mesmo modo ressaltar tudo que nas análises políticas, filosóficas e econômicas de Marx (1818-83) parece se manter atual neste início do século XXI.

O leitor encontrará a seguir trechos de Marx e não de Engels, embora a colaboração entre os dois amigos tenha sido igualmente durável e decisiva. Essa escolha não significa ignorância da influência recíproca, nem julgamento de valor. Apenas se funda no fato de que, apesar da grande proximidade, os pensamentos de Marx e Engels não são idênticos. Vários textos selecionados, porém, são obra comum dos dois fundadores do marxismo.

Os excertos foram classificados em três grandes seções "disciplinares": Política, Filosofia e Economia. Essa ordem de apresentação tem a vantagem de tornar clara a coerência específica das intervenções políticas, filosóficas e econômicas de Marx, bem como a atualidade que ainda mostram à luz das questões políticas que se colocam hoje e do estado dos debates na Filosofia e na Economia. Mas essa vantagem tem como contrapartida o fato de dissimular o que constitui as duas originalidades principais do pensamento de Marx: de um lado, a unidade de seu trabalho

---

1 O leitor que quiser aprofundar seus conhecimentos sobre Marx encontrará na seção "Obras sobre Marx" (p.305) um instrumento destinado a orientar suas leituras.

teórico com suas intervenções práticas (uma unidade da teoria com a prática que foi designada algumas vezes pelo conceito de "filosofia da práxis"); de outro, a imbricação das dimensões filosóficas, econômicas, históricas, sociológicas e políticas de sua teoria (uma dimensão interdisciplinar que podemos considerar essencial a qualquer "teoria crítica da sociedade"). O próprio modo de proceder de Marx – que é chamado de materialismo histórico, dialética revolucionária, filosofia da práxis ou teoria crítica – esquiva-se por vocação da oposição entre teoria e prática, tanto quanto das divisões disciplinares, mas nem por isso deixa de ter um interesse teórico particular em disciplinas como a Ciência Política, a Filosofia e as Ciências Econômicas.

Cada uma dessas três seções é organizada de acordo com um princípio específico: a primeira segue a evolução das ideias políticas de Marx e o modo como ele reagiu aos problemas colocados pelas evoluções históricas de seu tempo; a segunda examina a maneira como Marx desenvolve e radicaliza sua crítica da filosofia; e a terceira recupera a coerência da teoria econômica de *O capital*.

A apresentação dos textos políticos obedece à ordem cronológica de sua redação e estende-se por quase todo o período de atividade intelectual de Marx. Essa primeira parte faz ao leitor uma apresentação do conjunto de ideias de Marx, ao mesmo tempo que dá um esclarecimento específico sobre o modo como ele articulou abordagens teóricas e intervenções práticas por ocasião de questões políticas decisivas. A segunda parte, dedicada aos textos filosóficos, trata dos escritos de juventude e analisa a trajetória que vai de um projeto de "filosofia crítica" à ideia de "saída da filosofia". Sair da filosofia significava para Marx passar da filosofia para a crítica da economia política, e é precisamente à teoria econômica de Marx que a terceira parte se dedica, concentrando-se na análise da obra maior que é *O capital*.

Michael Löwy optou por apresentar os textos políticos; Emmanuel Renault, os filosóficos; e Gérard Duménil, os econômicos. O conjunto constitui uma empreitada coletiva, mas em última instância cada um é responsável por sua parte. O leitor constatará que a obra de Marx não é unívoca, de modo que é possível ler Marx de diferentes maneiras. Ainda que as interpretações defendidas pelos três autores concordem na maioria das vezes, o leitor verificará talvez diferenças em formulações e ênfases que não têm nada a ver com contradição, mas antes com perspectivas às vezes diferentes.

A maioria dos textos citados foi retraduzida por Emmanuel Renault.[2] Todos os textos traduzidos remetem a uma edição francesa corrente e a uma edição alemã de referência (ver a lista a seguir).[3] Acrescentamos que a leitura desses excertos e a compreensão de seus desafios pode ser facilitada se o leitor recorrer ao livro *Les 100 mots du marxisme* [As 100 palavras do marxismo]. Mas a leitura de excertos comentados, tanto quanto de vocabulários, não substitui o estudo direto do pensamento do autor. Se suscitarmos em alguns leitores dessa coletânea o desejo de retornar aos textos integrais, aos artigos e às obras de Marx, teremos alcançado nosso objetivo.

Nota da edição brasileira

Os textos de Marx foram traduzidos diretamente da edição francesa. Sobre as referências bibliográficas citadas pelos autores, procuramos sempre que possível indicar a obra equivalente em português. E a respeito dos títulos dos livros do próprio Marx, optamos por grafar a nomenclatura corrente em português.

---

2 Alguns textos foram retraduzidos por Michael Löwy, outros são traduções recentes (como os trechos do livro 1 de *O capital*) e outros ainda foram escritos por Marx em francês.

3 Somente constam da lista os textos utilizados diversas vezes e em diferentes partes deste livro.

PRIMEIRA PARTE
POLÍTICA

Marx não escreveu tratados de teoria política como Locke nem sistemas de filosofia do Estado como Hegel. Se seus primeiros textos (de 1846 a 1847) eram notas polêmicas contra Hegel e os jovens hegelianos, posteriormente seus principais trabalhos políticos foram *escritos no calor da ação*, fossem eles análises de movimentos revolucionários (Revolução de 1848, Comuna de Paris) ou intervenções nos debates do movimento operário, em especial o alemão e o russo. Trata-se de um pensamento *em movimento*, que parte das lutas reais dos oprimidos e se enriquece com suas experiências revolucionárias.

Em Marx, portanto, não encontramos um "sistema político", mas algumas ideias centrais que percorrem a maioria de seus textos políticos: as infâmias do capitalismo, a luta de classes dos explorados, a revolução como autoemancipação dos trabalhadores, o comunismo como possibilidade de uma sociedade sem classes. Tentaremos seguir nesta primeira parte, em ordem cronológica, a evolução das ideias políticas de Marx mediante alguns textos essenciais, escolhidos segundo critérios que inevitavelmente comportam uma cota de arbitrariedade.

Michael Löwy

CAPÍTULO 1

DA ESQUERDA HEGELIANA AO COMUNISMO

A lei sobre o roubo de lenha (1842)

O jornal *Gazeta Renana*[1] foi fruto de uma aliança efêmera entre a esquerda hegeliana e a burguesia liberal da província. Colaborador e em seguida redator do periódico (1842-43), Marx acabou se demitindo, enojado com a falta de combatividade dos liberais diante das ofensivas da censura prussiana. Entre outubro e novembro de 1842, ele analisou os debates da Dieta renana – uma assembleia muito pouco representativa, composta essencialmente de deputados eleitos pelas classes proprietárias das cidades e do campo – a respeito de uma nova lei que reprimia "o roubo de lenha", inclusive o simples fato de apanhar galhos secos, com pena de trabalhos forçados. "Foi de má vontade que acompanhamos esses debates insípidos e aborrecidos", escreveu

---

1 Ao longo da obra, adotamos a seguinte padronização para diferenciar os periódicos de nomes próximos com os quais Marx colaborou: *Gazeta Renana* [*Rheinische Zeitung*] – jornal no qual Marx foi redator entre 1842-43; jornal *Nova Gazeta Renana* [*Neue Rheinische Zeitung: Organ der Demokratie*] jornal fundado por Marx e Joseph Weydemeyer que circulou na cidade alemã de Colônia entre 1848-49; revista *Nova Gazeta Renana* [*Neue Rheinische Zeitung*] – revista fundada em 1850 por Marx e Engels no exílio inglês. (N. E.)

no último artigo. Se os acompanhou, apesar de tudo, foi porque o assunto lhe parecia particularmente ignóbil:

> Se toda violação de propriedade, de forma indiferenciada, sem determinação mais precisa, é roubo, toda propriedade privada não seria roubo? Não excluo, por minha propriedade privada, qualquer terceiro dessa propriedade? [...]
> Nós, pessoas pouco práticas, exigimos para a multidão pobre e despossuída política e socialmente o que esses lacaios obedientes e dóceis que são esses pretensos historiadores apresentaram como a verdadeira pedra filosofal a fim de transformar qualquer medida impura em ouro jurídico puro. Reivindicamos para os pobres o *direito consuetudinário* e, mais precisamente, um direito consuetudinário que não seja local, mas um direito consuetudinário que seja o direito consuetudinário dos pobres em todos os países. Vamos ainda mais longe e afirmamos que, segundo sua natureza, o direito consuetudinário só pode ser o direito dessa massa despossuída, a mais baixa e elementar. [...]
> Um senso instintivo do direito afirma-se, portanto, nesses costumes da classe pobre; sua raiz é positiva e legítima, e a forma do *direito consuetudinário* é aqui tanto mais conforme à natureza quanto *a própria existência da classe pobre* continua sendo até hoje um *simples costume* da sociedade burguesa, classe que ainda não encontrou, no círculo da organização consciente do Estado, um lugar apropriado. [...]
> A crueldade é típica das leis que ditam a covardia, porque a covardia só pode ser enérgica na medida em que é cruel. Ora, o interesse privado é sempre covarde, porque seu coração e sua alma são objetos externos, que sempre podem ser arrancados e avariados, e quem não tremeria diante do perigo de perder seu coração e sua alma? Como o legislador egoísta seria humano, se o inumano, um ser material estranho, é seu ser supremo? [...]
> Esse *materialismo depravado*, esse pecado contra o espírito santo dos povos e da humanidade é consequência imediata da doutrina pregada pela *Preussische Staatszeitung* ao legislador, segundo a qual somente se devem considerar o bosque e a floresta na legislação a respeito da lenha, e devem-se resolver os problemas materiais específicos de forma *não política*, isto é, sem relação com a racionalidade do Estado e a moralidade políticas.
> Os *selvagens de Cuba* consideravam o ouro o *fetiche dos espanhóis*. Dedicaram-lhe festa e cantos, depois o jogaram no mar. Os

selvagens de Cuba, se tivessem assistido à sessão da Dieta renana, não teriam considerado a *lenha* o *fetiche* dos *renanos*?[2]

Marx não esconde seu desprezo pelos representantes dos interesses privados dos proprietários de florestas, cuja "alma miserável nunca foi iluminada por um pensamento de Estado"; critica o fato de quererem transformar o Estado em instrumento de uso próprio, as autoridades do Estado em criados a seu serviço, os órgãos do Estado em "orelhas, olhos, braços e pernas com que o interesse do proprietário das florestas ouve, espiona, avalia, protege, pega e corre".[3] Apesar de estar longe do comunismo, não deixa de denunciar o interesse privado, cuja alma "mesquinha, estúpida [*geistlos*, literalmente sem espírito] e egoísta" é sempre covarde, porque seu coração é um objeto externo que pode ser arrancado. Marx chega ao extremo de utilizar, ainda que de forma retórica, o argumento de Proudhon de que "a propriedade é o roubo". Mas, acima de tudo, defende os direitos consuetudinários dos mais pobres, descritos por ele em termos muito próximos daqueles que empregou anos depois para se referir ao proletariado: eles são uma "raça" que "tem como única propriedade os braços incontáveis que servem para colher os frutos da terra para as raças superiores, enquanto ela mesma come poeira", enfim uma camada social "política e socialmente espoliada".[4] Ele retoma ironicamente o argumento do direito tradicional, consuetudinário, utilizado pela escola histórica do direito, "esses lacaios obedientes", para defender os privilégios da nobreza, e coloca-o a serviço da causa dos pobres – não apenas os da Renânia, mas "os pobres de todos os países", essa classe excluída e oprimida "que não possui nada". Vemos surgir também, no fim da série de artigos, a ideia do fetichismo econômico, emprestada da terminologia do colonialismo ibérico, mas dirigida aqui contra os proprietários dos bosques.

Contudo, Marx não vê ainda esses pobres, esses camponeses oprimidos que apanham galhos secos nas florestas senhoriais,

---

2 Marx, La loi sur les vols de bois. In: *Oeuvres philosophiques*, v.5, p.123, 127, 135, 139, 184-5 [*Marx Engels Werke*, v.1, p.113, 115, 119, 121-2, 147].
3 Ibid., p.147, 155.
4 Ibid., p.128.

como "sujeito histórico". Ele vê em sua miséria apenas o aspecto passivo: a penúria, a necessidade, o sofrimento. Aliás, a própria palavra alemã (*Leiden*) que ele emprega constantemente para se referir aos pobres significa, ao mesmo tempo, "sofrimento" e "passividade". Podemos explicar essa atitude por sua maneira jovem-hegeliana de agir – opondo o "espírito ativo" à "matéria passiva" –, mas devemos levar em conta também que a classe camponesa permaneceu relativamente passiva na Europa nessa época, enquanto o lado "ativo" da miséria operária já era bastante perceptível, ao menos na França e na Inglaterra.

Fiel à abordagem hegeliana, Marx vê a miséria social em 1842 não como um fermento da revolta emancipadora, mas como um "objeto" (*Gegenstand*), uma "situação" (*Zustand*) que seria preciso reconhecer e à qual o Estado deveria prestar auxílio.[5] Como Hegel, acredita que é o "Estado racional" que deve apresentar a solução: cada questão material deve encontrar uma solução política "conforme à racionalidade do Estado e à moralidade política"; idealista, opõe "o santo espírito dos povos" ao "materialismo depravado" dos proprietários.[6] Em outro artigo da *Gazeta Renana*, datado da mesma época e dedicado à representação por estados sociais (*Ständische Ausschüsse*), Marx opõe a "vida orgânica do Estado" às "esferas da vida não estatal", a "razão de Estado" às "necessidades privadas inertes", a "inteligência política" aos "interesses particulares", os "elementos do Estado" às "coisas passivas, materiais, sem espírito e sem autonomia". Termina afirmando que num

> verdadeiro Estado, não existe propriedade fundiária, indústria ou substância industrial que possa, como elemento bruto, entrar em acordo com o Estado; existem somente forças espirituais, e somente em sua reconstrução estatal, em seu renascimento político, são admitidas no Estado as forças materiais.[7]

---

5 Ver, por exemplo, os artigos da mesma época sobre a situação dos camponeses da Moselle.
6 Marx, La loi sur les vols de bois. In: *Oeuvres philosophiques*, p.185.
7 Id., L'*Allgemeine Zeitung* à propos des commissions représentatives des ordres en Prusse. In: *Oeuvres*: philosophie. Paris: Gallimard, 1982, p.293-310.

É claro que, como os outros hegelianos de esquerda, em especial seu amigo Arnold Ruge, ele rejeita a identificação hegeliana entre o Estado prussiano "realmente existente", burocrático e absolutista, e o Estado racional. Para ele, este último só pode ser democrático e oposto ao poder dos interesses privados. Aliás, procuraríamos em vão em Hegel o equivalente à sova de lenha verde que o jovem Marx deu nos proprietários privados, esses egoístas covardes e estúpidos. Enfim, mesmo se mantendo fiel à concepção hegeliana do Estado racional, pela crítica ao Estado prussiano Marx já envereda para o caminho que um ano depois, em 1843, levaria ao rompimento total com a filosofia do Estado de Hegel.

Como lembra Daniel Bensaïd em *Les dépossédes* [Os despossuídos], os artigos de Marx, ao opor o direito de uso consuetudinário dos pobres – apanhar lenha – ao direito de propriedade capitalista dos proprietários das florestas, são de grande atualidade neste momento de globalização comercial e privatização generalizada do mundo. Numa época de apropriação privada crescente das riquezas naturais e sociais – o equivalente dos "cercamentos" da acumulação primitiva –,[8] de brutal privatização neoliberal dos direitos comuns – proteção social, saúde, aposentadorias – e dos produtos da inteligência universal – a ciência, os saberes –, o combate de Marx em favor da "economia moral" dos pobres – a expressão é do historiador marxista inglês Edward P. Thompson –, baseada na solidariedade, contra as "águas glaciais do cálculo egoísta", é mais do que nunca significativo.[9]

A luta em defesa dos *bens comuns* da humanidade é um dos desafios mais importantes do movimento altermundialista –[10] para o qual "o mundo não é uma mercadoria" –, assim como de diversos movimentos, em especial de camponeses e índios, que tentam resistir ao rolo compressor da expansão capitalista. Trata-se também do desafio do movimento ecológico, que luta pela proteção dos bens comuns naturais – a água, a terra, o ar – contra a destruição, a pilhagem e a poluição que inevitavelmente resultam da acumulação do capital.

---

8 Ver mais adiante o capítulo "A Internacional, o Estado e a comuna russa", (p.71).
9 Bensaïd, *Les dépossédés*.
10 Referência ao movimento também conhecido como antiglobalização. (N. E.)

Crítica à Filosofia do Direito de Hegel (1843)

A experiência da luta contra a censura de Estado, à frente da *Gazeta Renana*, e da falta de coragem dos acionistas burgueses/liberais do jornal levou Marx a se demitir do cargo de redator. Depois desse rompimento, durante uma estadia em Kreuznach no verão de 1843, Marx encheu um caderno volumoso com trechos da *Filosofia do Direito*, de Hegel, seguidos de comentários (muito) críticos. Esse manuscrito foi publicado somente em 1927, por David Riazanov, numa edição do Instituto Marx-Engels-Lênin de Moscou.

Na democracia, nenhum momento adquire outro significado além daquele que lhe cabe. Cada momento é verdadeiramente momento do *demos* total. Na monarquia, uma parte determina o caráter do todo. [...]
Hegel parte aqui do Estado e faz do homem o Estado subjetivado; a democracia parte do homem e faz do Estado o homem objetivado. Do mesmo modo que a religião não faz o homem, mas o homem faz a religião, não é a constituição que faz o povo, mas o povo que faz a constituição. [...]
Na democracia, o Estado político [...] é apenas um conteúdo *particular*, como *uma forma de existência* particular do povo. [...] Os franceses da época moderna compreenderam assim que, na verdadeira democracia, *o Estado político desaparece*. Isso é justo na medida em que, como Estado político, como constituição, ele não vale mais para o todo. [...]
Na democracia, a constituição, a lei e o próprio Estado são apenas uma autodeterminação, um conteúdo determinado do povo, na medida em que esse conteúdo é constituição política. [...]
Na democracia, o Estado *abstrato* deixou de ser o momento dominante. A própria luta entre a monarquia e a república é ainda uma luta dentro do Estado abstrato. A república *política* é a democracia dentro da forma abstrata do Estado. [...]
A propriedade etc., enfim todo o conteúdo do direito e do Estado é, com algumas poucas modificações, a mesma na América do Norte e na Prússia. Lá, a *república* é uma simples *forma* do Estado como é aqui a monarquia. O conteúdo do Estado encontra-se fora dessas constituições. [...]

A *constituição política* foi até o presente *a esfera religiosa, a religião* da vida do povo, o céu de sua universalidade em oposição à *existência terrena* de sua realidade. [...] A *monarquia* é a expressão consumada dessa alienação. A *república* é sua negação dentro de sua própria esfera. É evidente que a constituição política somente se constitui como tal onde as esferas privadas adquiriram uma existência independente. Onde o comércio e a propriedade territorial não são livres, onde ainda não se tornaram independentes, a constituição política também ainda não o é. A Idade Média era *a democracia da não liberdade*.

A abstração do *Estado como tal* pertence aos tempos modernos, porque a abstração da vida privada pertence aos tempos modernos. A abstração do *Estado político* é um produto moderno. [...] A burocracia é o Estado imaginário ao lado do Estado real, o espiritualismo do Estado. Logo tudo tem um duplo significado, um real e outro burocrático, do mesmo modo que o saber é duplo, um saber real e outro burocrático. [...] O espírito geral da burocracia é o segredo, o *mistério*, guardado em seu seio pela hierarquia e protegido do exterior como corporação fechada. [...] A *autoridade* é, portanto, o princípio de seu saber e a *divinização* da autoridade é sua *moral*. Mas, no próprio seio da burocracia, o espiritualismo torna-se um *materialismo crasso*, o materialismo da obediência dócil, da fé na autoridade, do *mecanismo* de uma atividade formal e fixa. [...]

É um progresso da História que transformou os *estados políticos* em estados *sociais*, de modo que, assim como os cristãos são iguais no céu e desiguais na terra, os diferentes membros do povo são *iguais* no céu de seu mundo político e desiguais na existência terrena da *sociedade*. [...] Apenas a Revolução Francesa consumou a transformação dos estados *políticos* em estados *sociais* ou fez das *diferenças de estados* da sociedade civil simples diferenças sociais. [...]

A sociedade civil atual é o resultado do princípio do *individualismo*; a existência individual é o objetivo final: atividade, trabalho, conteúdo etc. são *apenas* meios.[11]

Essas notas dão testemunho da rápida radicalização do pensamento do jovem Marx ao longo do ano; na realidade, constituem seu rompimento não apenas com a identificação hegeliana entre

---

11 Marx, *Critique du droit politique hégélien*, p.68-71, 92, 135-6 [*Marx Engels Werke*, v.1, p.230-3, 249, 283-5].

Estado racional e Estado prussiano, mas com toda a concepção hegeliana do Estado. Ele desconstrói impiedosamente todos os argumentos de Hegel, começando por sua apologia à monarquia e à burocracia, essa categoria social que supostamente deveria encarnar os interesses universais perante a esfera da sociedade civil. A crítica ao espírito burocrático, ao culto do mistério, ao "materialismo crasso" – o sistema da obediência dócil – e à "divinização da autoridade" é um dos momentos mais fortes desse manuscrito e parece anunciar Kafka ou os críticos socialistas da burocracia soviética.

O método inspira-se na crítica da religião de Ludwig Feuerbach: do mesmo modo que não foi Deus que criou o ser humano, mas o inverso, não é o Estado ou a constituição que criam o povo, mas o contrário. Essa crítica da inversão entre sujeito e predicado inspira-se no princípio democrático. Contra Hegel, Marx mostra que a política do Estado é abstrata e alienada, é "a *religião* da vida do povo, o céu de sua universalidade diante da *existência terrena* de sua realidade" e "só o povo é um termo concreto".[12]

Em 1842, nos artigos da *Gazeta Renana* – como aquele a respeito do roubo de lenha –, a *problemática* central era a seguinte: como assegurar a universalidade do Estado contra o ataque dos interesses privados que querem subjugá-lo? Tendo rompido com a filosofia hegeliana do Estado, a *questão* que Marx coloca agora é outra: por que a universalidade é alienada no Estado e como "superar e suprimir" essa alienação? A resposta que ele esboça prepara o caminho para sua adesão ao comunismo alguns meses depois: é a "essência privada" da sociedade civil, isto é, seu individualismo atomístico centrado na propriedade privada, que funda a alienação do universal num "céu político"; por essa razão, a existência da constituição política está historicamente vinculada à liberdade do comércio e da propriedade, à independência das esferas privadas: a Idade Média não teve Estado político abstrato.

É nesse contexto que devemos considerar o significado da solução proposta por Marx: a "verdadeira democracia". Não se trata absolutamente da democracia republicana burguesa, mas de uma transformação radical que implique a superação tanto

---

12 Ibid., p.71, 66.

da forma alienada do Estado político quanto da sociedade civil "privatizada". O conceito de democracia remete não só à soberania do povo – o *demos* –, como também ao fim da separação entre o social e o político, entre o universal e o particular. É nesse sentido que Marx descreve a Idade Média como a "democracia da não liberdade": expressão paradoxal que significa simplesmente ausência de distinção entre a esfera social e a política.

A posição de Marx em relação à república burguesa é clara: a república norte-americana e a monarquia prussiana são formas políticas distintas que cobrem o mesmo conteúdo, qual seja, a propriedade privada. No Estado republicano instaurado pela Revolução Francesa, os membros do povo são *"iguais* no céu de seu mundo político e desiguais na existência terrena da *sociedade".* A conclusão implícita é que não basta mudar a *forma* política, república ou monarquia: é preciso combater o *conteúdo* social, a desigualdade e a propriedade privada. Vemos aqui como essa crítica da alienação do Estado conduz Marx para o caminho do comunismo.

Com essa desmistificação da esfera política em 1843, ele ultrapassa seu amigo Ruge, um hegeliano de esquerda partidário das soluções puramente "políticas" (a República), e vira-se não mais para o Estado como "verdade" dos problemas sociais (como o sofrimento dos pobres), como ainda era sua posição nos artigos da *Gazeta Renana*, mas para o povo real, para a vida social. Coloca-se assim muito perto de comunistas como Moses Hess, cujo *leitmotiv* era precisamente a primazia do "social" sobre o "político", tese que Marx defenderia em seus artigos nos *Anais Franco-Alemães*.

Numa frase enigmática, Marx faz alusão ao fato de concordar com as teorias dos "franceses modernos" – Proudhon, sem dúvida – para os quais "na verdadeira democracia o Estado político desaparece". Mas parece interpretar essa tese num sentido mais nuançado: o Estado deixa de ser "o todo", ou o elemento dominante, e torna-se apenas um momento particular do "grande *demos*".

Uma das interpretações mais interessantes do "Manuscrito de Kreuznach" é a proposta por Miguel Abensour, em seu livro *A democracia contra o Estado*. O objetivo desse livrinho brilhante é destacar a força subversiva de um Marx que critica, sob a bandeira da democracia, a lógica dominadora do Estado político moderno.

Segundo Abensour, a crise intelectual de 1843 representa, no percurso do jovem Marx, o momento do rompimento com a utopia jovem-hegeliana do Estado racional e da crítica radical da alienação política moderna. O sujeito da atividade política só pode ser o povo ou, para retomar o termo grego original utilizado pelo próprio Marx, o *demos*. Trata-se de instituir, pela supressão do Estado político alienado – mas não da atividade política como ser-conjunto orientado para a liberdade –, a verdadeira democracia. Entre o Estado e a verdadeira democracia marxiana existe uma tensão, um conflito, uma oposição permanente: quanto mais forte o Estado, mais fraca a democracia e vice-versa. Essa é uma problemática que não se limita ao "Manuscrito de Kreuznach": encontra-se na obra de Marx, em especial nos escritos sobre a Comuna de Paris. A crítica de 1843 inaugura assim aquilo que poderíamos chamar de momento libertário da reflexão marxiana.

Introdução à crítica da Filosofia do Direito de Hegel (1844)

Esse texto brilhante, pontuado de intuições fulgurantes e formulações incisivas, é o momento de uma descoberta capital para o pensamento de Karl Marx: a do *proletariado* como classe emancipadora da sociedade. Como sabemos, ele foi fiel a essa descoberta até o dia de sua morte. Trata-se também de um escrito inspirado por um verdadeiro humanismo revolucionário, como testemunha o famoso "imperativo categórico de derrubar todas as condições sociais em que o ser humano é um ser diminuído, subjugado, abandonado, desprezível".

Esse foi o segundo artigo publicado por Marx – além de *Sobre a questão judaica*, escrito alguns meses antes – no único número dos *Anais Franco-Alemães*, revista publicada em Paris no início de 1844 que deveria reunir a esquerda jovem-hegeliana exilada na França e a esquerda socialista francesa (na realidade, somente autores alemães participaram dessa iniciativa, que não foi adiante).

É claro que a arma da crítica não pode substituir a crítica das armas, a força material deve ser derrubada pela força material, mas

a teoria também se torna uma força material quando arrebata as massas. [...] A crítica da religião acaba na doutrina de que *o ser humano é, para o ser humano, o ser supremo*, portanto no imperativo categórico de derrubar todas as relações em que o ser humano é um ser diminuído, subjugado, abandonado, desprezível. [...]
Mesmo de um ponto de vista histórico, a emancipação teórica tem um significado especificamente prático para a Alemanha. O passado *revolucionário* da Alemanha é de fato teórico: a *Reforma*. Nessa época, a revolução começa no cérebro de um *monge*, como agora no de um *filósofo*. [...]
Uma revolução alemã *radical*, contudo, parece esbarrar numa dificuldade capital. As revoluções têm de fato necessidade de um elemento *passivo*, de um fundamento *material*. A teoria nunca se realiza num povo senão na medida em que é a realização de suas necessidades. [...]
Não é a revolução *radical*, não é a emancipação *humana universal* que é o sonho utópico da Alemanha, mas a revolução parcial, *apenas* política, a revolução que deixa de pé os pilares da casa. Sobre o que repousa uma revolução parcial, uma revolução apenas política? Sobre o fato de que *parte da sociedade civil* se emancipa e alcança a dominação *universal*; sobre o fato de que determinada classe empreende a emancipação geral da sociedade a partir da *situação particular* que é a sua. [...]
Na Alemanha, porém, cada classe particular não carece apenas da determinação, do rigor, da coragem, da dureza radical que poderia carimbá-la como representante negativo da sociedade. Cada Estado [no sentido dos Estados do Antigo Regime] carece tanto quanto dessa largueza de alma que se identifica, nem que seja momentaneamente, com a alma do povo, dessa genialidade que dá à força material a animação do poder político, dessa ousadia revolucionária que lança ao adversário estas palavras de desafio: "Não sou nada e deveria ser tudo". [...] Cada esfera da sociedade civil vive sua derrota antes de celebrar sua vitória, cria seus próprios obstáculos antes de derrubar os que são erguidos diante dela, faz valer sua mesquinharia antes de revelar sua generosidade, de modo que a ocasião de representar um grande papel é sempre perdida antes mesmo de se fazer presente, e cada classe, mal começa o combate contra a que está acima dela, já se enreda no combate com a que se encontra abaixo dela. Assim, os príncipes lutam com a realeza,

o burocrata com o nobre, o burguês com todos eles, enquanto o proletário começa já a engajar a luta com o burguês. Mal a classe média ousa conceber a ideia de emancipação a partir de seu ponto de vista próprio, o desenvolvimento das condições sociais, assim como o progresso da teoria política, fazem esse ponto de vista parecer antiquado, ou no mínimo problemático. [...]

Onde está então a possibilidade *positiva* da emancipação alemã?

Resposta: na formação de uma classe de *laços radicais*, de uma classe da sociedade civil que não seja uma classe da sociedade civil, de um Estado que seja a dissolução de todos os Estados, de uma esfera que possua um caráter universal por conta de seus sofrimentos universais e não reivindique um *direito particular*, uma vez que não sofreu uma *injustiça particular*, mas *injustiça pura e simples*, que não possa mais pretender um título histórico, mas apenas um título *humano*, que não esteja em oposição unilateral com as consequências do Estado alemão, mas em oposição global com suas pressuposições, enfim, de uma esfera que não possa se emancipar sem se emancipar de todas as outras esferas e, com isso, emancipá-las todas, em suma, que seja a *perda total* do ser humano e, portanto, só possa ser conquistada pela *reconquista completa do ser humano*. Essa dissolução da sociedade num Estado particular é o *proletariado*. [...]

Do mesmo modo que a filosofia encontra no proletariado suas armas *materiais*, o proletariado encontra na filosofia suas armas *espirituais*, e tão logo o clarão do pensamento atingir os confins desse terreno popular ingênuo, a transformação emancipadora dos *alemães* em *seres humanos* se consumará. [...] A *cabeça* dessa emancipação é a filosofia; o *coração* é o proletariado [...].[13]

A estrutura desse artigo não é mais que uma descrição metafórica do trajeto político-filosófico de Marx entre 1842 e 1844: um pensamento crítico em busca de uma base material na Alemanha, uma "cabeça" à procura de um "corpo". O jovem Marx está convencido de que essa base social para a teoria revolucionária não pode ser a burguesia alemã: como chegou tarde demais à cena da História, não tem a ousadia do terceiro Estado

---

13 Id., *Philosophie*, p.99-101, 103-7 [*Marx Engels Werke*, v.1, p.385-6, 388-91].

francês de 1789. Ameaçada pelo proletariado já no momento em que tenta se opor à realeza e à nobreza, faz valer toda a estreiteza de sua visão antes de poder fazer valer sua generosidade; enfim, torna-se conservadora e medrosa no momento em que deveria ser revolucionária. Consequentemente, a revolução alemã será humana, universal – isto é, comunista – ou não será. Essa emancipação universal é condição *sine qua non* na Alemanha para a emancipação parcial, isto é, puramente política: a supressão da realeza, a instituição de uma república.

Ora, essa revolução humana universal só pode ser consumada por uma classe que não seja uma "classe particular" da sociedade civil/burguesa, mas uma classe *universal*, que não tenha nenhum privilégio a defender, que não tenha nenhuma outra classe abaixo dela, uma classe que possa se emancipar sem emancipar toda a sociedade: o *proletariado*. Somente o proletariado tem um caráter verdadeiramente universal "por conta de seus sofrimentos universais" e não reivindica "um direito particular". Trata-se de uma classe com "laços radicais". Ora, "uma revolução radical só pode ser a revolução das necessidades radicais".

Podemos considerar esse esboço de análise da revolução alemã – fundada em parte na experiência frustrante de aliança com a burguesia "esclarecida" na *Gazeta Renana*, em 1842 – um primeiro esboço da ideia de "revolução permanente" que Marx desenvolveria em seguida, em 1850: em países como a Alemanha, que estavam atrasados do ponto de vista do desenvolvimento histórico, apenas a revolução proletária/socialista poderia cumprir as tarefas históricas que a burguesia francesa havia cumprido em 1789.

Devemos ressaltar que a descoberta do proletariado alemão foi essencialmente uma operação filosófica: Marx não teve contato com o movimento operário alemão, e nenhum acontecimento na Alemanha indica essa disposição revolucionária dessa classe oprimida. Aliás, sua concepção das relações entre a filosofia e o proletariado é mais hegeliana de esquerda ou feuerbachiana que... marxista. Para Marx, a revolução nasce na cabeça do filósofo e, num segundo momento, penetra nas massas proletárias. Diante do pensamento filosófico *ativo*, que *arrebata* as massas e *cai* como um raio no "terreno popular ingênuo", o proletariado é visto apenas por seus sofrimentos e necessidades, como uma "base material", como o "elemento *passivo*" da revolução, que serve de arma material para a filosofia e se *deixa* "fulminar" pelo pensamento.

Uma frase-chave do texto ilustra o caráter ainda "feuerbachiano" do artigo: "A *cabeça* dessa emancipação é a filosofia; o *coração* é o proletariado". Ora, encontramos nas *Teses provisórias de reforma da filosofia*, de Feuerbach – obra recebida com entusiasmo por Marx –, toda uma reflexão sobre o contraste entre a *cabeça*, que é *ativa*, espiritual, idealista, política, livre, e o *coração*, que é *passivo*, sensível, materialista, sofredor, social e "necessitoso" (submisso às necessidades). O jovem-hegeliano Ruger, um dos principais interlocutores de Marx na época, desenvolvia o corolário político desta tese feuerbachiana: o social é egoísta e prático, só o político é espiritual e ativo. Marx já rejeitava esse corolário em seus artigos nos *Anais Franco-Alemães*, mas em certa medida ainda aceitava suas premissas filosóficas: a oposição feuerbachiana entre "materialismo passivo" e "atividade espiritual".

Portanto, podemos considerar esse artigo do início de 1844 uma etapa importante, mas ainda não decisiva, do encaminhamento de Marx desde o neo-hegelianismo até sua nova filosofia política, formulada pela primeira vez nas "Teses sobre Feuerbach", em 1845.

Existe uma analogia flagrante entre os temas desse texto do jovem Marx e as concepções do mais notável ideólogo da teoria do "partido, cabeça da classe operária": o Lênin dos anos 1902 a 1904. Como Marx em 1844, Lênin escreve em *Que fazer?*, de 1903, que o socialismo nasce no cérebro dos intelectuais e em seguida deve penetrar na classe operária, por uma "introdução a partir de fora"; o partido cumpre aqui o mesmo papel que os filósofos no artigo dos *Anais Franco-Alemães*. Até as imagens se assemelham: o "clarão" do pensamento revolucionário torna-se "faísca" em Lênin – imagem impressionante que supõe um centro de energia fulgurante, incendiando uma massa ainda inerte que fornece a "base", a "matéria", para o fogo libertador. Essa visão – que seria abandonada tanto por Marx, depois da revolta dos tecelões silesianos de 1844, quanto por Lênin, depois da experiência revolucionária de 1905 – é muito sedutora porque não é de todo falsa, mas apenas parcial. Esquece-se do jogo dialético entre a teoria e as massas: o pensamento revolucionário coerente só pode surgir a partir dos problemas, aspirações e lutas da própria classe oprimida. Para retomar a mesma imagem, diríamos que o clarão só pode surgir do choque entre nuvens carregadas de tempestade.

Glosas marginais sobre o artigo "O rei da Prússia e a reforma social" (1844)

Trata-se de um comentário polêmico de Marx a um artigo publicado em julho de 1844 pelo jovem-hegeliano – de sensibilidade democrática/republicana – Ruge, sob o pseudônimo "Um Prussiano", no *Vorwärts* [Avante], um jornal editado por exilados alemães em Paris. As "glosas" de Marx foram publicadas no mesmo periódico, em agosto de 1844. Sob esse título pouco atraente, esconde-se um texto muito importante para o encaminhamento intelectual e político de Marx, em geral rebaixado a literatura secundária. Ele inaugura, por assim dizer, uma nova fase no movimento do pensamento de Marx, fase em que se constituem sua filosofia da práxis e sua teoria da autoemancipação revolucionária do proletariado.

Num país [...] em que *nem um único soldado* foi necessário para sufocar o desejo de liberdade da imprensa e de constituição do conjunto da burguesia liberal, num país em que a obediência dócil e passiva está na *ordre du jour*,[14] nesse país a obrigação de recorrer à força armada contra fracos tecelões *não seria um acontecimento* e um acontecimento *aterrorizador*? E os fracos tecelões foram vencedores do primeiro confronto. Foram subjugados por tropas reforçadas tarde demais. [...]
Nem um dos levantes de operários na França ou na Inglaterra teve um caráter tão *teórico* e tão *consciente* quanto a revolta dos tecelões silesianos.
Basta lembrar, em primeiro lugar, a *canção dos tecelões*, essa audaciosa *palavra de ordem* da luta, em que não são mencionados nem mesmo uma única vez o lar, a fábrica e o distrito, mas em

---

14 "Agenda." Em francês, no texto de Marx. (N. E.)

que o proletariado proclama de saída, de modo impressionante, cabal, brutal, violento, sua oposição à sociedade de propriedade privada. O levante silesiano *começa* precisamente onde *acabam* as insurreições operárias inglesas e francesas, com a consciência do que é a essência do proletariado. A própria ação comporta esse caráter de *superioridade*. Não são destruídas apenas as máquinas, essas concorrentes do operário, mas também os *livros de registro*, os títulos de propriedade, e enquanto todos os outros movimentos se voltaram primeiro apenas contra o *dono da fábrica*, esse movimento se volta igualmente contra o banqueiro, o inimigo oculto. [...]

No que diz respeito ao nível de cultura ou à aptidão para se cultivar dos operários alemães em geral, lembro os escritos geniais de Weitling, que, do ponto de vista teórico, ultrapassam até com frequência as obras de Proudhon, mesmo sendo bem inferiores em sua realização. [...] Devemos admitir que a Alemanha tanto possui uma vocação *clássica* para a revolução *social* que é incapaz de revolução *política*. De fato, do mesmo modo que a impotência da burguesia alemã é a impotência *política* da Alemanha, as aptidões do proletariado alemão – mesmo fazendo abstração da teoria alemã – são as aptidões sociais da Alemanha. [...] É apenas no socialismo que um povo filosófico pode encontrar a prática que lhe corresponde, portanto é apenas no *proletariado* que ele pode encontrar o elemento ativo de sua libertação. [...] O "Prussiano" encontrará os primeiros elementos de compreensão desse fenômeno em minha "Introdução à crítica da Filosofia do Direito de Hegel" (*Anais Franco-Alemães*). [...]

Tanto uma *revolução social* com uma *alma política* é uma paráfrase ou um absurdo quanto uma *revolução política* com uma *alma social* é uma coisa racional. A *revolução* em geral – a *derrubada* do poder existente e a *dissolução* das antigas relações – é um *ato político*. Mas sem *revolução*, o socialismo não pode se realizar. Ele necessita desse ato *político*, na medida em que necessita de *destruição* e de *dissolução*. Mas quando começa sua *atividade organizadora*, quando emergem seu *fim imanente*, sua *alma*, o socialismo rejeita seu envelope *político* [...].[15]

---

15 Marx, *Philosophie*, p.110, 126-8 [*Marx Engels Werke*, v.1, p.393, 404-5, 408-9].

O tema do debate entre Marx e Ruge é o levante dos tecelões na Silésia, em junho de 1844, a primeira revolta operária da História alemã moderna, esmagada pelo Exército prussiano. Em homenagem aos rebelados, Henri Heine publicou ainda no *Vorwärts* um de seus mais famosos poemas políticos, "Os pobres tecelões", de impressionante violência e radicalismo, uma espécie de resposta revolucionária insolente ao grito de guerra prussiano: "Com Deus, pelo rei e pela pátria".

Maldito seja o falso deus a quem rogamos
No frio do inverno e na aflição da fome.
Em vão esperamos, nele tivemos fé!
E fomos enganados, humilhados, ridicularizados...
Nós tecemos, nós tecemos!

Maldito seja o rei, o rei dos ricos,
Que nossa miséria não conseguiu enternecer,
Que nos extorquiu até o último centavo
E nos mandou fuzilar como cães...
Nós tecemos, nós tecemos!

Maldita seja a pátria mentirosa,
Onde prosperam apenas a vergonha e a infâmia,
Onde toda flor é logo esmagada,
Onde a podridão e a lama alimentam a escória...
Nós tecemos, nós tecemos!

A lançadeira voa, o ofício falha,
Nós tecemos continuamente, dia e noite...
Velha Alemanha, nós tecemos tua mortalha.
Nós tecemos aí a tripla maldição.
Nós tecemos, nós tecemos![16]

Amigo íntimo de Heine, Marx sem dúvida partilhava a opinião do poeta sobre o significado revolucionário da luta dos rebelados silesianos. Para ele – como também para vários de seus

---

16 Heine, *Pages choisies*, p.129-30.

amigos, como mostra sua correspondência –, esse acontecimento veio confirmar, de maneira surpreendente, a previsão que fez no artigo sobre a *Filosofia do Direito de Hegel*, publicado nos *Anais Franco-Alemães*, a respeito do proletariado como a única classe revolucionária na Alemanha.

Em compensação, para Ruge, o levante silesiano fracassou porque "a questão toda ainda não foi animada pela alma política que penetra em tudo", posição estritamente hegeliana, que também era a de Marx em 1842. Para este último, que rompeu com o paradigma hegeliano em 1843, não pode haver solução puramente política para os problemas sociais: ele cita o exemplo histórico dos fracassos de todas as medidas "políticas", tanto as da Convenção de Napoleão quanto as do Estado inglês contra a pobreza. Contra Ruge, Marx insiste na superioridade da revolução social sobre a revolução apenas política: enquanto o motim operário possui uma "alma universal", mesmo quando local, o motim político possui necessariamente "um espírito tacanho". Para ele, a audácia dos tecelões silesianos contrasta com a "passividade" da burguesia alemã. E como a revolta silesiana não era só contra as máquinas – como levantes análogos na França e na Inglaterra –, mas diretamente contra o poder dos patrões e dos banqueiros e a propriedade privada burguesa, ela só fez "crescer o servilismo e a impotência" da burguesia.

Contudo, a partir da análise desse acontecimento, Marx chega a uma conclusão nova em relação ao argumento apresentado no artigo dos *Anais Franco-Alemães*: ele descobre que a "excelente disposição do proletariado alemão para o socialismo" pode se manifestar concretamente, "mesmo fazendo abstração" da filosofia, mesmo sem a intervenção do "clarão do pensamento" dos filósofos. Enfim, descobre que o proletariado não é o "elemento passivo" da revolução, muito pelo contrário: "É apenas no socialismo que um povo filosófico pode encontrar a prática que lhe é apropriada, portanto é apenas no proletariado que ele pode encontrar o elemento ativo de sua libertação". Numa única frase, encontramos três temas novos em relação à visão filosófica anterior:

1) o povo e a filosofia não são mais representados por dois termos separados, dos quais o segundo "penetra" no pri-

meiro – a expressão "povo filosófico" traduz a superação dessa oposição;
2) o socialismo não é mais apresentado como uma teoria pura, uma ideia "nascida na cabeça do filósofo", mas como uma *práxis*.
3) o proletariado torna-se agora o elemento *ativo* da emancipação.

Esses três elementos são os primeiros marcos da teoria da autoemancipação revolucionária do proletariado: conduzem à categoria da práxis revolucionária das "Teses sobre Feuerbach".

A crítica explícita ao jovem-hegelianismo e às ideias de Feuerbach seria formulada em "Teses sobre Feuerbach" e em *A ideologia alemã*, de 1845-46, mas as "Glosas marginais" de agosto de 1844 já representam uma ruptura implícita: fundadas num acontecimento revolucionário real, elas põem em questão não só a filosofia hegeliana do Estado – o que os artigos dos *Anais Franco-Alemães* já haviam feito –, mas também a concepção feuerbachiana das relações entre a filosofia e o mundo, a teoria e a prática. Descobrindo no proletariado o "elemento ativo" da emancipação, Marx, sem dizer uma só palavra a respeito de Feuerbach ou da filosofia, rompe com o esquema que ainda era seu no início de 1844. Por essa tomada de posição "prática" sobre um movimento revolucionário, abriu-se o caminho que o levou à *filosofia da práxis*.

A polêmica de Marx suscitou uma incompreensão geral da parte não só do próprio Ruge, mas de vários de seus amigos jovem-hegelianos. O motivo dessa reação encontra-se muito provavelmente no caráter inovador do artigo, no fato de que, implicitamente, já se situa fora do campo ideológico do jovem--hegelianismo, embora nem todas as implicações teóricas dessa ruptura tenham sido desenvolvidas.

CAPÍTULO 2
A REVOLUÇÃO PROLETÁRIA

A ideologia alemã (1846)

No prefácio de 1888 de seu "Ludwig Feuerbach", Engels classificava as "Teses sobre Feuerbach", de 1845 – um dos objetos do segundo capítulo da segunda parte desta obra –, como "o germe genial de uma nova concepção do mundo". De fato, elas inauguram uma nova maneira de pensar, cuja melhor definição foi dada por Antonio Gramsci: filosofia da práxis. A tese III é talvez a mais importante do ponto de vista político: "A coincidência da mudança das circunstâncias e da atividade humana ou mudança de si mesmo (*Selbstveränderung*) só pode ser captada e racionalmente compreendida como *práxis revolucionária*". Nessa tese, Marx esboça a superação da oposição entre o materialismo francês (primeiro a mudança das circunstâncias) e o hegelianismo de esquerda (primeiro a mudança da consciência). Ele consegue assim superar as ilusões jovem-hegelianas sobre o papel redentor dos filósofos, bem como as diferentes concepções políticas progressistas herdadas do materialismo do século XVIII, condenadas à busca de um "Salvador supremo": já que os indivíduos são moldados pelas circunstâncias – e por elas fadados à ignorância e ao obscurantismo –, eles não podem se libertar; é necessária uma força acima da sociedade para romper esse círculo vicioso:

príncipes esclarecidos, tanto para os enciclopedistas quanto para os socialistas utópicos, ou elite de cidadãos virtuosos, para certos jacobinos e certos discípulos de Graco Babeuf. A posição política alternativa de Marx – a autoemancipação revolucionária do proletariado – seria desenvolvida no transcorrer dos meses seguintes, em A *ideologia alemã*.

Esse manuscrito volumoso, redigido entre 1845 e 1846 em Bruxelas por Marx e Engels, com a colaboração de Moses Hess, era um ajuste de contas prolixo (demais) com os jovens-hegelianos – de Feuerbach a Stirner, passando pelos irmãos Bauer – e ao mesmo tempo uma primeira e brilhante formulação de uma nova concepção da História. Era assim uma visão inédita da luta política a favor do comunismo. Por isso, segundo Engels, essa nova teoria – "essencialmente obra de Marx e da qual posso atribuir a mim apenas uma parte muito pequena" – tinha "importância direta para o movimento operário".[1] O capítulo sobre Feuerbach é de longe o mais interessante, mas as outras seções contêm algumas vezes passagens notáveis. Entregue por seus autores ao que chamaram com ironia de "a crítica corrosiva dos ratos", seria publicado apenas em 1932, sob os cuidados do Instituto Marx-Engels-Lênin de Moscou.

Enfim, podemos tirar ainda os seguintes resultados da concepção histórica que acabamos de desenvolver: 1) no desenvolvimento das forças produtivas, ocorre um estágio em que são solicitados forças produtivas e meios de troca que só podem ser nefastos sob as relações existentes e não são mais tanto forças produtivas, mas forças destrutivas (o maquinismo e o dinheiro) – e, conjuntamente, nasce uma classe que suporta todos os encargos da sociedade, sem poder aproveitar suas vantagens, [uma classe] que é excluída, rechaçada dessa sociedade e obrigada a entrar na oposição mais decidida com todas as outras classes, uma classe que forma a maioria dos membros da sociedade e da qual surge a consciência da necessidade de uma revolução fundamental, a consciência comunista, consciência que, é claro, pode se formar também nas outras classes quando a situação dessa classe é levada em consideração; [...] 3)

---

1 Engels, Quelques mots sur l'histoire de la Ligue des Communistes. In: Marx, *Révélations sur le procès des communistes*, p.78-9.

em todas as revoluções anteriores, o modo de atividade permanecia inalterado [...] ao passo que a revolução comunista é dirigida contra o *modo* de atividade anterior, elimina o *trabalho* e suprime a dominação de todas as classes com as próprias classes; [...] 4) uma transformação maciça dos homens é necessária para a criação em massa dessa consciência comunista, assim como para levar a bom êxito a própria coisa, transformação que só pode se realizar num movimento prático, numa *revolução*; essa revolução é necessária, portanto, não só porque não existe outro meio de derrubar a classe *dominante*, mas porque só uma revolução permitirá à classe *que derruba a outra* varrer toda a podridão que está grudada na velha armadura para conseguir uma nova fundação da sociedade. [...]

Stirner acredita que os proletários comunistas que revolucionam a sociedade e estabelecem as relações de produção e a forma das relações sobre uma base nova, isto é, a partir deles mesmos enquanto homens novos, a partir de seu novo modo de vida, continuam sendo "homens do passado". A propaganda abundante que fazem esses proletários, as discussões que encetam dia a dia entre eles, provam quão pouco querem continuar sendo "homens do passado" e quão pouco querem de maneira geral que os homens continuem sendo "homens do passado". Eles só continuariam sendo "homens do passado" se, como São Sancho, "buscassem o pecado em si mesmos"; mas eles sabem muito bem que é apenas quando as condições mudarem que eles deixarão de ser "homens do passado", e é por isso que estão decididos a modificar essas condições na primeira ocasião. Na atividade revolucionária, mudar a si mesmo e mudar essas condições coincide.[2]

De certo modo, *A ideologia alemã* é um confronto de Marx e Engels com seu próprio passado jovem-hegeliano. É nesse sentido que se deve interpretar o célebre comentário de Marx no prefácio de *Contribuição à crítica da economia política*, de 1859:

> Na primavera de 1845, quando ele [Engels] veio também se estabelecer em Bruxelas, resolvemos trabalhar em conjunto para mostrar o antagonismo existente entre nossa maneira de ver e a

---

2 Marx; Engels, *L'idéologie allemande*, p.68, 207-8 [*Marx Engels Werke*, v.3, p.195].

concepção ideológica da filosofia alemã; *na realidade, ajustar contas com nossa consciência filosófica de tempos passados*. Esse projeto foi realizado na forma de uma crítica da filosofia pós-hegeliana. [...] Abandonamos de muito bom grado o manuscrito à crítica corrosiva dos ratos, na medida em que havíamos atingido nosso objetivo principal, *enxergar claro em nós mesmos*.³

A crítica de Marx e Engels é dirigida tanto às correntes "idealistas" (os irmãos Bauer, Marx Stirner) quanto às "materialistas" (Feuerbach). Contra os primeiros, eles rejeitam o postulado fundamental dos jovens-hegelianos: para mudar a sociedade, basta "mudar a consciência". Assim Bruno Bauer "acredita no poder dos filósofos e partilha sua ilusão de que uma mudança de consciência [...] poderia fazer desmoronar o mundo inteiro que temos debaixo dos nossos olhos"; enquanto "São Max" (Stirner) imagina destruir realmente as condições existentes "livrando-se da ideia falsa que fazia delas". Ora, para o *comunista*, ao contrário, a questão é

> revolucionar o mundo existente, atacar de maneira prática e modificar as coisas que ele encontrou. [...] Chamamos de comunismo o movimento *real* que suprime o estado de coisas atual. [O comunismo não é um princípio filosófico, mas] um movimento extremamente prático, que persegue fins práticos com meios práticos.⁴

Contudo, Marx e Engels não se atêm a esse nível, que é também o de *A sagrada família*, de 1845: como nas "Teses sobre Feuerbach", eles criticam ainda o materialismo do século XVIII, em particular a teoria das "circunstâncias"; até classificam de "reacionária" a "forma dita objetiva de escrever a História", que concebe as condições históricas separadas da "atividade", esquecendo-se de que as condições da atividade "são produzidas por essa mesma atividade". Do mesmo modo, ridicularizam os que separam radicalmente "a transformação do estado de coisas" da dos "seres humanos", como se esse estado de coisas não fosse o dos seres humanos e pudesse ser modificado sem que os seres

---

3 Id., *Philosophie*, p.490 [grifo nosso].
4 Id., *L'idéologie allemande*, p.41-3, 33, 209.

humanos se modificassem. Essa identidade entre mudança de circunstâncias e mudança de si mesmo ocorre em todas as esferas da vida humana, começando pela atividade produtiva:

> Os seres humanos que desenvolvem sua produção material e seu comércio material modificam sua maneira de pensar e os produtos de sua maneira de pensar, ao mesmo tempo que a essa realidade que é a deles.[5]

As passagens que selecionamos nesse conjunto razoavelmente disparatado, mas de uma riqueza extraordinária, referem-se precisamente à questão da práxis revolucionária. Elas tornam explícitas as ideias políticas que a terceira das "Teses sobre Feuerbach" apenas sugeria.

Para Marx e Engels, a revolução é necessária não só para destruir o Antigo Regime, o "modo de atividade anterior", ou seja, para derrubar as barreiras "externas", como também para que o proletariado possa superar suas barreiras "internas", modificar sua consciência e tornar-se capaz de criar a sociedade comunista. É apenas por sua própria práxis revolucionária, por sua experiência na ação, por seu aprendizado prático, por sua autoeducação na luta, que a classe *subversiva* (*stürzende*) pode não só romper o poder das classes dominantes, mas também transformar a si mesma, se livrar da velha podridão – a palavra alemã *Dreck* também pode ser traduzida por "merda" – que pesa sobre as consciências. Ela poderá se tornar assim uma coletividade de "seres humanos novos" – *Mensch* significa mais "ser humano" que "homem" –, podendo fundar uma nova sociedade, uma sociedade sem classes e sem dominação. Em outras palavras, a revolução só pode assumir a forma de uma autoemancipação revolucionária das classes oprimidas.

Os autores de *A ideologia alemã* não negam o peso das ideologias conservadoras, das ideologias da classe dominante sobre as classes dominadas ou a importância de uma consciência nova, a consciência comunista, para poder mudar a sociedade. Mas não atribuem mais essa mudança político-cultural – como Marx no início de 1844 – à atividade dos filósofos revolucionários: o

---

5 Ibid., p.40, 21.

proletariado só se tornará revolucionário por sua própria práxis revolucionária, já que a consciência não pode ser "outra coisa além da consciência da prática existente". É claro que intelectuais ou, mais em geral, indivíduos oriundos de outras classes que não seja o proletariado também podem alcançar a consciência comunista, mas só podem alcançá-la na medida em que considerarem a sociedade do ponto de vista dessa classe universal que forma a maioria, mas é "rechaçada da sociedade".

Isso significa que a supressão das alienações só pode ocorrer de modo não alienado: o caráter da nova sociedade é determinado por seu próprio processo de constituição, numa dialética histórica entre fins e meios. Segundo Marx e Engels:

> a apropriação é condicionada, além disso, pela maneira particular como deve necessariamente se consumar. Ela só pode se consumar por uma união que é, por sua vez, obrigatoriamente universal, em razão do próprio caráter do proletariado, e por uma revolução que derrubará, de um lado, o poder do modo de produção e de troca precedente [...] e desenvolverá, de outro, o caráter universal do proletariado e a energia de que ele necessita para levar a bom êxito essa apropriação, uma revolução, enfim, em que o proletariado se despojará, além do mais, de tudo que ainda resta de sua posição anterior.[6]

Essa nova concepção da revolução é a expressão no terreno político da invenção de Marx nas "Teses sobre Feuerbach" e em *A ideologia alemã*, entre 1845 e 1846, de uma nova filosofia que ultrapassa – no sentido da *Aufhebung* dialética, que é ao mesmo tempo negação, conservação e elevação a um nível superior – tanto o materialismo das Luzes quanto o idealismo alemão. Não existe continuidade simples entre esse pensamento novo e o materialismo francês do século XVIII – uma tese ainda aventada por Marx e Engels em *A sagrada família*: trata-se claramente de um rompimento inaugural e da afirmação de um procedimento inédito, que poderíamos definir, como dissemos antes, como uma filosofia da práxis.

---

6 Ibid., p.72.

A ideia central – profundamente democrática – da autoemancipação revolucionária dos oprimidos foi abandonada no meio do caminho pelas duas principais correntes do movimento operário do século XX – a social-democracia e o comunismo de feição stalinista –, mas nem por isso deixou de alimentar correntes heréticas e dissidentes, desde Rosa Luxemburgo e a Industrial Workers of the World norte-americana (criada em 1905) até os zapatistas de Chiapas, passando por Ernest Mandel, Daniel Guérin e o grupo Socialismo ou Barbárie.

Resta saber – e essa é uma questão pouco discutida na tradição marxista – a até que ponto o princípio de autoemancipação não se aplica também às outras categorias sociais dominadas, exploradas e/ou marginalizadas: mulheres, povos colonizados, grupos étnicos discriminados, minorias sexuais e párias de todos os tipos.

O *Manifesto do Partido Comunista* (1848)

O *Manifesto* foi redigido por Marx e Engels, em 1847, a pedido da Liga dos Justos, que em breve se tornaria a Liga dos Comunistas, uma organização revolucionária de operários alemães com sede em Bruxelas. Publicado no início de 1848, esse documento fundador de uma nova corrente revolucionária – pouco notado durante a agitação dos anos 1848 a 1852 e meio esquecido nos anos de trégua que se seguiram – se tornaria um dos textos mais importantes e mais influentes do pensamento político moderno, sem dúvida alguma o escrito mais conhecido, traduzido e reeditado da história do socialismo. Os quatro longos capítulos – "Burgueses e proletários", "Proletários e comunistas", "Literatura socialista e comunista" e "Posição dos comunistas em relação aos diferentes partidos de oposição" – são um resumo brilhante da concepção marxista da História como luta de classes e ao mesmo tempo uma definição da natureza e dos objetivos da corrente comunista.

A História de toda sociedade até aqui é a História da luta das classes.

Homem livre e escravo, patrício e plebeu, senhor e servo, mestre e aprendiz, enfim, opressores e oprimidos permaneceram em constante oposição, travaram uma luta ininterrupta, uma luta ora velada, ora aberta, que sempre terminou com uma transformação revolucionária de toda a sociedade, ou então com o aniquilamento comum das classes em luta. [...]

A burguesia teve um papel altamente revolucionário na História. [...] Desfez sem piedade os laços feudais multicoloridos que prendiam os seres humanos a seus superiores naturais e não conservou nenhum outro laço entre os seres humanos além do interesse nu, da insensível "moeda sonante". Afogou os estremecimentos sagrados da devoção exaltada, do entusiasmo cavalheiresco, do sentimentalismo pequeno-burguês nas águas glaciais do cálculo egoísta. Dissolveu a dignidade pessoal no valor de troca e, no lugar das incontáveis liberdades reconhecidas por escrito e arduamente conquistadas, instalou a liberdade única e do comércio sem consciência. Em resumo, substituiu a exploração dissimulada por ilusões religiosas e políticas pela exploração aberta, cínica, direta, brutal. [...]

Tudo o que estava estabelecido e assegurado virou fumaça, tudo que era sagrado é profanado, e os seres humanos são obrigados finalmente a considerar seu lugar na vida e suas relações recíprocas com um olhar desiludido. [...]

A necessidade de mercados cada vez maiores para seus produtos leva a burguesia a invadir toda a superfície terrestre. Ela precisa se alojar em tudo, se instalar em tudo, estabelecer relações em tudo.

Pela exploração do mercado mundial, a burguesia deu uma forma cosmopolita à produção e ao consumo de todos os países. Para desgosto dos reacionários, ela tirou da indústria sua raiz nacional. [...]

Pelo aperfeiçoamento rápido de todos os instrumentos de produção, pelas comunicações infinitamente facilitadas, a burguesia puxa todas as nações, inclusive as mais bárbaras, para a civilização. O baixo preço de suas mercadorias é a artilharia pesada com que derruba todas as muralhas da China, com que obriga os bárbaros xenofóbicos mais obstinados a capitular. Obriga todas as nações a adotar o modo de produção da burguesia, se não quiserem afundar; obriga-as a adotar a pretensa civilização, isto é, a se tornar burguesas. Em resumo, a burguesia cria para si um mundo a sua própria imagem.

A burguesia sujeitou o campo ao domínio da cidade. [...] E assim como no caso da cidade e do campo, tornou os países bárbaros ou semibárbaros dependentes dos países civilizados, os povos camponeses dependentes dos povos burgueses, o Oriente dependente do Ocidente. [...]

À proporção que se desenvolve a burguesia, isto é, o capital, na mesma proporção se desenvolve o proletariado, essa classe de operários modernos que só sobrevivem enquanto têm trabalho e só encontram trabalho enquanto seu trabalho aumenta o capital. Esses operários, que devem se vender por bocados, são uma mercadoria como qualquer outro artigo comercial e, portanto, estão expostos na mesma medida a todos os riscos da concorrência, a todas as flutuações do mercado. [...]

Todos os movimentos até aqui foram movimentos de minorias ou no interesse de minorias. O movimento proletário é o movimento autônomo da enorme maioria no interesse da enorme maioria. O proletariado, a camada mais baixa da sociedade atual, não pode se erguer, se reerguer, sem explodir toda a superestrutura das camadas que constituem a sociedade oficial. [...]

Os inventores desses sistemas [socialistas e comunistas utópicos] certamente veem a oposição das classes, bem como a ação dos elementos de dissolução presentes na própria sociedade dominante. Mas não percebem no proletariado nenhuma espontaneidade histórica, nenhum movimento político que lhe seja próprio. [...]

Por isso rejeitam toda ação política, e em especial toda ação revolucionária, querem atingir seu objetivo por vias pacíficas e tentam abrir caminho para o novo evangelho social com pequenas experiências, naturalmente fadadas ao fracasso, e com o poder do exemplo. [...]

Os comunistas não se dignam a dissimular seus projetos e concepções. Explicam abertamente que seus objetivos somente poderão ser atingidos pela derrubada violenta de toda a ordem social que existiu até aqui. As classes dominantes podem tremer diante de uma revolução comunista. Os proletários não têm nada a perder além de suas correntes. Eles têm um mundo a ganhar.

PROLETÁRIOS DE TODOS OS PAÍSES, UNI-VOS![7]

---

7 Id., *Philosophie*, p.399, 401-4, 407, 412-3, 436, 440 [*Marx Engels Werke*, v.4, p.462, 464-8, 472-3, 490, 493].

O que distingue os comunistas das outras correntes socialistas, segundo Marx e Engels? Ao contrário do que se imagina de hábito, a crítica que fazem ao socialismo utópico (Saint-Simon, Fourier, Owen e seus discípulos) não diz respeito a suas "utopias", a seus projetos para o futuro, amplamente partilhados pelos autores do *Manifesto*, nem a sua crítica da sociedade existente, "de grande valor para esclarecer os operários". O desacordo está na atitude em relação ao proletariado, considerado pelos primeiros socialistas "unicamente pelo aspecto da classe mais sofredora". Os inventores dos sistemas crítico-utópicos "não percebem no proletariado nenhuma autoatividade [*Selbstätigkeit*] histórica, nenhum movimento político que lhe seja próprio" e opõem-se, em nome de seu novo evangelho social, a todo movimento político operário e a toda ação revolucionária.

Em compensação, os comunistas se consideram "a fração mais decidida dos partidos operários de todos os países, a que sempre empurra para a frente", a que compreende também "as condições, o andamento e os resultados gerais do movimento proletário". Essa formulação sugere que o Partido Comunista que serve de título para o *Manifesto* pode existir como uma corrente dentro de um grande partido operário: para Marx e Engels, era o caso provavelmente da ala esquerda do Partido Cartista da Inglaterra, mais próxima do comunismo, à qual, aliás, pertencia a seção londrina da Liga dos Comunistas. Os comunistas são, portanto, uma espécie de "vanguarda" do movimento político proletário, tanto teórica quanto prática, a fração mais consciente de sua missão histórica, mas não têm pendor para fazer as vezes da classe, ignorando sua *Selbstätigkeit*: "O movimento proletário é o movimento autônomo da imensa maioria no interesse da imensa maioria".

Em muitos sentidos, o *Manifesto* não só é atual, como é *mais atual hoje* do que há 150 anos. Tomemos como exemplo o diagnóstico que faz da "globalização capitalista". O capitalismo, insistiam os jovens autores, levava adiante um processo "cosmopolita" de unificação econômica e cultural do mundo: sob sua condução, a burguesia "tirou da indústria sua raiz nacional. [...] A autossuficiência e o isolamento regional de antigamente cederam lugar a uma circulação geral, a uma interdependência geral das nações. E isso tanto para a produção material quanto para a produção intelectual".

Não se trata apenas de expansão, mas também de dominação: a burguesia cria um mundo à sua imagem. Ora, em 1848, isso era muito mais uma previsão das tendências futuras do que uma simples descrição da realidade contemporânea. É uma análise *muito mais verdadeira hoje*, numa época de "globalização", do que há 150 anos, no momento da redação do *Manifesto*. De fato, nunca antes o capital conseguiu exercer um poder tão completo, absoluto, integral, universal e ilimitado no mundo inteiro como hoje, no início do século XXI. Nunca no passado ele conseguiu impor suas regras, suas políticas, seus dogmas e seus interesses a todas as noções do globo como agora. Enfim, nunca, em nenhuma época, as esferas da vida humana – relações sociais, cultura, arte, política, sexualidade, saúde, educação, esporte, lazer – estiveram tão completamente submissas ao capital e tão profundamente mergulhadas nas "águas glaciais do cálculo egoísta" como hoje.

Contudo, a brilhante – e profética – análise da globalização do capital, delineada nas primeiras páginas do *Manifesto*, tem certas limitações, tensões ou contradições que resultam não de um excesso de zelo revolucionário, como afirma a maioria dos críticos do marxismo, mas, ao contrário, de uma postura não suficientemente crítica em relação à civilização industrial/burguesa moderna.

A ideologia do progresso, típica do século XIX, manifesta-se na maneira visivelmente "eurocêntrica" como Marx e Engels demonstram admiração pela capacidade da burguesia de arrastar as nações "bárbaras" para o movimento da civilização burguesa: graças a suas mercadorias baratas, "obriga os bárbaros xenófobicos mais obstinados a capitular" (referência clara à China). Eles parecem considerar a dominação colonial do Ocidente uma expressão do papel histórico "civilizador" da burguesia, que submete "o Oriente ao Ocidente". A única restrição a essa distinção eurocêntrica, se não colonial, entre nações "civilizadas" e "bárbaras" encontra-se na passagem em que discutem uma "pretensa civilização" (*sogennante Zivilisation*) a respeito do mundo burguês ocidental.

Por outro lado, inspirados num otimismo "livre-trocador" e num procedimento bastante economicista, Marx e Engels previram – erroneamente – que as demarcações nacionais e os antagonismos entre os povos estão desaparecendo cada vez mais, apenas com o desenvolvimento da burguesia, a liberdade de comércio, o mercado mundial, a uniformização da produção industrial e as condições de existência correspondentes.[8]

Infelizmente não! A História do século XX – duas guerras mundiais e incontáveis conflitos entre nações – não confirmou essa previsão. É da natureza da expansão planetária do capital produzir e reproduzir incessantemente o confronto entre as nações, seja em conflitos interimperialistas pelo domínio do mercado mundial, seja nos movimentos de libertação nacional contra a opressão imperial ou em milhares de outras formas. Hoje, mais uma vez observamos a que ponto a globalização capitalista alimenta o pânico identitário e o nacionalismo tribal. A falsa universalidade do mercado mundial desencadeia os particularismos e endurece a xenofobia: o cosmopolitismo mercantil do capital e os impulsos identitários agressivos alimentam um ao outro.[9]

Alguns anos depois, a experiência histórica – em especial a da Irlanda, em sua luta contra a dominação imperial inglesa – ensinou a Marx e Engels que o reinado da burguesia e do mercado capitalista não suprime, mas *intensifica* os conflitos nacionais a um grau sem precedente na História. Mas foram necessários os escritos de Lênin sobre o direito à autodeterminação das nações e os de Otto Bauer sobre a autonomia nacional cultural – duas condutas consideradas habitualmente contraditórias, mas que podem muito bem ser consideradas complementares – para que surgissem uma reflexão marxista mais coerente sobre o fato nacional, sua natureza política e cultural e sua autonomia relativa – na verdade sua irredutibilidade – em relação à economia.

Outra limitação do texto: prestando homenagem à burguesia por sua extraordinária capacidade para desenvolver as forças pro-

---

8 Id., *Philosophie*, p.403. Essa afirmação do *Manifesto* é parcialmente desmentida algumas linhas depois, quando os autores parecem relacionar o fim dos antagonismos nacionais ao fim do capitalismo: "Na medida em que é abolida a exploração de um indivíduo por outro, a exploração de uma nação por outra também é abolida".

9 Retomo por conta própria as análises de Daniel Bensaïd em seu livro notável *Le pari mélancolique* [A aposta melancólica].

dutivas, Marx e Engels celebram sem restrições "a domesticação das forças naturais" e "o desmatamento de continentes inteiros para o plantio". A destruição do meio ambiente pela indústria capitalista e o perigo que representa para o equilíbrio ecológico o desenvolvimento ilimitado das forças produtivas do capital pela produção burguesa são questões que estão fora do horizonte intelectual de Marx e Engels naquele momento.

Além disso, eles parecem conceber a revolução, sobretudo, como uma supressão dos "entraves" – formas de propriedade existentes – que impedem o livre crescimento das forças produtivas criadas pela burguesia, sem trazer à baila a questão do necessário revolucionamento da própria estrutura das forças produtivas, com base em critérios sociais e ecológicos. Essa limitação foi em parte corrigida por Marx em escritos posteriores, em especial em *O capital*, em que fala do esgotamento simultâneo da terra e da força de trabalho pela lógica do capital. Mas foi somente nas últimas décadas, com o crescimento do ecossocialismo, que se fizeram tentativas sérias de integrar as instituições fundamentais da ecologia à teoria marxista.

Enfim, última dificuldade do texto: inspirados no que poderíamos chamar de "otimismo fatalista" da ideologia do progresso, Marx e Engels não hesitaram em proclamar que a queda da burguesia e a vitória do proletariado "são igualmente inevitáveis". É inútil insistir nas consequências políticas dessa visão da História como processo determinado previamente, com resultados garantidos pela ciência, pelas leis da História ou pelas contradições do sistema. Levado ao extremo – que, é claro, não é caso dos autores do *Manifesto* –, esse raciocínio não daria mais espaço para o fator subjetivo: a consciência, a organização, a iniciativa revolucionária. Se, como afirma Georges Plekhanov, "a vitória de nosso programa é tão inevitável quanto o nascer do sol amanhã", por que criar um partido político, lutar, arriscar a vida pela causa? Ninguém cogitaria organizar um partido para garantir que o sol nasça amanhã...

É verdade que, ao menos de maneira implícita, um trecho do *Manifesto* contradiz a filosofia "inevitabilista" da História: estamos falando do famoso segundo parágrafo do capítulo "Burgueses e proletários", segundo o qual a luta de classes "sempre terminou com uma transformação revolucionária de toda a sociedade ou então com o aniquilamento comum das classes em luta". Marx e Engels não afirmam explicitamente que essa alternativa corre o risco de se apresentar no futuro também, mas essa é uma interpretação possível do trecho.

Na realidade, quem coloca de maneira clara, pela primeira vez, a alternativa *socialismo ou barbárie* como escolha histórica para o movimento operário e para a humanidade é Rosa Luxemburgo, na "brochura Junius" (*A crise da social-democracia*, de 1915). É apenas nesse momento que o marxismo rompe radicalmente com qualquer visão linear da História e com a ilusão de um futuro "garantido". E é apenas nos escritos de Walter Benjamin que encontramos enfim uma crítica aprofundada, em nome do materialismo histórico, das ideologias do progresso que desarmaram o movimento operário alemão e europeu, alimentando-o com a ilusão de que bastava "nadar contra a corrente" da História.

Seria falso concluir de todas essas observações críticas que o *Manifesto* não escapa do quadro da filosofia "progressista" da História, herdada do pensamento das Luzes e de Hegel. Mesmo celebrando a burguesia como a classe que revolucionou a produção e a sociedade, realizou maravilhas incomparavelmente mais impressionantes que as pirâmides do Egito ou as catedrais góticas, Marx e Engels recusam uma visão linear da História. Ressaltam incessantemente que o progresso espetacular das forças de produção – mais impressionantes e colossais na sociedade burguesa que em todas as civilizações do passado – é pago com a degradação da condição social dos produtores diretos.

É em especial o caso das análises que tratam do declínio – em termos de qualidade de vida e trabalho – da condição operária moderna em relação à do artesão e até, em certos aspectos, do servo feudal: "Sob o regime de servidão, o servo chegou à posição de membro da comuna [...]. O operário moderno, ao contrário, em vez de subir com o progresso da indústria, desce cada vez mais baixo, aquém das condições de sua própria classe". Do mesmo modo, no sistema do maquinismo capitalista, o trabalho do operário torna-se "repugnante" – um conceito de Fourier retomado no *Manifesto* –, perde toda a autonomia e "com isso todo o atrativo para o operário".[10]

---

10 Marx, *Philosophie*, p.407, 413.

Vemos delinear-se aqui uma concepção eminentemente *dialética* do movimento histórico, em que certos *progressos* – do ponto de vista da técnica, da indústria, da produtividade – são acompanhados de *retrocessos* em outros domínios: social, cultural, ético. Nesse sentido também é interessante a observação de que a burguesia "reduziu a dignidade pessoal ao valor de troca" e não conservou nenhum outro laço entre os seres humanos além do "interesse nu, da 'moeda sonante' sem consciência [*die gefühllose 'bahre Zahlung'*]".

Devemos acrescentar ainda que o *Manifesto* é muito mais que um diagnóstico – ora profético, ora marcado pelos limites de sua época – do poder global do capitalismo. Ele é também e, sobretudo, *um apelo premente ao combate internacional contra essa dominação*. Marx e Engels compreendiam perfeitamente que o capital mundial, como sistema mundial, não pode ser vencido por uma ação histórico-mundial de suas vítimas, o proletariado e seus aliados.

De todas as palavras do *Manifesto*, as últimas são sem dúvida as mais importantes, as que marcaram a imaginação e o coração de várias gerações de militantes operários e socialistas: "*Proletarier aller Länder, vereinigt euch!*". Não foi por acaso que essa exclamação se tornou a bandeira e a senha das correntes mais radicais do movimento nos últimos 150 anos. Trata-se de um grito, de uma convocação, de um imperativo categórico ético e estratégico ao mesmo tempo, que serviu de bússola no meio das guerras, dos enfrentamentos confusos e da névoa ideológica.

Também esse apelo era "visionário". Em 1848, o proletariado era apenas uma minoria da sociedade na maioria dos países da Europa, sem falar do resto do mundo. Hoje, a massa de trabalhadores assalariados explorados pelo capital (operários, funcionários de escritório, prestadores de serviços, precarizados, trabalhadores agrícolas) é a maioria da população do planeta.

Circular de março de 1850 à Liga dos Comunistas

Exilados em Londres, Marx e Engels seguiam de perto os últimos embates da revolução iniciada em março de 1848 na

Alemanha. Em março de 1850 redigiram uma circular em nome do conselho central da Liga Comunista,[11] endereçada aos militantes que permaneceram no país. Trata-se de um dos documentos políticos mais importantes escritos pelos autores do *Manifesto*. Apesar de se basear numa apreciação absolutamente ilusória e errônea da situação na Alemanha, onde a contrarrevolução já estava com a parada ganha, ela prefigura as principais revoluções do século XX. Contém a formulação mais explícita e coerente da ideia de "revolução permanente", isto é, a intuição da possibilidade objetiva, num país "atrasado", absolutista e "semifeudal" como a Alemanha, de uma articulação dialética entre as tarefas históricas da revolução democrática e as da revolução proletária dentro de um único processo histórico ininterrupto.

> Muito embora os pequeno-burgueses democráticos [com os quais o proletariado se aliou] queiram terminar a revolução o mais rápido possível, depois de ter realizado no máximo as reivindicações citadas anteriormente, é de nosso interesse e de nossa vocação tornar a revolução permanente, até que todas as classes mais ou menos possuintes sejam afastadas do poder, o proletariado conquiste o poder de Estado e não só em um país, mas em todos os países dominando o mundo, a associação dos proletariados tenha avançado o suficiente para acabar com a concorrência dos proletários nesses países e concentrar nas mãos deles ao menos as forças produtivas decisivas. Não pode ser para nós uma questão de transformar a propriedade privada, mas de aniquilá-la; não é para nós uma questão de sufocar os antagonismos de classe, mas de abolir as classes; não é uma questão de melhorar a sociedade existente, mas de fundar uma nova. [...]
>
> É preciso que, ao lado dos novos governos oficiais, os operários estabeleçam logo seus próprios governos revolucionários, seja na forma de autonomias administrativas ou conselhos municipais, seja na forma de clubes ou comitês operários, de modo que os governos democráticos burgueses não apenas percam de imediato o apoio dos operários, como também se sintam, desde o início, controlados e ameaçados por poderes sustentados por toda a massa de operários.

---

11 Criada em 1836, a Liga dos Justos adotou o nome Liga Comunista em 1847.

Em resumo, assim que a vitória for conquistada, a desconfiança do proletariado não deve mais se voltar contra o partido reacionário derrotado, mas contra seus antigos aliados, contra o partido que quer explorar sozinho a vitória comum.

Mas, para poder enfrentar de modo enérgico e ameaçador esse partido cuja traição aos operários começará logo na primeira hora da vitória, é necessário que os operários estejam armados e organizados. É preciso armar imediatamente todo o proletário com fuzis, carabinas, canhões e munição, e opor-se ao restabelecimento da antiga Guarda Nacional, dirigida contra os operários. Onde esse restabelecimento não puder ser evitado, os operários devem tentar se organizar em guardas proletárias autônomas, com chefes escolhidos por eles, com seu próprio Estado-Maior e sob o comando não de autoridades públicas, mas dos conselhos municipais revolucionários formados pelos operários.

Assim que estiverem mais ou menos consolidados, os novos governos iniciarão imediatamente a luta contra os operários. Para poder enfrentar com vigor os pequeno-burgueses democráticos, antes de tudo é necessário que os operários estejam organizados e centralizados de maneira autônoma, em clubes. [...] A rápida organização de ao menos uma federação provincial de clubes operários é um dos pontos mais importantes para reforçar e desenvolver o partido operário. [...]

Se os operários alemães não conseguem dominar e fazer triunfar seus interesses de classe sem atravessar o conjunto de uma evolução revolucionária mais longa, ao menos dessa vez tiveram a certeza de que o primeiro ato desse drama revolucionário iminente coincide com a vitória direta de sua própria classe na França e por isso mesmo encontra-se muito acelerado.

Mas compete a eles a contribuição principal para sua vitória definitiva, tomando consciência de seus interesses de classe, criando assim que possível um partido autônomo e não se deixando desviar nem por um instante – pelas frases hipócritas dos pequeno-burgueses democráticos – da organização independente do partido do proletariado. Seu grito de guerra deve ser: "Revolução permanente!".[12]

---

12 Marx; Engels, Circulaire de mars 1850 à la Ligue des communistes. In: Marx, Oeuvres: politique, v.1, p.547-58 [Marx Engels Werke, v.7, p.247-53].

Como vimos, a ideia de revolução permanente já aparecia numa forma filosófica abstrata em "Introdução à crítica da Filosofia do Direito de Hegel", de 1844, assim como, implicitamente, em certos artigos sobre a revolução alemã escritos entre 1848 e 1849 para o jornal *Nova Gazeta Renana*. É verdade também que encontramos artigos de Marx, e mais ainda de Engels, antes e depois de 1850, em que o desenvolvimento do capitalismo industrial e o advento da república parlamentar burguesa aparecem como etapas históricas distintas, precedendo a luta pelo socialismo.

A proposta estratégica da circular de março de 1850 é "tornar a revolução permanente" até a vitória do proletariado, expulsando uma a uma do poder as classes possuintes. Essa estratégia não é necessariamente contraditória com o *Manifesto Comunista*, que também sugere uma continuidade do processo revolucionário – a revolução burguesa como prelúdio imediato da revolução socialista. A diferença essencial em relação a 1848 é que, agora, Marx e Engels não falam mais de "se alinhar ao lado da burguesia", "assim que ela tomar uma atitude revolucionária", pela simples razão de que não acreditam mais que a burguesia seja capaz de tomar uma "atitude revolucionária". Seus artigos no jornal *Nova Gazeta Renana* durante os anos 1848 e 1849 atestam essa tomada de consciência progressiva.

Dando como certa a capitulação da burguesia liberal diante do absolutismo, a circular propõe uma aliança do proletariado alemão com as forças democráticas da pequena burguesia, contra a coalizão reacionária entre a monarquia, os proprietários de terra e a grande burguesia. No entanto, essa coalizão democrática é percebida como um momento transitório dentro de um processo revolucionário "permanente", até que a propriedade privada burguesa seja eliminada e uma nova sociedade, uma sociedade sem classes, seja estabelecida – não só na Alemanha, mas em escala mundial. Para isso, é necessário que os operários organizem seus próprios comitês, seus governos operários revolucionários locais e sua guarda proletária armada. A semelhança com o que aconteceu depois, num contexto diferente, em outubro de 1917 na Rússia é impressionante: conselhos operários, poder duplo, revolução permanente.

A "Circular de março de 1850" foi publicada pela primeira vez por Engels, como anexo ao livro de Marx *Enthüllungen über* den Kommunisten-Prozess zu Köln [Revelações sobre o processo dos comunistas de Colônia], lançado em Zurique em 1885. Não deixou de suscitar críticas entre os partidários de uma social--democracia reformista. Eduard Bernstein, por exemplo, em Os pressupostos do socialismo e as tarefas da social-democracia, de 1899, classificou a "revolução permanente" como uma formulação "blanquista". Ora, não encontramos nem o conceito nem o termo nos escritos de Auguste Blanqui. Na realidade, a fonte mais provável do termo são os trabalhos de história da Revolução Francesa que Marx estudou e comentou entre 1844 e 1846, nos quais se fala de clubes revolucionários que se reuniam "permanentemente". Bernstein também percebe a dialética – desta vez com razão – como a fonte das ideias aventadas na circular. Segundo ele, a ideia de transformação da futura explosão revolucionária na Alemanha numa "revolução permanente" era fruto da dialética hegeliana – um método "ainda mais perigoso porque nunca é de todo falso" – que permite "passar bruscamente da análise econômica para a violência" política, já que "cada coisa traz em si o seu contrário".[13]

De fato, foi unicamente graças à abordagem dialética que Marx e Engels puderam superar o dualismo fixo e rígido que separava a evolução econômica e a ação política, a revolução democrática e a revolução socialista. Foi a compreensão da unidade contraditória desses diferentes momentos, e da possibilidade de saltos qualitativos ("passagens bruscas") dentro do processo histórico, que lhes permitiu delinear a problemática da revolução dialética. Contra esse método dialético, Bernstein só pode propor um "recurso ao empirismo" como "único meio de evitar os piores erros". Empirismo contra dialética: não saberíamos indicar com mais clareza as premissas metodológicas que se desafiam nesse debate.

George Lichtheim, um dos historiadores acadêmicos mais conhecidos do marxismo, sugere que o esquema da "revolução ininterrupta" de Marx foi inspirado no desdobramento da Revolução Francesa de 1789 a 1794 e, por consequência, é essencialmente jacobino. Com uma variante do argumento de Bernstein, ele se refere à circular como uma "curta aberração

---

13 Bernstein, Les présupposés du socialisme, p.67.

jacobino-blanquista" de Marx...[14] Ora, embora seja verdade que a teoria da revolução esboçada em março de 1850 inspira-se, entre outras coisas, na experiência da Grande Revolução, é errado caracterizá-la como "jacobina" ou "jacobino-blanquista" e por duas razões fundamentais:

1) o objetivo do processo revolucionário pregado pela circular – a tomada do poder pelo proletariado e a expropriação das forças produtivas – situa-se precisamente além da "democracia pequeno-burguesa", isto é, o jacobinismo, para Marx e Engels;
2) o caráter desse processo não é nem jacobino nem jacobino-blanquista, mas essencialmente "autoemancipador". De fato, basta uma leitura atenta da circular para constatar que a todo instante o *sujeito* da ação revolucionária não é a Liga dos Comunistas ou uma minoria de estilo jacobino, mas os *operários*. É claro que isso não significa que a Liga, como vanguarda comunista, não tivesse um papel a cumprir, nem que o proletariado não precisasse se organizar num partido; o papel da Liga era precisamente lutar pela organização de um partido operário de massa, dentro do qual ela seria a fração mais consciente e ativa, de acordo com as concepções organizacionais aventadas já no *Manifesto Comunista*. Segundo a circular, com o auxílio da Liga os operários devem constituir "uma organização autônoma, secreta e pública, do partido operário e transformar cada comuna em centro e núcleo de agrupamentos operários, em que a posição e os interesses do proletariado sejam discutidos independentemente de influências burguesas".

Curiosamente, quando Leon Trotsky formula pela primeira vez sua teoria da revolução permanente na Rússia, em 1906, na brochura "Resultados e perspectivas", ele não parece conhecer a "Circular de março de 1850"; sua fonte terminológica é um artigo sobre a Rússia publicado em 1905 pelo biógrafo de Marx, Franz Mehring, que com certeza havia lido o documento de 1850, ainda que não o cite em seu texto.

---

14 Lichtheim, *Marxism*, p.125.

O interesse dessa circular de Marx e Engels, escrita "no calor da ação", é que, apesar do erro "empírico" patente da análise que fazem da situação na Alemanha, eles captaram um aspecto essencial das revoluções sociais do século XX, não só na Rússia, mas também na Espanha e nos países do Sul (Ásia e América Latina): a fusão explosiva entre revolução democrática (e/ou anticolonialista) e socialista, num processo "permanente". Ideias análogas seriam desenvolvidas por marxistas latino-americanos, como José Carlos Mariátegui, no fim dos anos 1920, e Ernesto Che Guevara, em 1967, ou por africanos, como Amílcar Cabral, sem que estes necessariamente conhecessem a "Circular de março de 1850" ou os escritos de Trotsky. A problemática permanece atual, como mostra o debate sobre o "socialismo do século XXI", em especial na América Latina.

CAPÍTULO 3

A ANÁLISE DAS REVOLUÇÕES DE 1848

As lutas de classes na França (1848-50)

Após o fracasso das revoluções no continente europeu, Marx e Engels se estabeleceram em Londres, em fins de 1849. O jornal para que trabalhavam, o *Nova Gazeta Renana*, teve de suspender a publicação em Colônia, mas Marx e Engels tentaram levar adiante a iniciativa a partir do exílio inglês, na forma de revista mensal. A revista *Nova Gazeta Renana* teve apenas seis números durante o ano de 1850. Marx publicou aí certo número de artigos sobre os acontecimentos revolucionários na França entre 1848 e 1850 que só seriam reunidos em livro por Friedrich Engels muito mais tarde, em 1895, após a morte do amigo. São três artigos relativos ao período de fevereiro de 1848 a março de 1850 e um quarto, composto de trechos (escolhidos por Engels) de uma análise a respeito da evolução econômica e política da França até meados de 1850.

Finalmente, em 21 de junho [de 1848] apareceu um decreto no *Monitor* ordenando a demissão brutal de todos os operários solteiros das oficinas nacionais ou seu alistamento no Exército.

Não havia outra escolha para os operários: morrer de fome ou lutar. Eles responderam em 22 de junho com uma insurreição formidável, em que foi travada a primeira grande batalha entre as duas classes que dividem a sociedade moderna. Era uma luta pela preservação ou aniquilamento da ordem *burguesa*. O véu que escondia a República se rasgou.

Sabemos como os operários, com uma coragem e um gênio sem iguais, sem chefes, sem plano comum, sem recursos, em sua maioria desprovidos de armas, acuaram durante cinco dias o Exército, a Guarda Móvel, a Guarda Nacional de Paris, assim como a Guarda Nacional que tinha vindo da província. Sabemos como a burguesia se ressarciu desse canto fúnebre com uma brutalidade espantosa e massacrou mais de 3 mil prisioneiros. [...]

A impressão direta que a nova derrota de junho produziu em nós, o leitor nos permitirá descrevê-la nos termos da [revista] *Nova Gazeta Renana*:

Ordem! Esse foi o grito de guerra de Guizot. *Ordem!*, gritou Sebastiani, esse pequeno Guizot, quando Varsóvia se tornou russa. *Ordem!*, gritou Cavaignac, eco brutal da Assembleia Nacional francesa e da burguesia republicana. *Ordem!*, trovejavam as rajadas de metralha ao estraçalhar o corpo do proletariado. Nenhuma das numerosas revoluções da burguesia francesa desde 1789 foi um atentado contra a *ordem*, porque todas deixaram intacta a ordem *burguesa*, ao mesmo tempo que modificavam a forma política dessa dominação e dessa escravidão. Junho atentou contra essa ordem. Ai de junho. (*Neue Rheinische Zeitung*, 29 de junho de 1848) [...]

Enfim as vitórias da Santa Aliança impuseram à Europa uma forma tal que todo novo levante proletário na França será imediatamente sinal de *guerra mundial*. A nova revolução será obrigada a abandonar imediatamente o terreno nacional e *conquistar o terreno europeu*, o único em que a revolução social do século XIX poderá vencer. Portanto, foi apenas por causa da derrota de junho que foram criadas as condições que permitiram à França tomar a *iniciativa* da revolução europeia. Foi apenas se embebendo do sangue dos *rebelados de junho* que a bandeira tricolor se tornou a bandeira da revolução europeia, a *bandeira vermelha*. [...]

O 25 de fevereiro outorgou a *República* à França, o 25 de junho impôs-lhe a *revolução*. E, depois de junho, revolução significava: derrubada *da sociedade burguesa*, ao passo que antes de fevereiro significava derrubada *da forma do Estado* [...].[1]

---

1 Marx, *Les luttes des classes en France (1848-1850)*, p.39-40, 49, 89, 115 [*Marx Engels Werke*, v.7, p.31-2, 34, 35].

O que encontramos nesses artigos escritos "no calor da ação" não é jornalismo, mas uma espécie de "história do presente", engajada e polêmica, que visa ir além da superfície do jogo político e parlamentar e explicar a sequência dos acontecimentos na França – país emblemático para revolução europeia aos olhos de Marx – pelo conflito implacável entre classes dominantes e dominadas.

Com ironia cáustica, Marx põe em evidência os interesses de classe que se escondem por trás dos diferentes regimes, governos ou partidos políticos, desmascarando de passagem os discursos líricos e as fórmulas vazias dos ideólogos. Já nos primeiros parágrafos, encontramos esta definição sarcástica da Monarquia de Julho:

> Não era a burguesia francesa que reinava sob Luís Filipe, mas *uma fração* dela: banqueiros, reis de estradas de ferro, proprietários de minas de carvão e ferro, proprietários de florestas e a parte dos proprietários de terra que se juntaram a eles, a chamada *aristocracia financeira*. Instalada no trono, ditava as leis às Câmaras, distribuía os cargos públicos, desde os ministérios até as tabacarias.

Quanto ao governo provisório que se estabeleceu depois da revolução de fevereiro de 1848, e que, segundo seu porta-voz político-literário Lamartine, deveria "resolver esse mal-entendido terrível que existe entre as diferentes classes", ele transformaria a República num "novo traje de baile para a velha sociedade burguesa", segundo Marx, e acabaria sufocando num banho de sangue a revolta operária de junho. E o Partido da Montanha, de Ledru-Rollin e seus amigos, representantes da pequena burguesia democrática? "Sua energia revolucionária limitava-se a saídas parlamentares, apresentação de atos de acusação, ameaças, elevações de voz, discursos estrondosos e extremismos que não iam além das palavras". Em contraste, o proletariado revolucionário, que se reconhecia no comunismo – "para o qual a própria burguesia inventou o nome de Blanqui", aspirava à "declaração permanente da revolução", até a supressão das diferenças de classes em geral e das relações de produção em que aquelas se assentam.

Na Introdução, Engels observa com toda a razão que "a presente obra de Marx foi sua primeira tentativa de explicação de um fragmento da história contemporânea com o auxílio de sua concepção materialista e partindo dos dados econômicos que a situação implicava". Marx conseguiu assim "reconduzir os conflitos políticos a lutas de interesses entre as classes sociais e as frações das classes existentes, implicadas pelo desenvolvimento econômico, e mostrar que os diversos partidos políticos são a expressão mais ou menos adequada dessas mesmas classes e frações de classes". Curiosamente, porém, Engels parece considerar esse tipo de análise insuficiente, porque Marx não conseguiu – por falta de informação, em particular estatística, sobre a época contemporânea – "seguir dia a dia o avanço da indústria e do comércio no mercado mundial", portanto, foi "obrigado a tomar esse fator, o mais decisivo, como constante, tratar a situação econômica que se observa no início do período estudado como dada e invariável".[2]

Ora, uma das grandes forças desse texto nos parece ser, ao contrário, o fato de ele enfatizar a *dinâmica própria da luta das classes* e seu desdobramento no campo político, evitando reduzir esse confronto sociopolítico a mecanismos econômicos. A História não é feita pelas forças de produção, mas pelas classes sociais e, é claro, em determinadas condições, econômicas, sociais e políticas. Em outras palavras, Marx leva em conta a "autonomia relativa" das lutas de classes em relação às flutuações da conjuntura econômica e "o avanço dia a dia da indústria e do comércio". Se cada força política corresponde a uma classe ou fração de classe, é no conflito social que se encontra a chave dos conflitos políticos, e não nos movimentos da economia (nem mesmo em "última instância").

Não é por acaso que Gramsci, numa das passagens mais importantes do ponto de vista teórico de seus *Cadernos do cárcere*, tenha citado *As lutas de classes na França*, ao lado de *O dezoito de brumário*, como as obras que "permitem precisar melhor a metodologia histórica marxista". Para Gramsci,

> a pretensão (apresentada como postulado essencial do materialismo histórico) de apresentar e expor qualquer flutuação da política e da ideologia como expressão imediata da estrutura deve ser combatida com o testemunho autêntico de Marx, escritor de obras políticas e históricas concretas.[3]

---

2 Engels, Introduction. In: Marx, *Les luttes des classes en France (1848-1850)*, p.21-2.
3 Gramsci, *Oeuvres choisies*, p.104.

Esse comentário aparentemente "heterodoxo" corresponde à perfeição ao procedimento marxista no livro em questão. A passagem aqui selecionada refere-se aos confrontos de junho de 1848. Como sabemos, essa grande revolta operária, que cobriu Paris de barricadas – em consequência da dissolução das oficinas nacionais pelo governo republicano burguês – foi esmagada num banho de sangue pelo general Cavaignac, ministro da Guerra, que já havia se notabilizado na "pacificação" colonial da Argélia. Marx não se contenta em analisar o acontecimento – aliás, ele cita um artigo que redigiu no "calor da ação" para a revista *Nova Gazeta Renana* no fim de junho de 1848 –, mas atribui ao fato uma importância história mundial: primeira grande batalha na guerra social moderna entre a burguesia e o proletariado.

Existem duas épocas na história da França e da Europa: antes e depois de junho de 1848. Marx certamente não ignorava os levantes proletários anteriores, a começar pela revolta dos tecelões de Lyon, mas para ele junho de 1848 representa a grande virada na luta de classes, o momento em que a própria palavra "revolução" muda de significado: deixa de designar uma simples mudança na forma do poder político (monarquia, república) e passa a significar uma ofensiva contra a própria "ordem burguesa". Para ele, junho de 1848 é um acontecimento decisivo, que anuncia um novo tipo de revolução, diferente das de 1789, 1830 ou, mais recentemente, de fevereiro de 1848. Essa batalha social estava destinada a se tornar, cedo ou tarde, uma batalha mundial, escreve Marx, mas "mundial" para ele, naquela época, significava "europeia". O horizonte de seu internacionalismo ainda era eurocêntrico, ainda que, como sabemos, ele se interessasse pelas lutas anticoloniais na Índia e na China.

O dezoito de brumário de Luís Bonaparte (1852)

Esse livrinho, verdadeira joia do estudo histórico materialista, é sem dúvida um dos escritos mais bem-sucedidos de Marx, tanto do ponto de vista de sua riqueza teórica quanto de sua qualidade literária. Foi redigido de uma vez só, entre janeiro e fevereiro de 1852, a pedido de seu amigo Weidemeyer, comunista alemão exilado nos Estados Unidos que o publicou no primeiro número de uma revista intitulada *Die Revolution*. Ele aborda o mesmo tema de *As lutas de classes na França*, mas de uma perspectiva histórica diferente: explicar por que essa revolução terminou, em 2 de dezembro de 1851, com o golpe de Estado que garantiu plenos poderes a Luís Bonaparte – esse "personagem medíocre e grotesco", segundo diz Marx no prefácio da reedição do livro em 1869. Luís teve seu próprio "dezoito de brumário", data do golpe de Estado de Napoleão Bonaparte, de acordo com o antigo calendário da Revolução Francesa.

Os homens fazem sua própria História, mas não a fazem num único bloco, nas condições escolhidas por eles, e sim em condições imediatamente preestabelecidas, dadas e herdadas. A tradição de todas as gerações mortas pesa como um pesadelo no cérebro dos vivos. [...] A revolução social do século XIX não pode tirar sua poesia do passado, apenas do futuro. [...]

Acima das diferentes formas de propriedade, acima das condições sociais de existência, ergue-se toda uma superestrutura de sensações, ilusões, maneiras de pensar e concepção de vida. A classe inteira as cria e lhes dá forma a partir de sua própria base material e das relações sociais correspondentes. [...]

Devemos imaginar do mesmo modo que os representantes democratas são todos *shopkeepers* [comerciantes] ou se entusiasmam por estes. Eles podem, por sua cultura e situação pessoal, ser separados deles por todo um mundo. O que faz deles representantes da pequena burguesia é que seu cérebro não consegue ir além dos limites dos quais o próprio pequeno-burguês não sai durante sua vida e, por consequência, são impelidos teoricamente às mesmas tarefas e às mesmas soluções a que seu interesse material e sua situação social os impelem na prática. Essa é, de maneira geral, a relação que existe entre os *representantes políticos e literários* de uma classe e a classe que eles representam. [...]

Esse poder executivo, com sua imensa organização burocrática e militar, com seu mecanismo de Estado tão estratificado e artificial, seu exército de funcionários de meio milhão de homens e seu exército de 500 mil outros soldados, esse corpo parasita assustador que cobre como uma membrana o corpo da sociedade francesa e tapa todos os seus poros, constituiu-se na época da monarquia absoluta, com o declínio do regime feudal, que ele ajudou a derrubar. [...] A primeira revolução francesa, que se impôs como tarefa acabar com todos os poderes separados, locais, territoriais, municipais e provinciais, a fim de criar a unidade da nação, deveria continuar aquilo que a monarquia absoluta havia começado: deveria desenvolver a centralização, mas também, e ao mesmo tempo, o alcance, os atributos e o aparelho do poder governamental. Napoleão foi a consumação da maquinaria do Estado. A Monarquia Legitimista e a Monarquia de Julho apenas acrescentaram a essa maquinaria uma maior divisão de trabalho, ela própria apenas seguiu o crescimento da divisão do trabalho no interior da sociedade burguesa, que criava novos grupos de interesses e, por consequência, novo material para a administração de Estado. Cada interesse comum foi imediatamente arrancado da sociedade, oposto a ela como interesse superior, *geral*, subtraído da iniciativa dos membros da sociedade e transformado em objeto de atividade governamental [...]. As reviravoltas apenas aprimoraram essa máquina, em vez de quebrá-la. Os partidos que disputaram sucessivamente o poder consideraram a conquista desse imenso edifício do Estado o principal troféu do vencedor. [...]

A centralização do Estado da qual precisa a sociedade moderna ergue-se sobre os escombros do aparelho governamental, militar e burocrático que foi concebido para se opor ao feudalismo. A demolição da maquinaria do Estado não colocará a centralização em perigo. A burocracia é apenas a forma inferior e brutal de uma centralização que ainda é afetada por seu contrário, o feudalismo. Não tendo mais esperança na restauração napoleônica, o camponês francês que perde a fé em seu pedaço de terra derruba todo o edifício do Estado construído sobre esse pedaço de terra, *e a revolução proletária realiza assim o coro sem o qual seu canto a solo se torna um canto fúnebre em todas as nações campesinas.*[4]

Em comparação com os artigos de 1850, o que interessa a Marx aqui são menos os detalhes dos acontecimentos que as

---

4 Marx, *Le 18 brumaire de Louis Bonaparte*, p.173, 175, 199, 201, 256 [*Marx Engels Werke*, v.8, p.115, 139, 142, 197, 204].

grandes linhas do confronto das classes e o grande enigma da base social do bonapartismo. Trata-se, acima de tudo, de uma obra extremamente importante do ponto de vista da reflexão teórica geral sobre a história, as ideologias, a luta de classes, o Estado e a revolução. Se *As lutas de classes na França* presta conta da dinâmica própria das lutas sociais – não redutíveis a flutuações econômicas –, *O dezoito de brumário* permite captar a autonomia relativa do político e de suas representações.

Um dos interesses do livro é o fato de tentar circunscrever a lógica social do bonapartismo, uma forma de poder político que parece se autonomizar inteiramente da sociedade civil e sustenta constituir um arbítrio acima das classes sociais, mas em última análise serve para a manutenção da ordem burguesa – garantindo ao mesmo tempo, pela demagogia, o apoio da classe campesina e de certas camadas populares urbanas. *O dezoito de brumário* foi escrito antes de Luís Bonaparte se proclamar imperador, mas esse desfecho, assim como o fim do Segundo Império, estava previsto na última frase do livro: "No dia em que o manto imperial enfim cair dos ombros de Luís Bonaparte, a estátua de bronze de Napoleão desabará do alto da coluna Vendôme". A profecia se realizou literalmente, mas com quase vinte anos de atraso: Luís Bonaparte vestiu o "manto imperial" e tornou-se Napoleão III em dezembro de 1852, e a Comuna de Paris derrubou a coluna Vendôme, atirando ao chão "estátua de bronze de Napoleão", em maio de 1871.

Os fragmentos que escolhemos levantam, cada um a sua maneira, questões teóricas fundamentais do materialismo histórico. O primeiro, que se encontra logo no início do livro, é uma afirmação muito geral, mas de importância capital: são *die Menschen*, isto é, os seres humanos, e não as estruturas, as "leis da História" ou as forças produtivas, que fazem a História. Essa afirmação permite distinguir o pensamento de Marx de todos os tipos de concepções positivistas ou deterministas do movimento histórico – inspirados no modelo das ciências da natureza. Encontramos o equivalente dessa afirmação numa passagem de *O capital*, em que Marx faz referência a Vico: o que distingue a História humana da História natural é que os seres humanos fazem a primeira e não a segunda.

É claro que ele acrescenta que eles não fazem a História "num único bloco", mas em determinadas condições. Essas condições incluem a herança do passado, que Marx vê de maneira bastante crítica, referindo-se à célebre frase de Hegel: a História se repete duas vezes, a primeira como tragédia, a segunda como farsa – Danton e Caussidière, Robespierre e Louis Blanc, o tio (Napoleão) e o sobrinho (Luís Bonaparte). Mas podemos afirmar daí, como faz Marx alguns parágrafos depois, que as revoluções proletárias não podem tirar sua poesia do passado, como as revoluções burguesas, mas apenas do futuro? Não parece ser o caso, já que a Comuna de Paris de 1871 se reporta incessantemente à de 1789, e a Revolução de Outubro, à Comuna de Paris (e assim por adiante). O objetivo de Marx ao fazer essa observação era provavelmente desonerar o movimento operário socialista da pesada herança jacobina.

As tradições são um dos aspectos daquilo que Marx designava em 1846 com o termo "ideologia" e aqui com o termo "superestrutura": ideias, ilusões, visões do mundo (*Lebensanschauungen*), "maneiras de pensar" (*Denkweisen*). Este último termo é interessante: não é este ou aquele conteúdo filosófico, político ou teológico que conta, mas certa *maneira de pensar*. Esse conjunto de representações "repousa" sobre as formas de propriedade e de existência social, mas são *as classes sociais que o criam*; em outras palavras, a ideologia ou a "superestrutura" nunca é a expressão direta da "infraestrutura" econômica: ela é produzida e inventada pelas classes sociais, em função de seus interesses e de sua situação social. Portanto, não existe ideologia em geral de uma sociedade, mas representações, maneiras de pensar de diferentes classes sociais.

Na sistematização dessas ideias e ilusões, os intelectuais, os representantes políticos e literários das diferentes classes desempenham um papel capital. Seja qual for a distância deles em relação à classe a que pertencem – em termos de cultura ou de sensibilidade –, eles são seus "representantes" ou ideólogos, na medida em que suas concepções se situam no "horizonte de pensamento" da classe, isto é, não ultrapassam os limites de sua visão de mundo, ou, em outras palavras, suas reflexões, por mais sutis e sofisticadas que sejam, não saem do quadro da problemática da classe, isto é, das questões que ela se coloca em função de seus interesses e de sua situação social. Sendo assim, esse trecho de Marx levanta tanto a questão da autonomia relativa dos intelectuais em relação às classes sociais quanto de sua dependência, em última análise, das *Denkweisen*[5] destas últimas.

Os últimos parágrafos que escolhemos se referem à questão do Estado: eles revelam a posição antiestatal e a crítica radical de Marx à alienação política que separa da sociedade os interesses comuns; estamos aqui na mesma linha da crítica à filosofia do Estado de Hegel apresentada no "Manuscrito de Kreuznach", em 1843. Sublinhando uma continuidade de desenvolvimento de um aparelho de Estado pletórico, parasita e hipercentralizado, desde a monarquia absoluta até Luís Napoleão, passando pela Revolução Francesa, por Napoleão I, pela Restauração e pela Monarquia de Julho, Marx não está tão longe das análises que Tocqueville desenvolveria mais tarde, em 1856, em *O antigo regime e a revolução* – o mesmo Tocqueville que Marx cita em *O dezoito de brumário* no papel pouco reluzente de porta-voz do "partido da ordem", um bloco confuso de legitimistas, orleanistas e bonapartistas na Assembleia Nacional, em 1851.

Portanto, o desafio da futura revolução social não é a tomada do Estado – "como um troféu" – como foi o caso nas revoluções do passado, mas a demolição (*Zetrümmerung*) do aparelho burocrático/militar do Estado. Contudo, Marx ainda não fazia uma ideia precisa da nova forma de poder político que deveria substituir o Estado: ele a define como uma "nova forma de centralização política". A fórmula é demasiado vaga e, ao mesmo tempo, demasiado unilateral e suprime, em proveito de um único polo, a dialética entre centralização e descentralização, entre unidade democrática e federalismo. Na realidade, a resposta para essa questão seria dada a Marx pela Comuna de Paris de 1871.

Os sujeitos dessa futura revolução social seriam os proletários, é claro, mas também os camponeses, depois que se desfizessem de suas ilusões bonapartistas; Marx parece tanto condenar os camponeses à impotência política, num primeiro momento, e ao triste papel de base social do bonapartismo quanto se dar conta de que, sem a ação revolucionária dessa classe, a revolução proletária está fadada ao fracasso em "todas as nações camponesas", como a França no século XIX – mas isso vale também para a Rússia, a China e muitos outros países do século XX.

---

5 Tradução livre do alemão: "mentalidades". (N. E.)

O conceito de bonapartismo alimentou com frequência a reflexão dos marxistas do século XX, em especial Leon Trotsky, que o utilizava tanto para analisar certas formas de poder "autonomizadas" nos países do Terceiro Mundo – como o México dos anos 1930 – quanto para denunciar a política de um Josef Stálin à frente do Estado soviético. A problemática de uma forma de poder aparentemente "acima" das classes interessou também, num contexto histórico europeu, Antonio Gramsci, ainda que ele preferisse utilizar o termo "cesarismo". Essas análises serão prolongadas em contextos históricos posteriores por autores como Ernest Mandel – a partir de Trotsky – e Nicos Poulantzas – a partir de Gramsci. Para este último, o bonapartismo era apenas a versão exacerbada da tendência inerente do Estado capitalista de se autonomizar da infraestrutura socioeconômica e das classes sociais.

Conferência na comemoração do *People's Paper* (1856)

Em 14 de abril de 1856, Marx fez um discurso por ocasião da comemoração do quarto aniversário do *People's Paper*, jornal dos cartistas de Londres, dos quais era próximo. Eis o texto integral desse breve discurso, publicado no periódico inglês:

As pretensas revoluções de 1848 foram apenas simples incidentes – pequenas fraturas e fissuras na crosta seca da sociedade europeia. Mas revelavam o abismo. Denunciavam, sob uma superfície de aparência sólida, oceanos de massa líquida que só precisavam se expandir para estilhaçar continentes de rocha dura. Proclamavam ruidosa e confusamente a emancipação do proletário, esse segredo do século XIX e da revolução desse século.

Essa revolução social não foi certamente uma nova descoberta de 1848. O vapor, a eletricidade e o ofício de tecer eram revolucionários de natureza bem mais perigosa que cidadãos como Barbès, Raspail e Blanqui. Mas embora a atmosfera em que vivemos pese sobre cada um de nós com uma força de 20 mil libras, os senhores sentem esse peso? Não mais que a sociedade europeia de antes de 1848 sentia a atmosfera revolucionária que a envolvia e premia de todos os lados.

Há um fato importante, característico de nosso século XIX, um fato que nenhum partido ousa negar. De um lado, forças industriais e científicas despertaram, coisa que nenhuma época anterior da História humana havia suspeitado. De outro, há tais sinais de declínio que eles ocultam os horrores do último período do Império Romano. Hoje, cada coisa parece prenhe de seu contrário: as máquinas, dotadas do maravilhoso poder de abreviar e tornar mais produtivo o trabalho humano, fazem-no definhar e se extenuar; as novas fontes de riqueza convertem-se, por um estranho sortilégio, em fontes de penúria; as vitórias da técnica pagam-se com a perda de especificidade.

Quanto mais a humanidade domina a natureza, mais o homem parece submetido a seus semelhantes ou a sua própria infâmia. Mesmo a luz pura da ciência parece só poder luzir contra o fundo escuro da ignorância. Todas as nossas invenções e todos os nossos progressos parecem ter como resultado dotar de vida intelectual as forças materiais e degradar a vida humana a uma simples força material.

Esse antagonismo entre a indústria moderna e a ciência, de um lado, e a miséria moderna e a degradação, de outro, esse antagonismo entre as forças produtivas e as relações sociais de nossa época é um fato palpável, invasivo e incontestável. Certos partidos podem bem deplorar; outros podem bem desejar se livrar dessa técnica moderna para serem isentos dos conflitos modernos. Ou ainda, podem bem imaginar que tal progresso na indústria deve terminar num retrocesso semelhante na política. De nossa parte, não nos iludimos quanto à natureza do espírito arrevesado que se manifesta constantemente em todas essas contradições. Sabemos que as forças novas da sociedade, para conseguir realizar sua obra de maneira conveniente, precisam de uma coisa, a saber, de homens novos que as dominem – e esses homens são os trabalhadores. Eles são tanto uma invenção dos tempos modernos quanto as próprias máquinas.

Entre os sinais que desconcertam a burguesia, a aristocracia e os pobres profetas do retrocesso, encontramos esse nosso bravo amigo Robin Goodfellow, essa velha toupeira capaz de trabalhar tão rápido debaixo da terra, esse excelente mineiro: a revolução. Os trabalhadores ingleses são os pioneiros da indústria moderna. Certamente não serão os últimos a vir em auxílio da revolução social produzida por essa indústria, uma revolução que significa a emancipação de sua própria classe no mundo inteiro, uma emancipação que também é tão universal quanto a lei do capital e a escravidão do salário. Conheço as lutas heroicas que a classe operária inglesa travou desde a metade do século passado – lutas menos célebres, porque são mantidas na penumbra e esquecidas pelos historiadores burgueses. Para expiar os malfeitos cometidos pelas classes dominantes, existia na Alemanha, na Idade Média, um tribunal secreto, chamado Santa Vehme. Quando se via uma cruz vermelha riscada num muro, sabia-se que o proprietário da casa havia sido condenado pela Vehme. Todas as casas da Europa estão hoje marcadas com a misteriosa cruz vermelha.

O juiz é a História; o executor do veredicto é o proletário.[6]

Esse documento é surpreendente por vários aspectos. Não há dúvida de que subestima as revoluções de 1848 e tenta minimizar o alcance da derrota transferindo todas as suas esperanças – em excesso – para a classe operária inglesa. Mas reconhece que, ao longo dessas revoluções fracassadas, o combate pela emancipação dos trabalhadores se anuncia – sem dúvida uma referência às jornadas de junho de 1848. E, acima de tudo, numa época de "restabelecimento da ordem" e de contrarrevolução triunfante, proclama sua fé – não no sentido religioso, mas como aposta racional – na revolução proletária, que é descrita aqui com uma série de metáforas sobre um processo "subterrâneo": um oceano (de lava?) sob os continentes e o trabalho de sapa da toupeira e do mineiro. A velha toupeira, que escava galerias nas profundezas e surge de repente onde não se espera, já aparece no *O dezoito de brumário* e com o tempo se tornaria uma das alegorias mais famosas da revolução no léxico marxista. Mais surpreendente, porém, é a referência a Robin Goodfellow, duende, diabrete ou espírito dos bosques do folclore inglês que tem papel importante em *Sonho de uma noite de verão*, de Shakespeare, por sua capacidade de perturbar e criar confusão. Grande leitor do bardo, e dirigindo-se a um público inglês, Marx escolheu essa figura para ilustrar o caráter inesperado e alegremente imprevisível das irrupções revolucionárias.

---

6 Marx e Engels, *Selected Works*, v.1, p.500. (Há também uma tradução para o francês desse discurso em Janover e Rubel, De l'usage de Marx en temps de crise, *Spartacus*, série B, n.129, maio-jun. 1984.)

O aspecto mais interessante desse curto documento é a visão eminentemente dialética que ele nos propõe a respeito das contradições do progresso moderno: sob a égide do capitalismo, deparamos com uma espécie de "progresso regressivo", em que cada coisa se transforma em seu contrário. Rejeitando as concepções lineares do progresso – hegelianas ou positivistas – tão influentes na esquerda "progressista", Marx insiste na contradição entre o avanço científico e técnico e a degradação moral da sociedade, que ele compara ao declínio do Império Romano. O conceito de "moral" deve ser compreendido aqui em sentido amplo: ético, social e político, e com a inclusão também da degradação, da miséria, do sofrimento e da opressão dos indivíduos. O próprio maquinismo, que poderia servir para libertar o trabalho humano – pela redução da jornada de trabalho –, apenas agrava a condição do trabalhador. O progresso técnico parece "dotar de vida intelectual as forças materiais", tornando-as cada vez mais sofisticadas e "inteligentes", ao passo que a vida humana – começando pela dos trabalhadores – é degradada pelo processo de alienação e reificação capitalista, reduzida à condição de "força material", mercadoria, "coisa", peça do mecanismo produtivo.

É claro que a visão que Marx propõe do progresso técnico, do desenvolvimento das "forças produtivas" e em particular do "domínio da natureza" é marcada por sua época e, portanto, ultrapassada do ponto de vista da crise ecológica do século XXI. Para ele, a revolução diz respeito apenas às relações de produção capitalistas. Apesar de se dar conta – sobretudo depois da Comuna de Paris – de que os trabalhadores não podem se apropriar do aparelho de Estado burguês para colocá-lo a seu serviço, mas devem substituí-lo por outra forma de poder, ele ainda não aplica esse raciocínio ao aparelho produtivo. Contudo, sua análise dialética do paradoxo que em nossa sociedade transforma "as fontes de riqueza" em "fontes de penúria" é de uma atualidade impressionante neste momento em que o capitalismo passa por uma das mais graves crises de sua história, com consequências sociais dramáticas. Encontramos proposições análogas em outros escritos de Marx – inclusive *O capital* –, mas esse discurso de 1856 é uma de suas análises críticas mais poderosas, explícitas e categóricas sobre as contradições do progresso capitalista.

CAPÍTULO 4

A INTERNACIONAL, O ESTADO E A COMUNA RUSSA

Preâmbulo aos estatutos da Associação Internacional dos Trabalhadores (1864)

Por ocasião da Exposição Universal de Londres, em 1862, grupos de operários franceses e ingleses se encontraram, fora do âmbito das celebrações oficiais, para discutir a criação de uma associação internacional. Depois de dois anos de conversas e preparativos, em 28 de setembro de 1864, durante um *meeting* no Saint-Martin's Hall de Londres, com a participação de oradores ingleses, franceses, alemães, italianos e irlandeses, e com Marx na plateia, decidiu-se pela fundação de uma associação internacional dos trabalhadores. Um comitê foi encarregado de preparar o programa e os estatutos, mas não houve acordo sobre as diversas propostas feitas, em especial por Giuseppe Mazzini, que queria uma organização centralizada, baseada no modelo dos *carbonari*. Afinal, um subcomitê foi encarregado de rever a questão, e este aprovou por unanimidade as propostas de Marx para os estatutos e para o comunicado inaugural.

Considerando:

• que a emancipação dos trabalhadores [*working classes*][1] deve ser obra dos próprios trabalhadores; que a luta pela emancipação das classes operárias não é uma luta por privilégios e monopólios de classe, mas por direitos e deveres iguais e pelo fim de toda dominação de classe;

• que a sujeição econômica do trabalhador [*main of labour*] ao monopolizador dos meios de trabalho, isto é, das fontes da vida, é o fundamento da servidão em todas as suas formas, da miséria social, do aviltamento intelectual e da dependência política;

• que, por consequência, a emancipação econômica das classes laboriosas é o grande propósito a que todo movimento político deve ser subordinado como meio;

• que até o momento todos os esforços tendentes a esse grande propósito fracassaram, por falta de solidariedade entre os trabalhadores das diferentes profissões num mesmo país e de união fraterna entre os trabalhadores dos diversos países;

• que a emancipação do trabalho, não sendo um problema local nem nacional, mas social, abrange todos os países em que existe a sociedade moderna e necessita, para sua solução, do concurso teórico e prático dos países mais avançados;

• que o movimento que acaba de ressurgir entre as classes operárias dos países industriais avançados da Europa, ao mesmo tempo que desperta novas esperanças, faz uma advertência solene para não incorrer nos velhos erros e unir o quanto antes os esforços ainda isolados.

Por essas razões, a Associação Internacional dos Trabalhadores foi fundada. Ela declara:

Que todas as sociedades e indivíduos que aderirem a ela reconhecerão como base de seu comportamento em relação uns aos outros e a todos os homens, sem distinção de cor, crença ou nacionalidade, a verdade, a justiça e a moral.

Não há deveres sem direitos, não há direitos sem deveres.

É nesse espírito que os seguintes estatutos foram concebidos:

Art. 1 – A Associação é estabelecida para criar um meio central de comunicação e de cooperação entre as sociedades operárias

---

1 Traduzimos *working classes* tanto por "trabalhadores" quanto por "classes operárias" e "classes laboriosas".

dos diferentes países que aspiram ao mesmo propósito, a saber, a proteção, o progresso e a completa libertação das classes laboriosas. Art. 2 – O nome dessa associação será Associação Internacional dos Trabalhadores.[2]

No comunicado inaugural, Marx opõe a economia política do proletário à da burguesia e apresenta a lei das oito horas de trabalho como a primeira vitória da primeira contra a segunda. Não hesita em retomar na conclusão a palavra de ordem do *Manifesto Comunista*: "Proletários de todos os países, uni-vos!".

Quanto aos estatutos, eles são precedidos de um preâmbulo que funciona como síntese mínima – mas extraordinariamente bem-sucedida – das principais ideias políticas de Marx, começando por aquela que encabeça o documento e, em ampla medida, serve de fio condutor para seu pensamento e sua prática desde 1846: a emancipação *dos trabalhadores será obra dos próprios trabalhadores*. Isso significa não só a negação de todo "Salvador supremo", de um "César ou Tribuno" qualquer – para retomar as famosas palavras da *International*, de Eugène Pottier, que depois da Comuna se tornou o hino da Associação Internacional dos Trabalhadores –, mas também de qualquer elite revolucionária que queira tomar o lugar da classe dos trabalhadores. Nesse primeiro parágrafo, também encontramos um tema que Marx já havia esboçado em seus escritos de juventude: o proletariado é a classe universal, a que não defende interesses particulares, "privilégios" econômicos, sociais ou políticos; por essa razão, sua emancipação significa a supressão de toda dominação de uma classe sobre as outras. O trecho sobre "a verdade, a justiça e a moral", assim como o dos direitos e os deveres, foi introduzido a pedido do subcomitê e aceito a contragosto por Marx, para evitar conflitos inúteis. A solidariedade internacional é outro eixo central do preâmbulo: ele é limitado aos "países onde existe a sociedade moderna", mas a frase é suficientemente vaga para ser, se não universal, ao menos bastante ampla. Esse não é o caso do papel privilegiado dos "países mais avançados" – uma referência

---

2 Marx, Provisional rules of the Association. In: *The General Council of the First International 1864-1866*, p.288-289. (Traduzido para o francês por Michael Löwy.)

à Europa e aos Estados Unidos, sem dúvida –, que traduz mais uma vez a visão ocidentocêntrica partilhada por Marx e pelos fundadores da Associação Internacional dos Trabalhadores.

A ênfase na dominação econômica e a afirmação de que a ação política é apenas um meio a serviço da emancipação econômica podem causar surpresa. Essa é uma apresentação simplificada da concepção materialista da História de Marx, mas corresponde também às preocupações dos sindicalistas ingleses e dos proudhonianos franceses, que desconfiavam da coisa política.

No Congresso de Haia, quando houve a cisão com os anarquistas, Marx e seus partidários introduziram um novo artigo nos estatutos, o 7º, que, sem contradizer a afirmação "econômica" do preâmbulo, dá um espaço bem maior ao combate político:

> Art. 7º – Em sua luta contra o poder unido das classes possuintes, o proletariado somente pode agir como classe constituindo-se ele próprio em partido político distinto e oposto a todos os antigos partidos políticos criados pelas classes possuintes.
>
> Essa constituição do proletariado em partido político é indispensável para garantir o triunfo da revolução social e de seu fim supremo: a abolição das classes.
>
> A coalizão das forças da classe operária, já obtida pela luta econômica, deve lhe servir assim de alavanca em sua luta contra o poder político de seus exploradores.
>
> Já que os senhores da terra e do capital sempre utilizam seus privilégios políticos para defender e perpetuar seus monopólios econômicos e subjugar o trabalho, a conquista do poder político tornou-se o grande dever do proletariado.

É interessante notar que não se trata aqui do Estado, mas do poder político, uma distinção que remete sem dúvida às reflexões de Marx sobre a Comuna de Paris.

A Primeira Internacional, ao contrário das demais, não era nada homogênea: era composta de sindicalistas, mutualistas (proudhonianos), blanquistas, partidários de Mazzini, bakuninistas e "marxistas" (o termo ainda não existia). Apesar disso, conseguiu funcionar de maneira (relativamente) eficiente durante vários anos. Desde o início, houve correntes libertárias na Internacional, em especial proudhonianas, e suas relações com os socialistas marxianos não foram apenas conflituosas. Entre os partidários de Marx e os representantes da esquerda do proudhonismo, como Eugène Varlin (futuro herói da Comuna de Paris) e seus amigos, manifestaram-se certas convergências contra os proudhonianos mais de direita, partidários do "mutualismo". No Congresso de Bruxelas, em 1868, a aliança dessas duas correntes levou à adoção de um programa "coletivista", isto é, um programa que pregava a propriedade coletiva dos meios de produção. Essa diversidade e esse pluralismo político eram fonte de conflito, mas eram também uma riqueza: é por essa a razão que existe interesse no século XXI pelo exemplo da Primeira Internacional como eventual modelo de uma nova Internacional, "plural", capaz de unificar todos os adversários revolucionários do capitalismo.

Depois da adesão de Bakunin, em 1868, e da vitória das teses libertárias no Congresso de Basileia, em 1869, a tensão entre os anarquistas, de um lado, e Marx e seus partidários, de outro, aumentou, e levou finalmente à cisão, em 1872, depois da derrota da Comuna, e à dissolução da Associação Internacional dos Trabalhadores, em 1876. Ao contrário dos discursos de uns e outros, e das historiografias "oficiais" de anarquistas e marxistas, a responsabilidade pelo fracasso foi amplamente partilhada...

O capital, livro primeiro, seção 7, "A acumulação primitiva" (1867)

O primeiro volume de *O capital* – como sabemos, o único inteiramente redigido por Marx e publicado quando ele ainda estava vivo – apareceu em 1867. A crítica da economia política era, para Marx, uma questão absolutamente *política*, isto é, dizia respeito ao poder, à dominação. A problemática política permeia *O capital*, mas manifesta-se de forma mais direta e explícita na sétima seção do primeiro livro, a que trata da acumulação primitiva (ou "inicial"), isto é, o processo que criou as precondições para o desenvolvimento do capitalismo moderno, ao expropriar os produtores e concentrando as riquezas nas mãos de uma classe privilegiada de proprietários. Sendo assim, escolhemos trechos dessa seção.

Capítulo XXIV. A pretensa "acumulação primitiva"
1. O segredo da acumulação primitiva
A relação capitalista pressupõe o divórcio entre os trabalhadores e a propriedade das condições de realização do trabalho [...]. A suposta acumulação primitiva nada mais é, portanto, que o processo histórico de separação do produtor dos meios de produção. O processo aparece como "inicial" porque constitui a Pré-História do capital e do modo de produção que lhe é adequado. [...]
2. Expropriação da população rural
Pilhagem dos bens da Igreja, alienação fraudulenta dos domínios do Estado, roubo da propriedade comunal, transformação usurpadora da propriedade feudal e da propriedade do clã em propriedade privada moderna, levada a cabo com um terrorismo implacável: todos métodos idílicos da acumulação primitiva. Foi por meio deles que os campos para a agricultura capitalista foram conquistados, a terra foi incorporada ao capital e a indústria das cidades criou o aporte necessário em proletariado explorável à vontade. [...]
3. Legislação draconiana contra os expropriados [...]
Esse proletariado sem eira nem beira, privado de toda proteção jurídica, expulso de sua terra pela dissolução dos séquitos feudais e por expropriações violentas e sucessivas, não podia de maneira alguma ser absorvido pelas manufaturas nascentes tão rapidamente quanto foi engendrado. Além do mais, esses homens, bruscamente arrancados do desenrolar habitual de sua existência, não podiam se acostumar do mesmo modo brusco à disciplina de seu novo Estado. Eles se tornaram maciçamente mendigos, ladrões e vagabundos, em parte por vocação, mas no mais das vezes por pressão das circunstâncias. Daí, no fim do século XV, e durante todo o século XVI, em toda a Europa ocidental, uma legislação draconiana e sangrenta contra a vagabundagem. [...] A legislação tratou-os como malfeitores "por plena vontade", alegando que dependia de seu único querer continuar a trabalhar nas condições antigas, quando estas já não existiam mais. [...]
6. Gênese do capitalismo industrial
A descoberta das regiões auríferas e argentíferas da América, a exterminação e a sujeição da população indígena, seu encerramento nas minas, os primórdios da conquista e do saque das Índias Orientais, a transformação da África em defeso comercial para a

caça de pele negra, eis do que é feita a aurora da era da produção capitalista. Esses processos idílicos são os grandes momentos da acumulação primitiva. Seguiu-se no rastro a guerra comercial das nações europeias, tendo o planeta por teatro. Começou com a secessão dos Países Baixos revoltosos contra a Espanha, tomou um alcance gigantesco com a guerra antijacobina da Inglaterra e prossegue ainda em nossos dias com a Guerra do Ópio contra a China etc.

Os diferentes momentos da acumulação primitiva dividem-se principalmente, portanto, numa ordem mais ou menos cronológica, entre Espanha, Portugal, Holanda, França e Inglaterra. No fim do século XVII, na Inglaterra, eles se juntaram todos numa espécie de resumo sistemático dentro de um sistema colonial, um sistema de dívida pública e um sistema moderno de imposição e de proteção aduaneira. Esses métodos se assentam em parte na violência mais brutal; é o caso, por exemplo, do sistema colonial. Mas todos utilizam o poder de Estado, a violência concentrada e organizada da sociedade, para ativar artificialmente o processo de transformação do modo de produção feudal em modo de produção capitalista e para abreviar as transições. A violência é a parteira da velha sociedade prenhe de uma sociedade nova. Ela própria é uma potencialidade econômica.

Eis o que um homem que fez do cristianismo sua especialidade, W. Howitt, diz a respeito do sistema colonial cristão: "Os atos de barbárie e as infames atrocidades das raças supostamente cristãs, em todas as regiões do mundo e contra todos os povos que elas conseguiram submeter a seu jugo, não têm rival em nenhuma era da História universal, em nenhuma raça, por mais selvagem, inculta, impiedosa e cínica que fosse".[3]

O objetivo imediato de Marx nessa seção de *O capital* é desmantelar o que ele chama de versão "idílica" da origem do capitalismo: a divisão da sociedade entre "pessoas de elite, laboriosas, inteligentes e, sobretudo, dotadas de hábitos caseiros" e a massa de malandros, preguiçosos e indolentes. A variante vulgar desse discurso encontra-se nos escritos de Adolphe Thiers, dos quais Marx debocha como "criancices insípidas", mas encon-

---

3 Id., *Le capital*, livre premier, p.804-5, 824-6, 843-4.

tramos um eco distante dela, bem mais matizado, é claro, em *A ética protestante e o espírito do capitalismo*, de Max Weber, de 1920: o culto protestante do trabalho e o ascetismo calvinista, na forma de conduta de vida metódica, que permitiram a poupança, o investimento e a formação de uma classe de proprietários empreendedores. Para Marx, a realidade é outra: "[Foi] a conquista, a sujeição, o crime e a pilhagem, em resumo... a violência" que tiveram papel principal na história das origens do capital.[4]

Os diferentes capítulos da sétima seção seguem passo a passo os diferentes momentos desse processo histórico que se estende do século XVI ao XVIII: a expropriação a fogo e sangue dos pequenos camponeses, os cercamentos das terras comunais, o *clearing of the states*, isto é, a "limpeza" das terras de seus habitantes, a perseguição brutal dos pobres e dos "vagabundos", marcados a ferro em brasa, enviados para as galés ou enforcados como "inimigos do Estado". É interessante notar que uma das testemunhas de acusação citadas por Marx não é ninguém menos que o precursor do socialismo – e santo mártir da Igreja católica – Thomas Morus, que em seu *A utopia*, denuncia a expulsão dos "pobres-diabos, simples e miseráveis... homens e mulheres, maridos e esposas, órfãos e viúvas, mães aos prantos com seus nenês", "escorraçados de repente" pelos proprietários de terras, dos quais 72 mil foram executados como "vagabundos" durante o reinado de Henrique VIII.[5]

Mas a acumulação primitiva crescia também em escala planetária, graças ao comércio de escravos africanos – que Marx chama de "tráfico de carne humana" – e às conquistas coloniais. Essas páginas de Marx estão entre as mais virulentas da crítica do colonialismo, esse sistema pelo qual "os tesouros diretamente extorquidos fora da Europa pelo trabalho forçado de índios reduzidos à escravidão, pela concussão, pela pilhagem e pelo assassinato, voltavam para a mãe pátria para funcionar como capital". E é mais uma vez um autor cristão, William Howitt, que serve de testemunha das "barbáries e atrocidades" dos colonizadores.[6] Mas, além da denúncia, a ideia central de Marx é o elo político-

---

4 Ibid., p.803-4.
5 Ibid., p.826.
6 Ibid., p.844-6.

-econômico essencial entre o desenvolvimento do capitalismo nas metrópoles e a exploração brutal dos povos colonizados: o sistema capitalista mundial é um todo, e a submissão das nações da periferia é uma condição indispensável da acumulação do capital no centro. Até certo ponto, essa análise se parece com a da globalização capitalista (o "modo de produção burguês") do *Manifesto Comunista*, mas dessa vez sem uma onça de admiração pelos feitos da burguesia conquistadora. A teoria do imperialismo de Hilferding, Lênin e Rosa Luxemburgo situa-se evidentemente em outro contexto histórico, mas apoia-se nas observações de Marx em *O capital*.

A análise de Marx trata das origens do capitalismo, sobretudo antes do século XIX, que é o século da consolidação do sistema, mas constatamos que vários dos processos descritos nessa seção de *O capital* são extremamente atuais, ainda hoje, nos países dependentes, da América Latina à Ásia do Sul, passando pelo Oriente Médio: pilhagem dos países da periferia pelas metrópoles imperiais; guerras de conquista para garantir controle sobre o petróleo – o ouro negro que substituiu o ouro das minas das antigas colônias; expropriação e expulsão violenta dos camponeses de suas terras, em proveito dos agrocapitalistas; embargo por parte dos grandes proprietários de terras de florestas, pastos e outras terras pertencentes às comunidades indígenas; criminalização e repressão violenta por parte do Estado da massa de pobres "vagabundos" que se concentra nas favelas dos grandes centros urbanos.

A crítica de Marx pretende-se científica, isto é, fundamentada na análise das contradições da realidade efetiva, mas nem um pouco neutra ou "livre de julgamentos de valor": ele reivindica abertamente um ponto de vista de classe. Assim, no famoso posfácio da segunda edição alemã, ele escreve o seguinte: "Na medida em que essa crítica [da economia política] representa uma classe, só pode ser aquela cuja missão histórica é a derrubada [*Umwälzung*] do modo de produção capitalista e a abolição final das classes – o proletariado".[7] Não há dúvida de que a expressão "na medida em que" remete à ideia da autonomia relativa do

---

7 Ibid., p.13.

trabalho científico, que "representa" uma perspectiva de classe, mas não se reduz a ela.

Seja como for, Marx não hesita em manifestar claramente, nessas páginas inflamadas, sua indignação moral diante do "cinismo", da "infâmia", da inumanidade dos procedimentos capitalistas, cuja história "é registrada nos anais da humanidade em letras de sangue e fogo".[8] Essa dimensão moral, que dá cor e força a esses capítulos de O capital, é inseparável da tomada de partido a favor dos vencidos, das vítimas, dos camponeses expulsos, dos "vagabundos" enforcados, dos africanos e dos índios subjugados; ela é um momento essencial da política de Marx, de sua visão da História e de sua compreensão da natureza intrinsecamente perversa do capital, esse sistema que chega ao mundo "vertendo sangue e sujeira por todos os poros".[9]

Do ponto de vista metodológico, um aspecto merece ser destacado nesse impressionante afresco histórico: a origem do capitalismo, a acumulação primitiva do capital, não é um processo puramente econômico, um resultado da evolução das forças produtivas, impulsionado por uma dinâmica endógena; ele compreende o papel determinante de fatores extraeconômicos. Por exemplo, na Inglaterra, a religião protestante é esse fator, não no sentido da tese de Weber (a origem religiosa de um *ethos* capitalista), mas pela "pilhagem dos bens eclesiásticos", que levou à expulsão dos camponeses estabelecidos nas terras paroquiais: "Esse processo de expropriação pela violência contra as massas populares teve um novo e terrível impulso no século XVI, com a Reforma e a pilhagem colossal dos bens da Igreja que decorreu daí".[10]

Mas é claro que o fator mais importante é *político*: a violência, a força brutal, o poder do Estado, essa "violência concentrada e organizada da sociedade", ou melhor, das classes dominantes da sociedade. Esse capítulo é, portanto, uma bela refutação das leituras economicistas de Marx, que reduzem a política a um epifenômeno, a um produto derivado das transformações econômicas. Numa espantosa inversão dos esquemas simplistas a

---

8 Ibid., p.805.
9 Ibid., p.853.
10 Ibid., p.811.

respeito da "infraestrutura", ele designa as forças políticas como a causa determinante, ou a condição necessária, de um processo econômico, a acumulação primitiva do capital. E, como mostram outros capítulos do livro primeiro – sobre a batalha em torno da delimitação legal da jornada de trabalho, por exemplo –, o papel do Estado não se limita a essa "pré-história" do capitalismo, mas continua presente durante toda a sua evolução. Naturalmente a história do século XX, que é a história das guerras coloniais, das intervenções imperialistas, das guerras interimperialistas e dos Estados de exceção ("totalitários"), apenas confirma esse diagnóstico.

A guerra civil na França (1871)

O "Comunicado do Conselho Geral da Associação Internacional dos Trabalhadores sobre a Guerra Civil na França em 1871" é, sem dúvida, um dos escritos políticos mais poderosos que Marx jamais escreveu. Trata-se de uma declaração sobre a Comuna de Paris, redigida em inglês por seu autor, a pedido do Conselho da Primeira Internacional. Ele dá sequência aos dois comunicados anteriores, de 1870, sobre a guerra franco-prussiana. *A guerra civil na França* foi escrita no fim de 1871 e publicada em Londres, como brochura, em meados de junho de 1871, mas não foi sem conflitos que a Associação Internacional dos Trabalhadores a adotou: dois eminentes trade-unionistas ingleses, Benjamin Lucraft e George Odger, desaprovaram o texto e demitiram-se do Conselho Geral, que em seguida os excluiu da Internacional.

A classe operária não pode se contentar em tomar a máquina do Estado tal e qual e fazê-la funcionar por sua própria conta.
O poder central do Estado, com seus órgãos, presentes por toda parte: exército permanente, polícia, burocracia, clero e magistratura, órgãos talhados de acordo com um plano de divisão sistemática e hierárquica do trabalho, data da época da monarquia absoluta. [...]
O imperialismo [no sentido de império naydeoniano] é a forma mais prostituída e extrema ao mesmo tempo desse poder de Estado que a sociedade burguesa nascente trouxe ao mundo [...].
A antítese direta do Império foi a Comuna. O grito de "República

social" com que a Revolução de Fevereiro foi proclamada pelo proletariado de Paris exprimia quase apenas uma vaga aspiração a uma República que deveria eliminar não só a forma monárquica da dominação de classe, mas a própria dominação de classe. A Comuna foi a forma positiva dessa República. [...]
    O primeiro decreto da Comuna foi, portanto, a supressão do exército permanente e sua substituição pelo povo em armas. [...]
    A unidade da nação não devia ser quebrada, mas, ao contrário, organizada pela constituição comunal; devia se tornar realidade pela destruição do Estado, que pretendia ser a encarnação dessa unidade, mas queria ser independente da nação e superior a ela, embora fosse apenas uma excrescência parasitária dela. No mesmo momento em que importava amputar os órgãos puramente repressivos do antigo poder governamental, suas funções legítimas deviam ser arrancadas de uma autoridade que reivindicava uma preeminência acima da própria sociedade e entregues aos servidores responsáveis da sociedade. [...] A constituição comunal teria restituído ao corpo social todas as forças até então absorvidas pelo Estado parasitário, que se alimentava sobre a sociedade e paralisa seu livre movimento. Para esse único fato, ela foi o ponto de partida da regeneração da França. [...]
    A multiplicidade das interpretações a que a Comuna foi submetida e a multiplicidade dos interesses que a reivindicavam para si mostram que ela era uma forma política absolutamente passível de expansão, ao passo que as formas anteriores de governo foram essencialmente repressivas. Seu verdadeiro segredo é este: a Comuna era essencialmente um *governo de classe operária*, o resultado da luta da classe dos produtores contra a classe dos apropriadores, a forma política afinal encontrada que permitia realizar a emancipação do trabalho. [...]
    A Comuna permitiu a todos os estrangeiros a honra de morrer por uma causa imortal. [...] A Comuna fez de um operário alemão seu ministro do Trabalho. [...] A Comuna deu aos filhos heroicos da Polônia a honra de colocá-los à frente dos defensores de Paris. [...] E para marcar insignemente a nova era da história que tinha consciência de estar inaugurando [...] a Comuna atirou ao chão esse símbolo colossal da glória guerreira, a coluna Vendôme.
    A grande medida social da Comuna foi sua própria existência e ação. Suas medidas particulares só podiam indicar a tendência de

um governo do povo pelo povo. Tais foram a abolição do trabalho noturno para os companheiros padeiros [e] a transferência para as associações de operárias, com garantia de compensação, de todas as oficinas e fábricas que haviam fechado, seja porque os capitalistas em questão haviam desaparecido, seja porque preferiram suspender o trabalho. [...]
A Paris operária, com sua Comuna, será celebrada para sempre como a gloriosa precursora de uma sociedade nova. A lembrança de seus mártires é conservada com devoção no grande coração da classe operária. Seus exterminadores, a história já os pregou no pelourinho eterno, e todas as preces de seus sacerdotes não conseguirão resgatá-los.[11]

Em muitos sentidos, pela análise ao vivo do combate entre as classes sociais num momento decisivo da história da França, o comunicado se assemelha ao *As lutas de classes na França* ou a *O dezoito de brumário*. Mas, por seu estilo, conteúdo e caráter de documento público de uma organização internacional, é um texto mais diretamente político. Marx tomou muito cuidado com a redação desse texto: existem dois ensaios prévios de redação e diversos fragmentos – publicados somente em 1934 – que são também de grande interesse. É sem dúvida a análise mais importante de Marx sobre a questão da relação entre o Estado e a revolução.

O comunicado é, em primeiro lugar, um histórico dos acontecimentos da Comuna, desde a tomada dos canhões pela Guarda Nacional parisiense em 18 de março de 1871 até o massacre dos revolucionários durante a "semana sangrenta" de maio. Discute as diferentes iniciativas políticas e sociais da Comuna, assim como a estratégia contrarrevolucionária de Thiers e dos versalheses. A "indizível infâmia" das atrocidades cometidas por estes últimos na tomada de Paris é reveladora, para Marx: "A civilização e a justiça da ordem burguesa revelam-se sob sua luz sinistra sempre que os escravos dessa ordem se levantam contra seus mestres".[12]

---

11 Id., *La guerre civile en France (1871)*, p.45-6, 48-9, 51, 55-6, 69. (A tradução utilizada por essa edição francesa é a que, sem dúvida, foi revista e corrigida por Marx e depois publicada em Bruxelas, no ano de 1872.)
12 Ibid., p.63.

Mas a questão política central do documento é a do *Estado*: num espírito ainda mais diretamente *antiestatal* que *O dezoito de brumário*, Marx insiste na ideia de que os trabalhadores não podem "tomar" a máquina de Estado, mas devem "destruí-la" – uma afirmação famosa, fadada a alimentar uma polêmica intensa dentro do movimento operário a partir da Revolução Russa de 1917. Mas graças à experiência da Comuna, Marx dá um passo adiante, muito além da vaga "centralização política" de que se tratava em 1852; o que deve substituir o aparelho de Estado existente, com seus corpos hierárquicos de militares, burocratas, magistrados e policiais, é uma nova forma de poder político, não de Estado: a *constituição comunal*. É evidente que a Comuna era um governo, o governo da classe operária, fundada no poder do povo em armas e dos delegados eleitos e revogáveis, isto é, "servidores responsáveis da sociedade". Mas esse governo se impunha a tarefa de suprimir toda forma de poder instituído acima e à parte da sociedade e, portanto, de "restituir todas as suas forças ao corpo social". Esse tema é abordado – de maneira bastante radical – nos "Ensaios de redação" ainda inéditos:

> Não foi, portanto, uma revolução contra essa ou aquela forma de poder de Estado, legitimista, constitucionalista, republicano ou imperial. Foi uma revolução contra o próprio *Estado*, esse aborto sobrenatural da sociedade; foi a tomada pelo povo e para o povo de sua própria vida social. Não foi uma revolução para transferir esse poder de uma fração das classes dominantes para outra, mas uma revolução para acabar com esse terrível aparelho da dominação de classe.[13]

Revolução contra Estado: a fórmula mostra bem o sentido que Marx dá ao conjunto das práticas políticas da Comuna durante sua efêmera existência.

Para Marx, as medidas sociais tomadas pela Comuna são bem menos importantes que essa forma política nova, mas ele percebe em algumas dessas decisões, como a transferência das

---

13 Id., Premier essai de rédaction de La guerre civile en France. In: Marx; Engels; Lênin, *Sur la Commune de Paris*, p.145.

fábricas abandonadas pelos proprietários para as associações de operárias, as primícias de uma supressão da exploração capitalista. Foi pensando provavelmente em iniciativas desse tipo que, numa resposta polêmica contra os "porta-vozes da sociedade atual", ele escreveu:

> Sim, senhores, a Comuna pretendia abolir essa propriedade de classe que faz do trabalho da grande maioria a riqueza de uns poucos. Queria tornar a propriedade individual uma realidade, transformando os meios de produção, a terra e o capital, hoje essencialmente meios de sujeição e de exploração do trabalho, em simples instrumentos de um trabalho livre e associado. Mas isso é comunismo, o "impossível" comunismo![14]

Não há dúvida de que há exagero nessa afirmação, mas Marx quer deixar clara a dimensão anticapitalista efetivamente presente tanto nos discursos quanto na prática dos revolucionários da Comuna, dos quais muitos – blanquistas e proudhonianos de esquerda – se consideravam socialistas.

Na correspondência de Marx, em especial com Engels e Ludwig Kugelmann, encontramos certo número de críticas à política dos dirigentes da Comuna: por que não expropriaram o Banco de França? Por que não lançaram uma ofensiva contra Versalhes quando ainda era tempo? Não encontramos nada parecido nessa brochura, que é, do princípio ao fim, uma celebração e uma homenagem à Comuna, como "gloriosa precursora da nova sociedade", e aos seus combatentes, esses *Himmelstürmer*, esses heróis que ousaram se lançar ao assalto do céu. Ele insiste também na dimensão internacionalista da Comuna, da qual vários dirigentes políticos e militares eram estrangeiros exilados em Paris: Leo Frankel, operário húngaro, responsável pela comissão de trabalho da Comuna, membro da Primeira Internacional e próximo de Marx e Engels; Jaroslaw Dombrowski, revolucionário polonês,[15]

---

14 Id., *La guerre civile en France*, p.52.
15 Id., Lettre à Kugelmann, du 12 avril 1871. In: *La guerre civile en France*, p.77. (Essa tradução francesa peca nesse caso: *Himmelstürmer* foi traduzido por "os titãs".)

general da Comuna, morto em combate em maio de 1871; Élisabeth Dimitrieff, revolucionária russa, fundadora da União das Mulheres pela Defesa de Paris, e tantos outros. O comunicado contribuiu muito para transformar a Comuna de Paris num acontecimento fundador, em escala planetária, do movimento operário moderno, um objeto de estudo e de discussão inesgotável para os militantes marxistas e uma referência para as futuras revoluções sociais.

A Comuna de Paris deveria ter sido tomada como modelo para a revolução na Rússia? Esse debate esteve muito presente entre os marxistas russos, de 1905 a 1917. Na brochura de 1905, "Duas táticas da social-democracia na revolução democrática", Lênin criticou a Comuna de 1871 por ter confundido os objetivos da luta a favor da república com os objetivos da luta a favor do socialismo. Ele acrescenta que, em consequência, a Comuna foi um governo com o qual o futuro governo democrático/revolucionário da Rússia não devia se parecer... Em compensação, no prefácio da edição russa dos escritos de Marx sobre a Comuna, em 1905, Trotsky aprimora o argumento de que o futuro governo operário na Rússia era obrigado a imitar, pela própria lógica da situação, os revolucionários de 1871 e a seguir na direção de uma prática coletivista. Muito depois, durante o ano de 1917, em suas "Carta(s) de longe", nas "Teses de abril" e, naturalmente, em *Estado e revolução*, Lenin deu importância central à Comuna e usou-a como modelo para a luta dos sovietes na Rússia, precisamente pela mesma razão que havia dado para recusá-la em 1905: ela soube combinar o combate democrático/republicano com o socialismo.

Assistimos a uma retomada retorno pelo interesse pela Comuna de Paris entre a esquerda radical do início do século XXI, paralelamente a uma relativização da Revolução Russa. O que se valoriza é o combate intransigente contra a burguesia, o rompimento com o estatismo, o antiburocratismo, a democracia direta o pluralismo político, a diversidade das forças que se uniram nessa experiência revolucionária única em seu gênero, mas também o fato de a Comuna, apesar da curta duração, não ter passado pelo triste processo de degeneração burocrática da experiência soviética sob Stálin e seus sucessores.

Crítica do programa de Gotha (1875)

O ano de 1875 viu a unificação dos dois partidos operários alemães, na cidade de Gotha: a Associação Geral dos Trabalhadores Alemães (em alemão, Adav), fundada por Ferdinand Lassalle em Leipzig, em 1863 (ele morreu num duelo em 1864), e o Partido Social-Democrata dos Trabalhadores (SDAP), fundado em 1869 na cidade de Eisenach por dirigentes socialistas próximos de Marx: Wilhelm Liebknecht, Wilhelm Bracke e August Bebel. O projeto de programa proposto no Congresso de Unidade privilegiava as teses de Lassalle, o que suscitou críticas virulentas de Marx na forma de uma carta enviada a Bracke, com o pedido de que fosse encaminhada aos outros dirigentes do "grupo de Eisenach". Liebknecht impediu a difusão da carta em nome da unidade, mas ela teve algum efeito: certas frases criticadas desapareceram da versão definitiva aprovada no congresso de Gotha. Apesar de sua indignação contra o programa, Marx não se opôs à fusão dos dois partidos; como escreveu numa carta a Bracke anexada às notas críticas, "todo passo dado, todo movimento real, é mais importante que uma dúzia de programas". Engels, em compensação, estava convencido de "que uma unificação sobre *essa* base não durará um ano. [...] Haverá cisão", como disse a Bebel numa carta de março de 1875 – e equivocando-se completamente![16] De fato, a unidade do Partido Social-Democrata Alemão durou até 1917, e a cisão, ocorrida sob o impacto da Primeira Guerra Mundial e da Revolução Russa, não teve nada a ver com as divergências entre lassallianos e marxistas.

> O trabalho *não é a fonte* de toda riqueza. A *natureza* é tão fonte dos valores de uso (e são eles que constituem de fato a riqueza?) quanto o trabalho, que nada mais é que a expressão de uma força natural, a força do trabalho humano. [...]
> O *direito igual* é ainda, em seu princípio, o *direito burguês* [...]. Um operário é casado e outro não; um tem mais filhos que o outro etc. [...] Para evitar essas disfunções, o direito, ao invés de *igual*, deveria ser desigual.

---

16 Id., *Critique du programme de Gotha (1875)*, p.46, 101.

Mas essas disfunções são inevitáveis na primeira fase da sociedade comunista, tal como sai da sociedade capitalista depois de um longo e doloroso parto. O direito não pode nunca ser mais elevado que a organização econômica e o desenvolvimento civilizacional correspondente.

Numa fase superior da sociedade comunista, quando tiver desaparecido a dominação subjugadora dos indivíduos à divisão do trabalho, e com ela a oposição entre trabalho intelectual e trabalho manual, quando o trabalho não for mais somente um meio de vida, mas tiver se tornado a primeira das necessidades vitais, quando, com o desenvolvimento dos indivíduos em todos os aspectos, suas forças produtivas tiveram se intensificado e todas as fontes da riqueza coletiva jorrarem com abundância, só então o horizonte limitado do direito burguês poderá ser inteiramente superado e a sociedade poderá escrever em suas bandeiras: "De cada um, segundo suas capacidades; a cada um, segundo suas necessidades!". [...]

Acreditar que se pode construir uma nova sociedade com o apoio do Estado como se constrói uma nova estrada de ferro é digno da imaginação fértil de Lassalle! [...]

Sendo assim, coloca-se a questão: quais transformações sofrerá a "essência do Estado" numa sociedade comunista? Em outras palavras, quais funções sociais se manterão análogas às funções atuais do Estado? A essa pergunta, só podemos responder de maneira científica, e o problema não avançará um milímetro se agregarmos à palavra "povo" a palavra "Estado".

Entre a sociedade capitalista e a sociedade comunista situa--se o período de transformação revolucionária de uma em outra, ao qual corresponde um período de transição política, em que o Estado não pode ser outra coisa senão *a ditadura revolucionária do proletariado*. [...]

Todo o programa, apesar de todo o alarido democrático, está infectado de lado a lado pela crença servil no Estado da seita lassalliana ou, o que não é muito melhor, pela crença no milagre democrático [...].[17]

Essas *Randglossen* – glosas marginais sobre o programa de Gotha – seriam publicadas apenas em 1891, muitos anos depois da morte de Marx, por Friedrich Engels, na revista socialista

---

17 Ibid., p.49, 59-60, 70, 73, 77.

dirigida por Karl Kautsky, a *Die Neue Zeit* [Os Novos Tempos]. No decorrer do século XX, como sublinham com toda a razão Sonia Dayan-Herzbrun e Jean-Numa Ducange na apresentação da nova tradução francesa do texto alemão, esse conjunto esparso de notas se tornou "um texto coerente de combate contra o socialismo alinhado ao Estado". Citado por Lenin em 1917, em *Estado e revolução*, e apresentado por Karl Korsch em 1922, em nome do jovem Partido Comunista Alemão (KPD), como uma crítica do estadismo social-democrata, ele acabou se tornando um texto canônico do "marxismo-leninismo".

Lendo esse documento à luz dos debates do século XXI, vemos que alguns de seus aspectos têm interesse apenas histórico, como a polêmica de Marx contra a "lei de bronze dos salários", tão cara a Lassalle (o salário operário não podia ultrapassar o mínimo vital necessário), mas hoje esquecida, ou então contra a confusão lassalliana entre o "valor do trabalho" e o valor da força do trabalho. Outras passagens, ao contrário, ganham novo interesse dentro do contexto dos debates sobre a ecologia. Este é o caso da afirmação categórica de que o trabalho não é o único gerador de riqueza – a natureza é tão geradora quanto. Assim, a crítica de numerosos ecologistas a Marx – somente o trabalho seria fonte de valor – é um mal-entendido: o valor de uso, que é a verdadeira riqueza, é também um produto da natureza.

Duas outras críticas são importantes: a) contra a frase "a classe operária trabalha para sua emancipação em primeiro lugar dentro do quadro do Estado nacional atual", que para Marx constituía uma abjuração do internacionalismo; b) contra a definição de que todas as outras classes, com exceção do proletariado – o que inclui, portanto, artesãos, camponeses etc. – são "uma única massa reacionária". Marx desconfiava que Lassalle buscava uma aliança com o poder absolutista alemão contra a burguesia – só muito tempo depois se soube das cartas de Lassalle para o chanceler Bismarck...

Esse documento é um dos raros escritos de Marx que tratam da sociedade comunista do futuro. Ele distingue duas etapas distintas nessa sociedade: a que "ainda traz as marcas de nascença da velha sociedade", estruturada pelo "direito igual" – a cada um segundo seu trabalho – e a fase superior, fundada no generoso princípio "de cada um, segundo suas capacidades; a cada um, segundo suas necessidades!", que parece resumir toda a força utópica do marxismo. Se o conceito de "abundância" parece problemático do ponto de vista dos limites naturais do planeta, o de "necessidades" é mais apto a uma definição sociocultural que escape das armadilhas da infinitude.

O aspecto mais polêmico das notas, a crítica à "crença servil no Estado", é provavelmente a contribuição mais interessante do documento. As concepções de Lassalle e seus discípulos, presentes em vários sentidos no programa de Gotha, são o alvo imediato. As relações de Marx e Lassalle eram curiosamente ambivalentes, uma mistura de admiração, rivalidade, desprezo e desconhecimento mútuo. Os partidários de Marx na Alemanha – não só Liebknecht e Bebel, mas também Franz Mehring, futuro fundador do Partido Comunista Alemão (KPD) – não compartilhavam da hostilidade dos autores do *Manifesto Comunista* contra o fundador da Adav, primeira grande organização operária alemã. Dito isso, Marx não errou ao criticar o estadismo – de inspiração hegeliana de esquerda – das teses de Lasselle e sua estratégia de passagem para o socialismo, graças a cooperativas criadas "com o apoio do Estado". A filosofia política de Lassalle pode ser resumida por um trecho de sua carta ao comitê de organização de um congresso dos operários da Alemanha, em 1863:

> É dever do Estado tomar em mãos a grande causa da associação livre e individual da classe operária [...]. É primeiramente tarefa, destino do Estado, *facilitar, garantir* os grandes progressos da civilização humana. Essa é *sua função, é com esse objetivo que ele existe*. Foi para isso que *sempre* serviu, que deve servir sempre.[18]

É difícil imaginar uma tese mais oposta às ideias antiestatais que Marx desenvolveu ao longo de toda a sua vida, desde sua crítica da filosofia do Estado de Hegel, em 1843, até os escritos sobre a Comuna de Paris, em 1871. O autor de *O capital* não era contra as cooperativas, mas, como ressalta nas *Randglossen*, "elas só têm valor *na medida em que* são independentes e são uma

---

18 Lassalle, Lettre ouverte en réponse au comité central d'organisation d'un congrès général des ouvriers allemands à Leipzig (1863). In: Marx, *Critique du programme de Gotha (1875)*, p.91.

criação dos trabalhadores que não é protegida pelos governos nem pelos burgueses".

Os comentários de Marx são também uma resposta a um terceiro interlocutor, isto é, Bakunin, que em 1873, em seu *Estatismo e anarquia*, denunciou vigorosamente o cientificismo dos "marxianos" e dos lassallianos e sua concepção de um "pseudo-Estado popular". Se a primeira crítica parece não afetar Marx – as notas sobre o programa de Gotha são marcadas por um cientificismo bastante acentuado –, a segunda não o deixa indiferente. Na carta a Bracke anexada às *Randglossen*, ele justifica a necessidade dessas notas críticas: "Bakunin [...] me responsabiliza não só por todos os programas desse partido, mas até por cada um dos passos de Liebknecht desde o dia em que começou a cooperar com o Partido do Povo [*Volkspartei*]".[19] Engels, numa carta a Bebel em março de 1875, é ainda mais explícito:

> Os anarquistas já jogaram demais o *Estado popular* na nossa cara, mesmo o texto de Marx contra Proudhon, e depois o *Manifesto Comunista*, tendo dito claramente que com a instauração da sociedade socialista o Estado se dissolve por si mesmo e desaparece.[20]

Podemos dizer, portanto, que a crítica do estadismo lassalliano nas *Randglossen* é provocada, em larga medida, pelas polêmicas de Bakunin contra os sociais-democratas alemães... Sendo assim, foi em parte graças ao revolucionário anarquista russo que essas notas foram escritas e se tornaram um dos documentos canônicos do antiestadismo marxiano.

Dito isso, contra a opinião dos anarquistas, Marx proclama a necessidade, durante o período de transformação revolucionária que conduz ao advento da sociedade comunista, de uma forma de Estado, a "ditadura revolucionária do proletariado". Essa frase célebre não era contraditória com a democracia, como mostraram as pesquisas exaustivas de Hal Draper no terceiro volume

---

19 Marx, *Critique du programme de Gotha (1875)*, p.46. O partido em questão é o SDAP, fundado em Eisenach; o *Volkspartei* era um partido burguês liberal, do qual W. Libknecht havia participado antes da fundação do SDAP.
20 Ibid., p.99.

de *Karl Marx's Theory of Revolution* [A teoria da revolução, por Karl Marx].²¹ Nem por isso era menos problemática e fadada a suscitar mal-entendidos e manipulações autoritárias. Marx, sem dúvida, tinha em mente a instituição romana da ditadura, uma situação provisória que não eliminava o regime republicano; essa utilização do termo caducou após a experiência das ditaduras sangrentas do século XX. É preferível o argumento que Engels apresenta na carta a Bebel:

> Precisamos deixar de lado toda essa conversa de Estado, sobretudo depois da Comuna, que não era mais um Estado em sentido próprio. [...] Proporíamos substituir por toda parte *Estado* por "comunidade" [*Gemeinwesen*], uma boa e velha palavra alemã que pode muito bem corresponder ao francês "comuna".²²

Circular aos dirigentes social-democratas alemães (1879)

Essa carta circular de setembro de 1879, escrita por Marx e Engels quando ainda residiam em Londres e enviada aos dirigentes do Partido Social-Democrata Alemão dos quais eram mais próximos – Bebel, Liebknecht e Bracke – é um dos documentos políticos mais interessantes do último período de atividade militante dos dois autores. Foi publicada postumamente, a partir do rascunho original, em 1931, na revista da Internacional comunista.

Em resumo: a classe operária é incapaz de se emancipar por seus próprios meios. Deve se colocar sob a direção de burgueses "instruídos e possuintes" que, só eles, "dispõem de meios e tempo" para se familiarizar com o que é bom para os operários. [...]
No dia em que Berlim for de novo bastante inculta para se lançar num novo 18 de março de 1848, os sociais-democratas, em vez de participar da luta da "canalha atraída pela embriaguês das barricadas", vão de preferência "seguir a via da legalidade", bancar

---

21 Draper, *Karl Marx's Theory of Revolucion*.
22 Marx, *Critique du programme de Gotha*, p.99.

os moderadores, desmontar as barricadas e, se necessário, marchar com os nobres senhores da guerra contra as massas tão unilaterais, rudes e incultas. Ou se esses senhores disserem que não foi isso que quiseram dizer, então o que foi que quiseram dizer? [...] "O programa não deve ser *abandonado*, mas simplesmente *adiado* – por tempo indeterminado." Aceitam-no, mas não propriamente para eles mesmos ou para a época contemporânea, mas a título póstumo, como herança para seus filhos e netos. Enquanto isso, empregam "toda a sua força e toda a sua energia" em tudo quanto é espécie de arranjo e remendo da sociedade capitalista, para fazer crer que alguma coisa está sendo feita, e também para que a burguesia não se assuste. [...]

São exatamente os mesmos que, por medo da ação, frearam o movimento a cada passo em 1848 e 1849, e afinal o levaram ao fracasso; as mesmas pessoas que nunca veem a reação à obra e sempre se espantam de cair num impasse, em que qualquer resistência e qualquer fuga são impossíveis; as mesmas pessoas que querem encerrar a história em seu estreito e mesquinho horizonte pequeno-burguês, enquanto ela passa à ordem do dia por cima da cabeça delas. [...]

No que nos diz respeito, todo o nosso passado faz uma única via permanecer aberta para nós. Há quase quarenta anos apresentamos a luta de classe como o motor mais decisivo da história e, mais particularmente, a luta social entre burguesia e proletariado como a alavanca mais poderosa da revolução social moderna. Portanto, não podemos de modo algum nos associar a pessoas que querem riscar do movimento essa luta de classe.

Ao fundar a Internacional, proclamamos expressamente que a divisa de nosso combate era: "A emancipação da classe operária será obra da própria classe operária". Portanto, não podemos marchar com pessoas que expressam abertamente que os operários são incultos demais para se emancipar e, por isso, devem ser libertados primeiro do alto, pelos filantropos grande e pequeno-burgueses. Se o novo órgão do Partido adotar uma posição burguesa e não proletária, para nosso desgosto não nos restaria saída a não ser declarar publicamente nossa oposição e romper a solidariedade com que representamos o partido alemão no estrangeiro.[23]

---

23 Marx; Engels, Zirkularbrief an A. Bebel, W. Liebknecht, W. Bracke und andere, 17-18 September 1879, *Ausgewählte Briefe*, p.385-6, 389-90.

À parte os incidentes imediatos que a motivaram, essa circular é uma crítica virulenta às tendências direitistas e reformistas dentro do movimento operário. Mostra que, trinta anos depois, os autores do *Manifesto Comunista* continuam obstinadamente fiéis a seus princípios revolucionários de 1848-1850.

O pretexto da carta é uma questão relacionada ao grupo parlamentar do PSD: Max Kayser, deputado social-democrata, fez um discurso favorável às medidas protecionistas do chanceler Bismarck no Reichstag, no início de 1879. Esse discurso foi severamente criticado por Carl Hirsch, um jornalista socialista de Zurique, no periódico *La Lanterne* [A lanterna]; enquanto Marx e Engels apoiavam Hirsch, a fração parlamentar e a direção do Partido se solidarizavam com Kayser. Mais ou menos na mesma época, o doutor Karl Höchberg, intelectual social-democrata alemão, lançou em Zurique, com o concurso de Carl August Schramm e Eduard Bernstein, uma revista "revisionista" intitulada *Jahrbuch für Sozialwissenschaft und Sozialpolitik* [Anais de Ciência Social e Política Social], que pregava uma "revisão" da política do partido, o abandono de seu caráter "estreitamente operário" e de suas tendências excessivamente revolucionárias. Ora, os dirigentes social-democratas cogitavam entregar a essa equipe a redação do periódico do partido, *Der Sozialdemokrat* [O social-democrata], que deveria ser publicado no exílio, em Zurique.

Diante do que considerou ser sintomas graves de oportunismo, Marx decidiu se pronunciar, de comum acordo com Engels, e exigir dos dirigentes social-democratas que se diziam seguidores de suas ideias – Bebel, Liebknecht e Bracke, isto é, o "grupo de Leipzig" – que condenassem as tendências reformistas – em particular de Höchberg e de seu grupo – ou, se fosse o caso, que desdissessem a direção do partido, que eles representavam fora da Alemanha. Numa carta a Engels de 10 de setembro de 1879, Marx escreveu:

> Compartilho inteiramente seu ponto de vista, não podemos mais perder tempo para fazer saber, brutalmente e sem deferência, nossa opinião sobre a patacoada do *Jahrbuch*, *i.e. pro nunc* "notificar", preto no branco, o pessoal de Leipzig. Se eles continuarem

do mesmo jeito com o "órgão do partido", devemos desdizê-los publicamente. Nessas coisas, acaba toda cordialidade.[24]

Em relação ao caso Kayser, o deputado que havia apoiado a política aduaneira de Bismarck, Marx e Engels manifestaram sua concordância com as críticas do amigo Hirsch, apesar do apoio da fração parlamentar do SPD ao deputado. E pediram aos seus amigos de Leipzig:

> A social-democracia alemã está realmente infectada pela doença parlamentar e acredita que, graças ao sufrágio universal, o Espírito Santo desce sobre os eleitos, transformando as sessões das frações em concílios infalíveis e as resoluções das frações em dogmas invioláveis?[25]

A natureza dessa doença é especificada de forma irônica numa carta de Marx a seu amigo Friedrich Adolf Sorge, em 19 de setembro de 1879: "cretinismo parlamentar".[26]

Mas é, sobretudo, contra as ideias da "turma de Zurique" – em especial Höchberg e Bernstein (já!) – que Marx e Engels se insurgem. Na carta a Sorge, Marx define o grupo de Zurique como pessoas

> na teoria ineptas, na prática imprestáveis, [que] querem [1] arrancar dos dentes do socialismo (que eles acomodam a seu próprio uso, conforme as receitas da Universidade) e do Partido Social-Democrata sobretudo; [2] esclarecer os operários ou, como eles dizem, fornecer a eles "elementos de educação" com sua confusa meia ciência; e [3] antes de tudo tornar o partido responsável aos olhos dos burgueses conformistas [Spiessbürguer]. São pobres gralhas contrarrevolucionárias.[27]

---

24 Id., *Der Briefwechsel zwischen Marx und Engels 1868-1883*. In: *Marx-Engels Gesamtausgabe*, III/4, p.497.
25 Marx, Crétinisme parlamentaire et opportunisme. In: *Pages choisies pour une éthique socialiste*, p.231-2.
26 Marx e Engels, *Correspondance de F. Engels, K. Marx et divers*, v.1, p.247.
27 Id., *Ausgewählte Briefe*, p.391.

O ataque é igualmente feroz na circular aos dirigentes do partido. Resumindo ironicamente a ideias desses "imprestáveis", eles escrevem: "A se acreditar nesses senhores, o Partido Social-Democrata [...] preocupou-se demais em ganhar as *massas*, descuidando de fazer uma propaganda enérgica (!) nas camadas superiores da sociedade", em que poderiam se recrutadas pessoas mais capazes de representar o partido no Parlamento do que "simples operários e artesãos". Enfim, para os "senhores de Zurique", "a classe operária, por ela mesma, é incapaz de se libertar".[28] Contra essa abordagem filantrópica, Marx e Engels se afirmam nessa circular: a) resolutamente revolucionários (não descartam nem mesmo as tradicionais barricadas, como em março de 1848); b) fiéis à divisa da Internacional, a que se referem como "a divisa de nosso combate", isto é, a rejeição categórica de qualquer "libertação pelo alto" e a defesa do princípio da autoemancipação proletária. Marx e Engels demonstram essa determinação e essa fidelidade de maneira cabal, mesmo arriscando um rompimento com seus melhores amigos e discípulos na Alemanha. Eles têm consciência, é claro, de que a situação na Alemanha sob Bismarck não é a mesma de 1848, mas os acontecimentos do levante revolucionário são mencionados várias vezes na circular, como uma referência histórica essencial.

É curioso que essa polêmica, que visa Bernstein também, tenha ocorrido vinte anos antes da publicação de sua grande obra "revisionista", *Os pressupostos do socialismo e as tarefas da social-democracia*, de 1899, que foi objeto de críticas radicais da parte de Rosa Luxemburgo – que não conhecia a "Circular de 1879" – em seu panfleto *Reforma ou revolução*, de 1899. A tese que Marx e Engels criticam na circular – "O programa não dever ser abandonado, mas simplesmente adiado, por tempo indeterminado" – é precisamente a que Bernstein defende em seu livro.

O interesse desse documento de 1879 é que, além das circunstâncias históricas precisas, ele coloca questões que estariam no centro dos conflitos entre revolucionários e reformistas dentro do movimento operário ao longo de todo o século XX, não só na Alemanha ou na Europa, e continuam atuais – é claro que em novos termos – neste início do século XXI.

---

28 Ibid., p.233.

Carta a Vera Zassúlitch (e rascunhos) (1881)

Vera Zassúlitch, revolucionária russa que cometeu um atentado contra um dignitário czarista, fazia parte de um grupo de revolucionários russos exilados em Genebra que incluía também Plekhanov e Paul Axelrod. Dissidentes da Vontade do Povo (os assim chamados "populistas"), eles criaram um movimento chamado A Partilha Negra que se interessava pelas ideias de Marx. Estariam em breve entre os fundadores do Partido Operário Social-democrata da Rússia e, algum tempo depois, da ala menchevique do partido. Em fevereiro de 1881, Vera Zassúlitch escreveu uma carta a Marx, pedindo sua opinião sobre o futuro da comuna rural russa tradicional, objeto de polêmicas amargas entre os revolucionários russos. Explica na missiva que os "marxistas" russos, tomando como base o capítulo do *O capital* sobre a acumulação primitiva, consideravam a comuna rural uma formação arcaica, condenada a desaparecer. Marx responde em março de 1881 com uma carta breve – em francês, como a de sua interlocutora –, depois de escrever vários rascunhos – na verdade, mais desenvolvidos que a versão final.

Carta de Marx (8 de março de 1881)
[...] Portanto, a análise dada em *O capital* não oferece razões nem pró nem contra a vitalidade da comuna rural, mas o estudo especializado que fiz dela, e cujos subsídios busquei nas fontes originais, convenceu-me que essa comuna é o ponto de apoio da regeneração social na Rússia, mas, para que possa funcionar como tal, é preciso primeiro eliminar as influências deletérias que a assaltam de todos os lados e, em seguida, garantir-lhe as condições normais de um desenvolvimento espontâneo.

Rascunhos
As comunidades primitivas não são todas talhadas pelo mesmo padrão. Ao contrário, seu conjunto forma uma série de agrupamentos sociais que diferem em tipo e idade e marcam fases de evolução sucessivas. Um desses tipos que se convencionou chamar de comuna agrícola é também o da comuna russa. [...]
Todas as outras comunidades repousam sobre relações de consanguinidade entre seus membros. [...] A "comuna agrícola" foi o primeiro agrupamento social de homens livres, não presos por laços de sangue. [...]

A Rússia é o único país europeu onde a "comuna agrícola" se manteve em escala nacional até hoje. Não é vítima de um conquistador estrangeiro, como são as Índias Orientais. Tampouco vive isolada do mundo moderno. De um lado, a propriedade comum da terra permite que ela transforme direta e gradualmente a agricultura parcelada e individualista em agricultura coletiva. [...]

[A comuna russa] tem uma situação única, sem precedente na história. Única na Europa, é ainda a forma orgânica, predominante da vida rural de um império imenso. A propriedade comum do solo lhe oferece a base natural da apropriação coletiva, e seu meio histórico – a contemporaneidade da produção capitalista – lhe presta todas as condições materiais do trabalho cooperativo, organizado em ampla escala. Portanto, pode incorporar todos os ganhos positivos elaborados pelo sistema capitalista, sem passar por suas forcas caudinas. Pode suplantar gradualmente a agricultura parcelar pela agricultura combinada, com ajuda de máquinas que a configuração física do solo russo exige. Depois de ser previamente normalizada em sua forma presente, pode se tornar o ponto de partida direto do sistema econômico a que tende a sociedade moderna e se renovar sem recorrer ao suicídio. [...]

Uma circunstância muito favorável, do ponto de vista histórico, à preservação da "comuna agrícola" por meio de seu desenvolvimento posterior é que ela... encontra [o sistema capitalista] numa crise que levará a sua eliminação, a um retorno das sociedades modernas a uma forma superior de tipo "arcaico" da propriedade e da produção coletivas. [...]

Para salvar a comuna russa, é necessária uma revolução russa. Quanto ao resto, o governo russo e as "novas colunas da sociedade" fazem o melhor que podem para preparar as massas para essa catástrofe. Se a revolução ocorrer em tempo oportuno, se concentrar todas as suas forças para assegurar o progresso livre da comuna rural, esta se desenvolverá dentro em breve como elemento regenerador da sociedade russa e como elemento de superioridade sobre os países subjugados pelo regime capitalista.[29]

---

29 Marx, Lettre à Vera Zassoulitch, 8 mars 1881 (et brouillons). In: *Oeuvres*, II, p.1557, 1561, 1563, 1565-6, 1568, 1573. (Original foi escrito em francês.)

Na carta enviada, Marx insiste no fato de que as análises do *O capital* se aplicam apenas à Europa ocidental – argumento que já havia desenvolvido em resposta às críticas do sociólogo populista russo Nikolai Mikhailovski, em 1877 – e que, por consequência, não se pode desconsiderar a hipótese de que a comuna russa possa se tornar o ponto de partida da "regeneração social" da Rússia – uma expressão que remete ao socialismo, na verdade. Os rascunhos preparatórios da carta são muito mais explícitos. Rejeitando os argumentos de seus pretensos discípulos russos – "Os 'marxistas' russos de quem a senhora fala são totalmente desconhecidos para mim. Os russos com quem mantenho relações pessoais têm visões totalmente opostas, pelo que sei" –, Marx vê na comuna rural uma chance de a Rússia escapar das "forcas caudinas" do capitalismo e desenvolver uma economia coletivista. Acrescenta que, graças à crise do capitalismo, isso corresponde à possibilidade de "retorno das sociedades modernas a uma forma superior de tipo mais arcaico – a produção e a apropriação coletivas".[30] Para isso, é claro, é necessária uma revolução russa, único meio de acabar com os inimigos da comuna campesina. Encontramos uma variante dessa proposta no prefácio de Marx e Engels, de janeiro de 1882, à tradução russa do *Manifesto Comunista*: "Se a revolução russa der o sinal de uma revolução proletária no Ocidente, e se ambas se completarem, a atual propriedade coletiva do solo russo poderá servir como ponto de partida para uma revolução comunista".[31] A carta – e, sobretudo, os rascunhos – desenvolvem essa mesma hipótese.

A importância desse documento, verdadeiro "testamento político" de Marx, segundo Maximilien Rubel, é considerável. Rejeitando a visão eurocêntrica de seus pretensos partidários russos – que estavam convencidos de que era necessário esperar o capitalismo se desenvolver na Rússia, segundo o modelo ocidental – e as concepções lineares de "progresso", Marx está interessado numa forma "arcaica" – "não se assuste com a palavra 'arcaica'", escreve num dos rascunhos –, da qual o socialismo do futuro seria uma manifestação superior, capaz de integrar as conquistas da modernidade. Encontramos aqui uma dialética de

---
30 Ibid., p.1561, 1570.
31 Id., *Oeuvres*, p.1404.

inspiração romântica entre o passado e o futuro e uma concepção da história absolutamente herética em relação ao "marxismo vulgar", pela hipótese de uma transição para o socialismo num país semifeudal, "atrasado", da periferia do capitalismo, partindo das tradições comunitárias camponesas.

Durante os anos 1870, pela leitura que fez de trabalhos de historiadores e antropólogos como Georg Maurer e Lewis Morgan – que estudou a confederação dos iroqueses na América do Norte –, Marx se convenceu cada vez mais das qualidades positivas das comunidades ditas "primitivas" ou "arcaicas", cujo modo de produção era orientado para os valores de uso e cuja estrutura democrática era o antípoda das hierarquias modernas. O que revelam esses escritos endereçados a Vera Zassúlitch é um pensamento em movimento, que rompe de maneira decidida com o evolucionismo e as doutrinas de um "progresso" unilinear; no que diz respeito especificamente à comuna rural russa, Marx havia chegado à conclusão de que a crise pela qual ela passava não era resultado das leis inevitáveis do desenvolvimento econômico capitalista, mas de uma ofensiva do poder czarista contra os camponeses, que podia e devia ser combatida.[32]

A história da descoberta e publicação desse documento é bastante extraordinária. Ao encontrar em 1911, no meio dos papéis de Paul Lafargue, os rascunhos da carta de Marx, David Riazanov escreveu a Vera Zassúlitch, Plekhanov e Axelrod, perguntando se haviam recebido a carta; os três negaram, e não se lembravam de jeito nenhum da correspondência. Ora, em 1923, o historiador russo Nikolaievski encontrou a carta entre os papéis de Axelrod e logo em seguida a publicou. Em 1924, foi a vez de Riazanov publicar os rascunhos, que já estavam com ele havia quinze anos. Em sua opinião, a brevidade da carta, em comparação com a riqueza dos rascunhos, pode ser explicada pelo estado de saúde de Marx, que não teria permitido uma resposta mais substancial a sua correspondente de Genebra.

Mas como se explica o espantoso esquecimento dos três eminentes teóricos mencheviques? Provavelmente para não admitir que Marx tivesse escrito um documento tão pouco

---

32 Ver a esse respeito a excelente obra de Shanin, *Late Marx and the Russian Road*, p.15-9.

"marxista" – segundo a concepção que faziam do "materialismo histórico". Bernstein tentou explicar a posição de Marx a favor da comuna russa pelo desejo de Marx e Engels "de se abster de manifestar seu ceticismo, para que os revolucionários russos, que, como eles sabiam, davam grande importância à questão da propriedade comunal, não se decepcionassem demais".[33] Teria sido por esperteza, portanto, para não "desesperar São Petersburgo", que Marx delineou toda essa análise histórica da comuna rural e de seu futuro socialista!

Essa correspondência em língua francesa só seria publicada na França vinte anos depois, graças a um artigo de Maximilien Rubel para o número 11 da *Revue Socialiste*, de maio de 1947. Cerca de meio século depois da morte de Marx, um marxista latino-americano chamado Mariátegui, que não conhecia nada desses documentos (ele não lia russo nem alemão, e o texto francês ainda não havia sido publicado), formulou ideias absolutamente semelhantes no contexto histórico e cultural do Peru e da América andina. Partindo de análises históricas sobre o "comunismo inca" e observações antropológicas sobre a sobrevivência das práticas coletivistas, propôs uma "estratégia política" que transformava as comunidades indígenas em ponto de partida para uma via socialista própria aos países indo-americanos. Foi essa estratégia inovadora que ele apresentou nas teses enviadas para a Conferência Latino-Americana dos Partidos Comunistas, realizada em Buenos Aires, em junho de 1929, com o curioso título de "O problema das raças na América Latina":

> Acreditamos que, entre as populações "atrasadas", nenhuma mais além da população indígena de origem inca apresenta condições tão favoráveis para que o comunismo agrário primitivo, que ainda subsiste em estruturas concretas e com um profundo espírito coletivista, transforme-se, sob a hegemonia da classe proletária, em uma das bases mais sólidas da sociedade coletivista preconizada pelo comunismo marxista.[34]

---

33 Apud Riazanov, The Discovery of the Drafts (1926). In: Shanin, op. cit., p.130.
34 Mariátegui, El problema de las razas en America latina. In: *Ideologia y politica*, p.68.

Traduzido nos termos concretos da reforma agrária peruana, essa estratégia significava grandes latifúndios, em proveito das comunidades indígenas:

> As "comunidades", que demonstraram, sob a mais dura opressão, condições de resistência e persistência realmente espantosas, representam um fator natural de socialização da terra. O índio tem hábitos de cooperação enraizados... A "comunidade" pode se transformar em cooperativa, com um mínimo de esforço. A atribuição de latifúndios às "comunidades" da terra é, na *sierra*, a solução que o problema agrário exige.[35]

No fundo, essa posição, tachada de "populista" pelos críticos, é aquela que Marx sugeriu em 1881. Nos dois casos, encontramos a intuição profunda – de inspiração romântica – de que o socialismo moderno, em especial nos países de estrutura agrária, deve se *enraizar* nas tradições vernáculas, na memória coletiva camponesa e popular, nos resquícios sociais e culturais da vida comunitária pré-capitalista, nas práticas de ajuda mútua, na solidariedade e na propriedade coletiva da *Gemeinschaft* rural.

Encontramos novamente essa problemática ao longo de toda a história revolucionária latino-americana, até o recente movimento insurrecional zapatista em Chiapas (a partir de 1994), que se inspira nas tradições e práticas comunitárias dos índios de origem maia.

---

35 Ibid., p.81-2.

SEGUNDA PARTE
FILOSOFIA

Marx começou sua carreira intelectual escrevendo uma tese sobre a diferença da filosofia natural em Demócrito e Epicuro, em 1841. Até *A ideologia alemã*, de 1845-1846, ele escreveu certo número de textos de feição inegavelmente filosófica. Mas nesse último trabalho ele definiu o projeto de um "abandono da filosofia" e, depois disso, dedicou-se a uma "crítica da economia política" cujas pressuposições e consequências filosóficas permaneceram na penumbra. Assim, se nos contentássemos em entender por filosofia um tipo de escritura teórica que privilegia a autorreflexão, a análise abstrata e sistemática, a avaliação dos princípios e dos métodos do saber, a busca das propriedades gerais dos objetos, o veredicto seria inapelável: no mesmo momento em que se apropriava das teorias que permaneceram vinculadas a seu nome, Marx deixava de ser filósofo para tornar-se o que hoje chamaríamos de teórico das Ciências Sociais, essas Ciências Sociais que são as Ciências Econômicas, a Sociologia e a História Social e Política. Mas é evidente que as coisas não são assim tão simples: de um lado, porque não é impossível que o Marx da maturidade tenha tentado reformular, ou mesmo aprofundar, as intuições filosóficas da juventude em outros tipos de textos; do outro, porque é possível falar de "filosofia" para designar, em geral, as pressuposições e as implicações filosóficas de textos não "filosóficos".

O projeto marxiano de abandono da filosofia consiste em uma liquidação da filosofia, em uma nova filosofia ou em uma nova prática da filosofia? Essa pergunta abrange a totalidade da obra e, na medida em que a obra da maturidade coloca o problema de uma filosofia silenciosa, essa pergunta encontrou as mais divergentes respostas.[1] Assim como foi feita das mais diversas formas. Nas páginas a seguir, adotaremos um procedimento que parece ser a melhor maneira de evitar as interpretações retrospectivas e as reconstruções artificiais da unidade (ou da diversidade) da(s) filosofia(s) marxiana(s). Reconstituindo as diferentes etapas do confronto de Marx com a filosofia entre 1843 e 1846, procuraremos identificar as razões específicas que conduziram Marx a um "abandono da filosofia" e compreender que matiz filosófico o projeto desse "abandono" dá a sua obra posterior.

A leitura dos textos filosóficos de Marx esbarra em três tipos de obstáculos. Os primeiros se devem à multiplicidade de interpretações das quais foram objeto e aos desafios políticos que ainda hoje permanecem vinculados a essa ou aquela interpretação. Uma segunda fonte de dificuldade se deve ao caráter exploratório dos escritos filosóficos e à evolução muito rápida das posições teóricas e políticas de Marx durante a juventude. Um terceiro problema se deve ao caráter conjuntural da maioria de suas intervenções filosóficas e às dificuldades enfrentadas pelo leitor para identificar os problemas que Marx procura resolver, as posições dos adversários que ele tenta refutar e as referências implícitas. Para vencer esses

---

1 A esse respeito, contentamo-nos em mencionar alguns textos representativos das diferentes opções possíveis. Karl Korsh (*Marxismo e filosofia*, de 1923) criticou Friedrich Engels (*Ludwig Feuerbach e o fim da filosofia alemã*, de 1888) por interpretar o abandono da filosofia no sentido da liquidação da filosofia. Já autores como Georgi Phlekanov (*Ensaio sobre o desenvolvimento e concepção monista de história*, de 1895), Antonio Labriola (*Ensaios sobre a concepção materialista de história*, 1895-1899), Georg Lukács (*História e consciência de classe*, 1922), Antonio Gramsci (*Cadernos do cárcere*, 1927-1937) e Ernest Bloch (*O princípio da esperança*, 1954-1959) tentaram interpretar o marxismo como uma nova filosofia. Os fundadores da Escola de Frankfurt (ver em especial Herbert Marcuse, A filosofia e a teoria crítica, 1937), assim como Althusser, *Lênin e a filosofia*, 1972), sustentavam a hipótese de uma nova prática da filosofia. Para uma discussão mais aprofundada dessas diferentes interpretações, permitimo-nos remeter Renault, Marx et sa conception déflationniste de la philosophie, *Actuel Marx*, n.46, 2009.

obstáculos, é importante partir do contexto jovem-hegeliano dos escritos filosóficos de Marx. De fato, é do jovem-hegelianismo que ele extrai certa ideia da filosofia, da qual ele começa postulando a legitimidade e só então questiona a pertinência, assim como é do confronto com as diferentes figuras do movimento jovem-hegeliano (Bauer, Ruge, Feuerbach, Hesse, Stirner) que se forma o quadro de suas intervenções filosóficas, de suas reflexões teóricas e políticas, até *A ideologia alemã*. Como a filosofia pode contribuir para que nossos contemporâneos tomem consciência de seus próprios interesses? Como ela deve criticar a realidade que impede a satisfação desses interesses? Como se devem criticar as formas de consciência inadequada que se opõem à transformação dessa realidade? Como se deve agir sobre os esforços práticos de nossos contemporâneos para mudar a sociedade? Marx começou fazendo essas perguntas no âmbito da filosofia jovem-hegeliana, antes de lhes dar uma resposta filosófica que rompia com o jovem-hegelianismo e cogitar finalmente uma saída da filosofia.

Veremos num primeiro momento que essas perguntas foram elaboradas no âmbito de uma "filosofia crítica" destinada a contribuir ativamente para a tomada de consciência da humanidade de seu papel na realização da razão na História (*Anais Franco-Alemães*, 1843-44). Veremos em seguida que Marx chegou a pensar pouco depois que essas perguntas só poderiam encontrar formulações e respostas satisfatórias por intermédio de uma *saída filosófica*, fora do jovem-hegelianismo, por meio de uma refundação antropológica (*Manuscritos de 1844*)[2] e de uma filosofia da prática ("Teses sobre Feuerbach", 1845). Veremos, por fim, que foi sempre a partir das mesmas perguntas que Marx defendeu em *A ideologia alemã* (1845-46) a necessidade de *uma ruptura com a filosofia* (e não apenas com o jovem-hegelianismo). À luz desse percurso, em que cada etapa pode ser considerada uma autocrítica teórica e política da etapa anterior, o "abandono da filosofia" parece se referir a um projeto de *transformação* radical da *prática filosófica*, em vez de uma liquidação da filosofia ou de uma nova filosofia.

Emmanuel Renault

---

2 Referência à obra *Ökonomisch-philosophische Manuskripte aus dem Jahre 1844*, também conhecida como *Manuscritos Econômico-Filosóficos*. (N. E.)

CAPÍTULO 1

CRÍTICA DA RELIGIÃO, DA POLÍTICA E DA FILOSOFIA (*ANAIS FRANCO-ALEMÃES*)

Foi nos *Anais Franco-Alemães* que apareceram as duas primeiras contribuições filosóficas importantes e pessoais de Marx: *Sobre a questão judaica* e "Introdução à crítica da Filosofia do Direito de Hegel" (daqui em diante citada como "Introdução"). Esses dois artigos foram escritos na segunda metade de 1843 e publicados na primavera de 1844. Os *Anais Franco-Alemães*, dos quais apenas o primeiro número seria publicado, eram dirigidos por Ruge – figura central do movimento jovem--hegeliano – e Marx, que confirma aí o *status* de ator decisivo do jovem-hegelianismo que havia ganho no papel de diretor da *Gazeta Renana*, até sua interdição na primavera de 1843 e o exílio em Paris. Vamos começar especificando em que consistia o jovem-hegelianismo e que posição Marx ocupava nele.

Após a morte de Hegel, em 1931, diferentes autores tentaram desenvolver e aplicar seu sistema para confirmar sua veracidade. Mas não tardaram a surgir profundas divergências. O que se convencionou chamar de Escola hegeliana foi assolada por dois tipos de conflitos, na maioria das vezes imbricados: o da direita (religiosa e conservadora) com a esquerda (ateia, liberal e democrata), e o que opunha os "velhos-hegelianos" (defensores do sistema) e os "jovens-hegelianos" (que queriam transformar o sistema para aplicá-lo no mundo histórico e consumar sua verdade), em geral de esquerda. O conflito da direita com a esquerda hegeliana tinha a ver, sobretudo, com a interpretação da teoria hegeliana da religião e do Estado – religião e Estado constituíam na época os dois temas principais de interesse na Alemanha. A direita interpretava a afirmação hegeliana de que a filosofia é a tradução das "representações" religiosas em elemento racional do "conceito" como uma defesa da verdade do cristianismo e, portanto, transformava o hegelianismo em teologia especulativa. A esquerda hegeliana, ao contrário, sustentava a incapacidade da religião de dar uma forma racional a seus princípios e, em consequência, atribuía a Hegel o esboço de uma crítica da religião. Por um lado, a direita interpretava a teoria hegeliana da monarquia constitucional como uma defesa das instituições políticas da Prússia na época; a esquerda, por outro, sublinhava a exigência liberal de dotar o Estado de uma constituição fundada no princípio da liberdade e interpretava o conteúdo político dos *Princípios da Filosofia do Direito* como uma crítica dissimulada, isto é, uma crítica inconsequente, da monarquia prussiana. Já o conflito entre "velhos" e "jovens" hegelianos, que girava em torno não tanto da interpretação, mas do uso da filosofia hegeliana, dizia respeito à situação histórica do mundo contemporâneo e ao projeto de uma "realização da filosofia" (*Verwirklichung der Philosophie*). Os "velhos-hegelianos" sustentavam que a História estava terminada quanto ao essencial, pois os esforços da humanidade para se realizar redundaram na fixação dos princípios racionais do Estado e da religião. Os jovens-hegelianos, ao contrário, comparavam o mundo contemporâneo a uma etapa que a humanidade deve superar para conseguir realizar seu objetivo essencial, isto é, a liberdade. Duas concepções muito diferentes das tarefas da filosofia resultaram daí. Os "velhos-hegelianos" consideravam que o sistema de Hegel resumia todos os princípios racionais da ciência, da moral, da religião, da arte e da política, de modo que era preciso apenas confirmar sua verdade, aplicando-o metodicamente aos novos desenvolvimentos científicos e culturais, assim como a questões cada vez mais particulares. Os jovens-hegelianos admitiam que a filosofia hegeliana havia conseguido dar uma forma acabada ao tipo tradicional da atividade filosófica, mas consideravam que devia ser transformada para contribuir de maneira ativa para a realização prática de sua verdade. Os termos "crítica" (Ruge), "filosofia crítica" (Marx), "filosofia da ação" (Hess) e "filosofia do futuro" (Feuerbach) indicam as modalidades dessa transformação ou "reforma da filosofia" (Feuerbach). Ainda que os *Anais Franco-Alemães* partissem da constatação da crise do jovem-hegelianismo (como se verificará na primeira citação), o pensamento de Marx ainda se organizava inteiramente em torno das controvérsias internas da Escola hegeliana. É do ponto de vista de uma Filosofia da História fortemente impregnada de hegelianismo que ele se interroga sobre de que maneira os progressos da teoria podem contribuir para os progressos da liberdade (para uma "emancipação"). Além do mais, a análise da situação histórica do mundo contemporâneo é conduzida na forma de uma crítica da religião e da teoria hegeliana do Estado. Enfim, essa dupla crítica é indissociável de uma reflexão sobre as transformações necessárias para que a filosofia possa se aplicar aos detalhes da vida histórica e social e se "realizar" na prática. É esse quadro jovem-hegeliano que dá aos enunciados dos *Anais Franco-Alemães* e à forma inicial das preocupações que permanecerão centrais para Marx (a mediação da teoria e da prática, a relação da consciência e da História e a intervenção eficaz nos conflitos que cortam o presente)[1] seu significado específico.

Filosofia crítica

Além dos dois artigos de Marx já mencionados, os *Anais Franco-Alemães* traziam em especial contribuições de Ruge, Engels e Hess, e começavam com uma troca de cartas de Ruge com Marx, Bakunin e Feuerbach. Essa correspondência tratava dos impasses de uma situação política alemã marcada pela polí-

---

1 Além disso, assinalamos que o jovem-hegelianismo, longe de ser uma simples curiosidade erudita, define uma tradição com que filósofos importantes se identificam ainda hoje, encontrando ocasião assim de assumir uma parte da herança filosófica de Marx. Ver, por exemplo, o capítulo 1 de Habermas, *O discurso filosófico da modernidade* e Honneth, *Pathologien der Vernunft*.

tica reacionária de Frederico Guilherme IV, da desorientação da esquerda hegeliana por efeito do fracasso de suas esperanças de reforma e da necessidade de definir novas formas de intervenções teóricas e políticas, associando a força teórica da filosofia alemã à energia prática da política francesa.[2] Na terceira carta de Marx a Ruge, em resposta ao envio do artigo escrito por Ruge (intitulado "Plano dos *Anais Franco-Alemães*"), Marx mobiliza esses diferentes temas, explicando por que a crise da esquerda hegeliana deveria ser ocasião para uma reorientação do jovem-hegelianismo.

> As dificuldades internas parecem ser ainda maiores que os obstáculos externos. Pois se não há nenhuma dúvida a respeito de onde viemos, impera a confusão a respeito de para onde vamos. Não é só pelo fato de que se declarou uma anarquia geral entre os reformadores, mas é também por que cada um deles é obrigado a confessar a si próprio que não enxerga mais com exatidão o que deve acontecer. Ao mesmo tempo, essa é precisamente a vantagem da nova orientação, isto é, não queremos antecipar o mundo dogmaticamente, apenas encontrar o novo mundo a partir da crítica do antigo mundo. Até aqui, a solução de todos os enigmas repousava sobre a escrivaninha dos filósofos, de modo que o idiota do mundo exotérico só precisava abrir a boca para a ciência absoluta lhe vir de colher. A filosofia se secularizou [*verweltlicht*], e a prova mais patente é que a consciência filosófica é arrastada para o tormento da luta, não só externa, mas também internamente. Se nossa causa não é a construção do futuro e de sua conclusão para sempre, o que temos a cumprir no momento é mais do que certo, ou seja, *a crítica sem restrições à totalidade do existente*, sem restrições no sentido em que a crítica não se amedronta diante de seus resultados, e tampouco diante do conflito com as forças presentes [...].
>
> Nada nos impede então de unir nossa crítica à crítica da política, à tomada de partido na política, portanto às *lutas* reais, e

---

2 Encontramos uma análise do modo como Ruge pensava na época as modalidades da aliança da filosofia alemã com a política francesa nos comentários de Lucien Calvié no livro de Arnold Ruge, *Aux origines du couple franco-allemand*.

de nos identificar com essas lutas. Nós não combatemos o mundo doutrinariamente, com um novo princípio: "Eis a verdade, ajoelhe--se diante dela!" Nós apresentamos ao mundo os novos princípios a partir dos princípios do mundo. Não lhe dizemos: "Abandone suas lutas, são idiotices, queremos proclamar a verdadeira palavra da luta". Apenas lhe mostramos por que ele luta verdadeiramente, e a consciência é uma coisa de que ele *precisa* se apropriar, mesmo que não queira.

A reforma da consciência consiste *somente* nisto: tornar interior ao mundo sua própria consciência, despertá-lo dos sonhos que ele tem de si mesmo e esclarecer-lhe [*erklärt*] suas próprias ações. Nosso objetivo em seu conjunto não pode consistir em nada além disto: reconduzir as questões religiosas e políticas a uma forma humana consciente de si, como é o caso, aliás, na crítica da religião de Feuerbach.

Nossa divisa deve ser, portanto: reforma da consciência, não por dogmas, mas pela análise da consciência mística, não clara [*Unklaren*] a ela própria, quer esta última se apresente na forma religiosa, quer na política. Descobriremos então que o mundo possui há muito tempo o sonho de uma coisa da qual basta possuir a consciência para possuí-la realmente. Descobriremos que o que está em jogo não é a interrupção do passado no pensamento do futuro, mas o *cumprimento* dos pensamentos do passado. Descobriremos enfim que a humanidade não começa um novo trabalho, mas com consciência leva a cabo seu velho trabalho.

Assim podemos formular a tendência de nosso jornal em uma palavra: autocompreensão (filosofia crítica) da época quanto a suas lutas e seus desejos. Esse é um trabalho para o mundo e um trabalho para nós. Ele só pode ser obra de forças unidas. Trata-se apenas de uma *confissão*, nada mais. Para ser perdoada de seus pecados, a humanidade precisa deles apenas para esclarecer [*erklären*] o que eles são.[3]

Tanto para Marx quanto para Ruge, os impasses da situação política alemã revelam as insuficiências gerais do jovem-hegelianismo; põem em questão particularmente a maneira como este

---

3 Marx, *Philosophie*, p.42-6 [*Marx Engels Werke*, v.1, p.342-6].

pensava contribuir para o progresso da liberdade na História. Provam, de fato, que a filosofia só pode se constituir em força histórica se associar sua defesa teórica da liberdade às lutas práticas pela liberdade. A esse respeito, a segunda carta endereçada a Ruge desenvolvia o tema da aliança da filosofia (a "humanidade pensante") com o povo (a "humanidade sofredora"),[4] prefiguração da aliança da filosofia com o proletariado teorizada nas últimas páginas da "Introdução".[5] Ora, a possibilidade dessa aliança baseia-se numa redefinição do próprio exercício da atividade filosófica, e é da natureza e da justificação dessa transformação que esse trecho trata.

Como Ruge, Marx considerava na época que, se a filosofia queria lutar de maneira eficaz contra a reação e contribuir de maneira eficaz para o progresso da liberdade, ela não podia mais se limitar a especular questões de princípio (como, por exemplo, a racionalidade do Estado constitucional) de um ponto de vista imparcial (como o da racionalidade global da História), ela devia assumir uma forma mais concreta e mais política: a de uma "crítica sem restrições à totalidade do existente" e de uma "tomada de partido" nos conflitos políticos. É essa dupla transformação que Marx, na esteira de Ruge, designa pelo conceito de "secularização da filosofia".

Como em Ruge, o projeto dessa dupla transformação é formulada em termos hegelianos. Hegel definia a História como o esforço realizado pelo espírito para tomar consciência em teoria e realizar na prática sua essência (a liberdade) e interpretava o protestantismo luterano e o Estado constitucional como o resultado desses esforços. É do ponto de vista de uma Filosofia da História análoga que Marx pode afirmar na terceira carta que "a

---

4 Id., *Philosophie*, p.42: "A existência da humanidade sofredora que pensa e da humanidade pensante que é oprimida, tornar-se-á necessariamente intragável e indigesta para o mundo animal dos filisteus, mundo passivo que desfruta sem pensar em nada".

5 Ibid., p.107-8: "Do mesmo modo que a filosofia encontra no proletariado suas armas materiais, o proletariado encontra na filosofia suas armas espirituais, e tão logo o clarão do pensamento penetrar profundamente esse solo virgem que é o povo, a emancipação dos *alemães*, dali em diante homens, será consumada. [...] A cabeça dessa emancipação é a filosofia; o coração é o proletariado".

razão sempre existiu, mas nem sempre numa forma razoável"[6] e "do mesmo modo que a religião é o resumo das lutas teóricas da humanidade, o Estado político é o resumo de suas lutas práticas".[7] Nesse sentido, a ideia de crítica à totalidade do existente se refere à exigência de uma crítica que se aplique tanto à existência prática (sociedade e Estado) quanto à existência "teórica" (religião e filosofia) dos indivíduos. Quanto à necessidade de "tomar como objeto da crítica [mesma] a questão política mais especial – por exemplo, a diferença entre o sistema das ordens e o sistema representativo",[8] ela se baseia no fato de que o conjunto das instituições sociais e de Estado são configuradas pelos esforços frustrados da humanidade para consumar sua liberdade essencial e, sendo assim, trazem em si a marca da contradição entre os princípios racionais e a forma irracional de sua existência histórica. De certo modo, a justificação da tomada de partido nas lutas políticas reais também se baseia em premissas hegelianas: refere-se ao fato de que apenas certos esforços práticos correspondem aos progressos da liberdade na História.

Mas quando se trata da forma segundo a qual a filosofia deve se assumir como "filosofia crítica", Marx entra em conflito aberto com Ruge. Este considerava que os *Anais Franco-Alemães* deveriam se empenhar na defesa e na aplicação de um "novo princípio", o princípio do humanismo identificado com o da Revolução Francesa, assim como com o da filosofia de Feuerbach. Marx não discorda da orientação humanista da revista, como se entende pela "Introdução": "Ser radical é tomar as coisas da raiz; ora, no caso do homem, a raiz é o próprio homem".[9] Mas não concorda que o humanismo possa ser apresentado como um princípio absoluto (um "dogma", que permite ao filósofo ensinar o sentido da História aos atores sociais) e como um princípio novo (uma "verdade nova", rompendo com as verdades antigas). A toda forma de crítica dogmática (ou absoluta) orientada para o futuro, Marx contrapõe a exigência de uma crítica imanente do

---

6 Ibid., p.44.
7 Ibid., p.45.
8 Ibid.
9 Ibid., p.99.

presente, cujas duas vertentes são a explicitação[10] do sentido das lutas efetivas e a desmistificação das formas de consciência que acompanham essas lutas: "Assim podemos formular a tendência de nosso jornal em uma palavra: autocompreensão (filosofia crítica) da época quanto a suas lutas e seus desejos".

A crítica de Ruge se desenvolve aqui, sobretudo, num plano político, o das condições da eficácia da crítica. Marx sublinha que só a partir dos interesses efetivos dos indivíduos a crítica pode ter esperança de influenciá-los e agir sobre a evolução social:

> Além disso, queremos agir sobre nossos contemporâneos [...]. Como proceder? Há dois fatos incontestáveis. A religião, de um lado, e a política, de outro, são o principal interesse da Alemanha atual. É por elas, tais como são, que devemos começar, sem lhes opor esse sistema pronto, no gênero de *Viagem a Icária*.[11]

Marx foi, sem dúvida, o primeiro autor a notar que, se a crítica social quer cumprir sua função, deve trocar o modelo da crítica externa (quer se trate do modelo racionalista de uma crítica fundada em princípios incontestáveis, quer do modelo utopista de uma crítica fundada nos princípios de uma sociedade ideal que rompe totalmente com o presente, a qual se refere aqui a menção a *Viagem a Icária*, de Cabet) pelo modelo de uma crítica imanente, fundada na compreensão dos interesses que alimentam as práticas sociais atuais.[12] Mas aqui também esse modelo permanece amplamente subordinado às premissas hegelianas, nesse caso, a uma interpretação da razão como transcendência imanente na História. De fato, se uma compreensão da época com base em seus próprios "princípios" e em sua própria "consciência" leva a uma crítica radical, e não simplesmente a uma justificação

---

10 *Erklären*, que também significa "explicar" ou "definir", parece empregado aqui no sentido de um esclarecimento, ou de uma explicitação. Marx entende *Erklären* no sentido de tornar clara para si mesma uma consciência que não o é, opondo esse procedimento ao que consiste em "explicar" a essa consciência o que ela deve fazer.

11 Marx, *Philosophie*, p.44.

12 Sobre a oposição entre esses dois estilos de crítica social, ver Walzer, *Critique et sens commun*, e Honneth, La critique comme mise au jour. In: Renault; Sintomer (orgs.), *Où en est la théorie critique?*.

do presente, é porque os interesses práticos dos indivíduos, assim como as formas de consciência que os acompanham, comportam um núcleo racional que transcende a época. Portanto, a operação crítica repousa sobre a necessidade de uma desmistificação da forma ilusória em que esse núcleo racional se exprime conscientemente, de uma "clarificação" da consciência, de uma reapropriação do conteúdo de um "sonho", de um "despertar" que induz tomada de consciência da diferença entre o sonho e a realidade e possibilidade de uma transformação da realidade à luz do conteúdo do sonho.

Devemos precisar que Hegel é mobilizado de uma forma que deve muito a Feuerbach. De fato, aqui a crítica imanente é indissociável de uma crítica desmistificadora cujo *status* e natureza são pensados com base na crítica feuerbachiana da religião. Daí as imagens religiosas utilizadas para caracterizar essa "reforma da consciência": confissão, perdão. A referência a Feuerbach também é decisiva na polêmica com Ruge, mas de forma negativa. Identificando o humanismo com o princípio da filosofia do futuro, Ruge se apoiava no paralelo feuerbachiano entre a crítica da religião e a "filosofia do futuro". É o que Marx contesta. Ele concede a Feuerbach que até o momento a humanidade foi prisioneira de ilusões religiosas que a impediram de alcançar um conhecimento adequado de sua própria essência e criaram obstáculos aos esforços práticos que visavam realizar essa essência na História. Mas sublinha que esses esforços existem independentemente da consciência religiosa, e conclui daí que a crítica deve procurar reforçar e reorientar a energia prática desses esforços não ainda realizados, fazendo-os ascender a uma consciência clara de si mesmos. Portanto, em vez de opor as ilusões do passado ao futuro como lugar de uma possível realização da esperança, a filosofia deve encontrar no presente as modalidades de um "cumprimento" dos esforços e dos "pensamentos" do passado. Esses temas evocam a maneira como Benjamin dirá da especificidade da interpretação marxista da História que ela é a da tradição dos oprimidos e das esperanças não ainda realizadas, e de cujo "despertar" ele fará a imagem da crítica,[13] mas não podemos esquecer que esses temas são formulados aqui no

---

13 Benjamin, Sur le concept d'histoire. In: *Écrits français* e *Passages*.

âmbito de uma problemática dos progressos da consciência de si muito característica do jovem-hegelianismo.

De fato, a importância política do tema da "reforma da consciência"[14] explica-se pela maneira como jovens-hegelianos como Auguste von Cieszkowski ou Bruno Bauer reavaliaram o papel da consciência de si na História.[15] Enquanto em Hegel o progresso da liberdade se realiza por vias indiretas (a celebérrima "astúcia da razão") e foge amplamente do controle da consciência de si, Bauer tenta interpretar a História como a afirmação progressiva de uma liberdade consciente de si mesma e Cieszkowski sustenta que a última fase da História deveria ser a de um futuro conscientemente organizado. É com base numa concepção análoga que Marx pode rejeitar tanto a opção ("velha-hegeliana") segundo a qual a História, já acabada, pertence apenas ao passado, e a opção simétrica (de certos jovens-hegelianos), segundo a qual a História verdadeira só começa com a dissolução das ilusões do passado e o planejamento humanista do futuro. Em Marx, do qual podemos dizer, portanto, que defende um ponto de vista filosófico "presentista", tudo se define no presente (um presente carregado de passado e de futuro): o objeto da crítica (a totalidade do existente), seu sujeito (as lutas existentes e os esforços da razão) e seus princípios (que se deve apenas fazer emergir no interior de uma consciência desmistificada).

O ópio do povo

É na forma de uma crítica da filosofia, da religião e da política que, nos *Anais Franco-Alemães*, Marx põe em prática

---

14 Marx entende por reforma da consciência algo aparentemente muito diferente: 1) do que Ruge chamava de "reforma da consciência" em seu Plano dos *Anais Franco-Alemães*, ou seja, uma transformação da consciência alemã da liberdade; e 2) do que Feuerbach definia como "reforma da filosofia" ("É preciso que a filosofia introduza no texto da filosofia a parte do homem que não filosofa, mais que isso, que é contra a filosofia"). Feuerbach, Thèses provisoires pour la réforme de la philosophie. In: *Manifestes philosophiques*, §45, p.116).
15 Cieszkowski, *Prolegomena zur Historiosophie*; Bauer, *La trompette du jugement dernier contre Hegel, l'athée et l'antéchrist.*

o programa delineado. Uma das características principais do movimento jovem-hegeliano foi ter desenvolvido uma crítica da religião como consciência de si inadequada (e não apenas como superstição ou justificação do poder) e ter considerado essa crítica a chave da emancipação humana. Assim Feuerbach sublinhava que a religião nada mais é que a forma pela qual a humanidade toma consciência das potências potencialmente infinitas (razão infinita, vontade infinita, amor infinito) que lhe competem enquanto existência coletiva ("ser genérico"),[16] atribuindo-as ao mesmo tempo a um ser transcendente e, com isso, privando-se delas. Parecia sugerir que a humanidade deveria começar reapropriando-se da consciência de suas próprias perfeições (por intermédio da crítica da religião), para em seguida poder desenvolvê-las na prática.[17] Foi atribuindo uma mesma função política à crítica da religião que Bruno Bauer afirmava que a emancipação política dos judeus seria impossível, enquanto não conseguissem substituir sua consciência religiosa por uma consciência de si racional.[18] Examinando a reivindicação de emancipação civil dos judeus alemães, denunciava seu caráter contraditório e sustentava, de um lado, que a religião judaica é uma forma de consciência que foi superada pela religião cristã

---

16 Em Feuerbach, a noção de "gênero" (*Gattung*) é tomada num sentido que remonta a Strauss, *Das Leben Jesu*: Kritisch bearbeitet, fundadora para a crítica jovem-hegeliana da religião. Strauss opõe o indivíduo ao gênero, sustentando que as perfeições atribuídas ao Cristo só podem se conciliar com a humanidade inteira e na medida em que é tomada num desenvolvimento histórico. Em Feuerbach, a noção de gênero define a humanidade verdadeira do homem, a essência do homem enquanto essência infinita da qual ele tem consciência. Designa as três potências infinitas e supraindividuais que são a razão, a vontade e o coração: "Enquanto elementos que fundam seu ser, que ele não possui nem *faz*, elas são *potências* que o *animam*, determinam, dominam – potências divinas, absolutas, às quais ele não pode opor nenhuma resistência". Feuerbach, *L'essence du christianisme*, p.119.
17 Feuerbach, Necessité d'une réforme de la philosophie. In: *Manifestes philosophiques*, p.103: "Assim que suprimimos o conflito do protestantismo entre o céu, onde somos mestres, e a terra, onde somos escravos, assim que reconhecemos na terra o lugar de nosso destino, o protestantismo nos leva direto à república".
18 Bauer, La question juive. In: Marx, *La question juive*.

na evolução do espírito humano rumo à liberdade e, de outro, que todas as religiões devem ser superadas para que o espírito humano alcance a verdadeira emancipação, a emancipação política. Segundo Marx, essa análise ilustra os impasses de um procedimento jovem-hegeliano que atribuiu erroneamente uma autonomia e um alcance imediatamente político à crítica da religião.[19] Quem sofre é tanto a crítica da religião quanto a crítica da política: a primeira, porque as alienações religiosas só podem ser analisadas de maneira adequada depois de referidas às alienações sociais e políticas que exprimem; a segunda, porque a alienação política exige formas de análise específicas.

---

19 Enquanto em "La question juive" Bauer procura demonstrar a contradição essencial entre a alienação religiosa e a emancipação política, Marx distingue "emancipação política" e "emancipação humana" para sublinhar em seu *Sobre a questão judaica* que uma emancipação apenas política mantém alienações sociais que são a fonte das representações religiosas. Enquanto Bauer transforma o judaísmo numa religião da lei ultrapassada dentro dessa religião da liberdade que é o cristianismo, ressaltando assim o anacronismo e a incompatibilidade do judaísmo com toda emancipação verdadeira, Marx afirma, ao contrário, que a crítica do judaísmo coloca mais diretamente em questão as formas contemporâneas da alienação social do que a crítica do cristianismo. Essa segunda inversão, desenvolvida na segunda parte do artigo, valeu a Marx diferentes acusações de antissemitismo. Entre as passagens que se prestam à controvérsia, destacamos: "Qual é o fundamento prático do judaísmo? A necessidade *prática, o interesse pessoal*. Qual é o culto profano do judeu? O *comércio*. Qual é seu Deus profano? O *dinheiro* [...]. Portanto, reconhecemos no judaísmo um elemento *antissocial atual* e geral, que foi conduzido até seu nível presente pela evolução histórica, para a qual os judeus contribuíram com zelo sob essa relação detestável; e nesse nível ele deve necessariamente se desagregar" (Ibid., p.81-2). Não podendo examinar aqui o conjunto das peças de um processo complexo, contentamo-nos com duas observações. Marx assinalava na época as petições para a emancipação dos judeus, ao passo que esses enunciados aparentemente antissemitas se destinavam a contrapor-se aos argumentos de um autor que criticava essas petições. O contraste entre o tom da primeira e da segunda parte do artigo é patente e pode ser colocado em paralelo com o fato de que Marx parece querer lançar mão de uma estratégia ironista jovem-hegeliana (praticada pelo próprio Bauer em *La trompette du jugement dernier contre Hegel, l'athée et l'antéchrist*), ao aceitar tudo o que anteriormente fora levado a recusar, nesse caso, que é legítimo "transformar a questão da emancipação dos judeus numa questão puramente religiosa", colocando a questão: "O que torna mais livre, a negação do judaísmo ou a negação do cristianismo?".

Contudo, longe de fundar a crítica da religião na crítica social, Marx admite já naquela época que a crítica da religião é a "pressuposição de toda crítica" e procura, sobretudo, redefinir as relações entre a crítica da religião e a crítica da política. Sua preocupação é que a anterioridade lógica da crítica da religião em relação à crítica da política não acarrete a supervalorização da primeira, nem o questionamento da especificidade da segunda, nem consequências politicamente desastrosas. É nesse sentido que as primeiras linhas da "Introdução" propõem uma redefinição da relação geral entre a crítica da religião e a crítica da política que resume os ganhos da polêmica contra Bauer em *Sobre a questão judaica*:

> No caso da Alemanha, a crítica da religião terminou quanto ao essencial e a crítica da religião é a pressuposição de toda crítica. A existência profana da falta é comprometida assim que sua celestial *oratio pro aris et focis*[20] é contradita. O homem que, na realidade fantasmática do céu onde buscava um super-homem, encontrou apenas um *reflexo* de si mesmo não estará mais propenso a encontrar apenas a *aparência* de si mesmo, o inumano, onde ele busca e onde é preciso que busque sua verdadeira realidade.
> A base da crítica não religiosa é: *o homem faz a religião*, a religião não faz o homem. Isso significa que a religião é a consciência de si e o sentimento de si do homem que ou ainda não conquistou a si mesmo, ou já se perdeu novamente. Mas o homem não é uma essência abstrata, que se mantém imóvel fora do mundo. O homem é *o mundo do homem*, o Estado, a sociedade. Esse Estado, essa sociedade produzem a religião, *uma consciência mundana às avessas*, porque eles são *um mundo às avessas*. A religião é a teoria geral desse mundo, seu *compendium* enciclopédico, sua lógica em forma popular, seu *point d'honneur*[21] espiritualista, seu entusiasmo, sua sanção moral, seu complemento solene, o fundamento universal de seu reconforto e de sua justificação. Ela é a *realização fantasmática* da essência humana porque a *essência humana* não possui nenhuma realidade verdadeira. A luta contra a religião

---

20 "Discurso pelos nossos altares e lares." Em latim, no texto original de Marx. (N. E.)
21 "Questão de honra." Em francês, no texto original de Marx. (N. E.)

é, portanto, indiretamente, a luta contra *esse mundo* cujo *aroma* espiritual é a religião.

A miséria religiosa é a *expressão* da miséria real e ao mesmo tempo o *protesto* contra a miséria real. A religião é o gemido da criatura oprimida, a alma de um mundo sem coração, assim como o espírito de uma situação sem espírito. Ela é o *ópio* do povo.

A supressão da religião enquanto *felicidade* ilusória do povo é a exigência de sua felicidade *real*. A exigência de que ele renuncie a suas ilusões sobre sua situação é *a exigência de renunciar a uma situação que necessita das ilusões*. A crítica da religião é, portanto, em germe, a crítica do *vale de lágrimas* cuja *auréola* é a religião.

A crítica arrancou as flores imaginárias da corrente, não para que o homem carregue uma corrente privada de sonho e imaginação, mas para que remova a corrente e colha a flor viva. A crítica da religião decepciona o homem para que ele pense, aja e configure sua realidade como um homem decepcionado que se tornou racional, para que ele gire em torno de si mesmo e, com isso, em torno de seu verdadeiro sol. A religião é o sol ilusório que gira em torno do homem enquanto ele próprio não girar em torno de si mesmo.

É tarefa da História, portanto, estabelecer a verdade do mundo terreno, uma vez findo o além da verdade. É *tarefa da filosofia*, que está a serviço da História, desmascarar em primeiro lugar a autoalienação em suas *formas não sagradas*, uma vez desmascarada a *forma sagrada* da autoalienação humana. A crítica do céu se transforma assim em crítica da terra, a crítica da religião, em crítica do Direito, a crítica da teologia, em crítica da política.[22]

Do mesmo modo que Feuerbach vê nos predicados divinos a transposição das qualidades que competem à humanidade enquanto ser coletivo ou "ser genérico", Marx sustenta que o homem encontra "apenas um reflexo de si mesmo no céu". Do mesmo modo que Feuerbach vê na religião uma forma de consciência alienada que priva o homem de sua própria essência e o reduz a um ser inessencial, Marx designa a religião como uma forma de "autoalienação", afirmando ao mesmo tempo que "a religião é a consciência de si e o sentimento de si do homem que

---

22 Marx, *Philosophie*, p.89-91 [*Marx Engels Werke*, v.1, p.378-9].

ou ainda não conquistou a si mesmo, ou já se perdeu novamente".
Do mesmo modo que, para Feuerbach, a religião é uma tentativa
de vencer o sentimento da finitude humana, Marx afirma que ela
é a "expressão" da miséria e o "protesto" contra ela. Do mesmo
modo que Feuerbach opõe a interpretação "teológica" ou ilusória da religião segundo a qual Deus existe por si, ao passo que o
homem é sua criatura finita e a interpretação "antropológica",
ou verdadeira, da religião como consciência de si das perfeições
da humanidade, Marx propõe submeter a maneira como a teologia concebe as relações de Deus e do homem a uma revolução
copernicana (o homem, e não Deus, é "o verdadeiro sol"). Do
mesmo modo que Feuerbach concebe sua crítica da religião
como uma desmistificação racionalista, Marx afirma que ela
tem como objetivo "decepcionar" os homens. Mas essa fidelidade
aos princípios da crítica feuerbachiana da religião é acompanhada
de dupla inflexão.

A primeira diz respeito à gênese da religião. Em Feuerbach,
a origem da alienação religiosa é de ordem psicológica. Deve-se
à própria forma da consciência de si. É porque os predicados
infinitos competem ao homem apenas enquanto ser genérico, ao
passo que eles tomem consciência de si como individualidades
finitas, que eles atribuem esses predicados a um ser transcendente.[23] Bauer havia historicizado esse esquema reportando a
origem da alienação religiosa ao fracasso da consciência de si
de se realizar na História, mais precisamente ao "desespero em
relação à História" que resulta da ruína dos ideais políticos gregos
e romanos.[24] Marx se refere a essa historicização quando evoca
uma humanidade que se "perdeu" sem ainda ter-se "encontrado",
e insere-a numa análise da situação histórica atual. Esboçando
desse modo uma análise materialista das idealidades, sustenta
que a alienação religiosa se explica pela alienação sociopolítica
contemporânea. Mas o que importa aqui são menos as consequências epistemológicas (as que seriam fixadas no conceito
de ideologias) do que as consequências políticas dessa análise.
Enquanto o conservadorismo, assim como o liberalismo, funda-se
na antropologia pessimista que reduz o homem a um ser medroso

---
23 Feuerbach, *L'essence du christianisme*, p.123-4.
24 Bauer, *Das entdeckte Christentum*, p.141-3.

e egoísta que deve ser protegido e forçado por um Estado transcendente, Marx sublinha que são as relações sociais históricas atuais que reduzem os indivíduos a criaturas isoladas, enquanto suas perfeições só poderiam ser atualizadas de modo coletivo (enquanto seres genéricos), e privam-nos da própria ideia de que suas perfeições poderiam ser atualizadas. É assim que uma terceira via entre a antropologia pessimista (o homem é um lobo para o homem) e a antropologia otimista (o homem é um Deus para o homem) é traçada aqui: é somente por intermédio das lutas práticas e teóricas na História e das formas de existência e de pensamento coletivos que se elaboram nessa História que os homens podem atualizar suas perfeições.

As consequências políticas dessa historicização são imediatas. Já que a alienação religiosa resulta de alienações sócio-históricas, a crítica da religião deve necessariamente desembocar numa crítica da política (ela a contém "em germe"), e já que essas alienações são irredutíveis a simples condições ou consequências de uma consciência alienada, é necessário proceder a uma "transformação" da crítica da religião para pôr a filosofia crítica realmente "a serviço da História". Os dois últimos parágrafos, que retomam a terminologia baueriana,[25] sublinham, contra Feuerbach e Bauer, a necessidade de se levar em consideração a especificidade das formas de alienação terrenas.

A segunda inflexão consiste em interpretar a religião não mais como a *representação* (inadequada) de uma essência, mas como a *expressão* de esforços atualmente insatisfeitos. A tese de Marx é tão simples quanto célebre: os homens se dão a satisfação compensatória de uma vida consumada no além porque ainda

---

25 Podemos ler em Bauer, *Kritik der evangelischen Geschichte der Synoptiker*, p.309-10: "Nas religiões antigas, os interesses essenciais encobriam e mascaravam a profundidade e o horror da alienação [*Entfremdung*] [...] as correntes que prendem o espírito humano ao serviço dessas religiões eram enfeitadas com flores, qual uma oferenda animal paramentada com vestes de festa, o homem se oferecia em sacrifício a essas potências religiosas, suas correntes o impediam de ver a dureza de seu serviço. Quando as flores murcharam ao longo da história e as correntes foram quebradas pelo poder romano, o vampiro da abstração espiritual completou seu projeto". A comparação com o ópio também vem de Bauer, Der Christliche Staat und unsere Zeit. In: *Feldzüge der reinen Kritik*, p.9.

não conseguiram gozar de uma existência verdadeira no mundo terreno. Enquanto "complemento" e "reconforto", por outro lado, a religião oferece uma "justificação" da alienação real, fixando a imagem de uma humanidade irremediavelmente finita, condenada ao pecado e ao sofrimento no mundo terreno, que só no além pode ter esperança de ser salva. Que a religião constitui um poderoso vetor de legitimação da dominação e das desigualdades sociais é um fato que Marx sublinharia novamente alguns anos depois, quando transformou a religião numa das formas elementares da ideologia (ao lado da filosofia, da moral e do direito). Mas, ao contrário de A ideologia alemã, a "Introdução" propõe uma leitura política dupla da religião: enquanto "expressão" de uma alienação real, a religião é ao mesmo tempo "justificação" e "protesto".

Essa tese se apoia mais uma vez numa reformulação da filosofia hegeliana da História. Do mesmo modo que a História deve ser vista como uma série de esforços empreendidos pelos homens para tomar consciência de sua essência e realizá-la, a religião não é somente uma expressão consciente dessa essência, mas é também a prova de que eles não podem renunciar à esperança de sua realização, nem mesmo numa situação em que a única realização possível seria no além. Ao contrário do que parece, a identificação da religião com o "ópio" vale não apenas como denúncia de uma *negação* (alteração alucinada da consciência) ou de uma *ilusão* (prazer narcótico ilusório), mas também como promessa de uma felicidade que, por princípio, opõem-se à miséria atual. Destacamos aqui que, levando em conta a dimensão protestatória da religião, Marx valoriza o que poderíamos chamar de função utópica da religião (que opõe a potência prática da função utópica à esterilidade do utopismo)[26] contra seu conteúdo ideológico.

As consequências políticas dessa segunda inflexão têm a ver com o projeto definido pela expressão "reforma da consciência". Enquanto Bauer exige a supressão das representações religiosas para chegar a uma emancipação verdadeira, Marx tenta expli-

---

26 Para uma interpretação do marxismo que enfatize o princípio da esperança e a potência prática da função utópica da religião, ver Bloch, *O princípio da esperança* e *Geist der Utopie*.

citar o sentido e os desafios dessas representações, compreendê-las, para conseguir tocar os indivíduos presos nelas. Ele parte da promessa da religião para mostrar que os interesses práticos que se expressam nela só podem ser realmente satisfeitos por meios políticos.

A posição de Marx em relação à crítica jovem-hegeliana da religião na "Introdução" é paradoxal: embora sublinhe que a alienação religiosa encontra sua explicação em formas não religiosas de alienação, defende que a crítica da religião é a "pressuposição" e o "germe" da crítica das alienações sociais e políticas. Esse paradoxo faz parte de uma estratégia que consiste em mostrar que a crítica da religião não pode ser o todo da crítica, uma vez que esta conduz imediatamente a uma crítica da política. Vem do fato de que foi a crítica da religião que forneceu à crítica da política seu princípio humanista e a expressou em todo o seu radicalismo:

> A prova clara do radicalismo da teoria alemã, portanto de sua energia prática, é que seu ponto de partida é a abolição radical e *positiva* da religião. A crítica da religião termina com a lição de que o homem *é para o homem o ser supremo*, portanto com o imperativo categórico de subverter todas as condições em que o homem é um ser humilhado, subjugado, abandonado, desprezível.[27]

Compreender o sentido e os desafios do humanismo revolucionário do Marx dessa época supõe estabelecer com exatidão sua teoria das relações entre a emancipação política e a emancipação humana.

Da crítica da política à crítica dos direitos do homem

Se Marx pôde designar como "filosofia crítica" o ponto de vista teórico defendido por ele na época, é porque ele estava empenhado, sobretudo, em desenvolver uma crítica conjunta

---

27 Marx, *Philosophie*, p.99.

da religião, da política e da filosofia, em que estas duas últimas consistiam numa aplicação e ao mesmo tempo numa reformulação do modelo fornecido pela crítica feuerbachiana da religião. É em *Sobre a questão judaica* que a crítica da política encontra sua forma mais desenvolvida como uma crítica dos direitos do homem e do cidadão:

Distinguem-se os *direitos do homem* dos *direitos do cidadão*. Quem é esse *homem* distinto do *cidadão*? Ninguém senão *o membro da sociedade civil*. Por que o membro da sociedade civil é denominado "homem", homem pura e simplesmente, e seus direitos são denominados *direitos do homem*? Com base em que podemos explicar esse fato? Com base na relação do Estado político com a sociedade civil, com base na essência da emancipação política.

Antes de mais nada, constatamos o fato de que os *direitos* ditos *do homem*, por oposição aos *direitos do cidadão*, não são mais do que os direitos do membro da sociedade civil, isto é, os direitos dos homens egoístas, os direitos dos homens separados dos homens e do ser comunitário. A constituição mais radical, a constituição de 1793, diz: "*Declaração dos direitos do homem e do cidadão*. Art. 2. 'Esses direitos etc. [os direitos naturais e imprescritíveis] são: a *igualdade*, a *liberdade*, a *segurança*, a *propriedade* [...]'".

Assim nenhum desses pretensos direitos do homem vai além do homem egoísta, do homem como membro da sociedade civil, isto é, o homem recolhido em seu interesse privado e seu livre arbítrio privado, e do indivíduo separado do ser comunitário. Em vez de o homem ser concebido como ser genérico, a própria vida genérica, a sociedade, aparece como um quadro exterior aos indivíduos, como uma limitação de sua autonomia original. O único laço que os une é a necessidade natural, a precisão e o interesse privado, a preservação de sua propriedade e de sua pessoa egoísta.

Já é enigmático que um povo, que mal começa a se libertar, que mal começa a destruir as barreiras que separam os diferentes membros do povo, que mal começa a fundar um ser comunitário político, que esse povo proclame a legitimidade do homem egoísta, do homem separado dos outros homens e do ser comunitário (Declaração de 1791) e renove essa proclamação no momento em que apenas a abnegação mais heroica pode salvar a nação e essa abnegação se impõe de modo imperativo, no momento em que o sacrifício de todos os interesses da sociedade civil deve estar na ordem do dia, em que o egoísmo deve ser punido como um crime (Declaração dos direitos do homem etc. de 1793). Esse fato se torna ainda mais enigmático quando vemos que a cidadania, *o ser comunitário político*, é rebaixado pelos emancipadores políticos a nada menos que simples meio de conservação desses pretensos direitos do homem, que assim o cidadão é declarado simples servidor do homem egoísta, que a esfera em que o homem se comporta como ser comunitário é degradada à esfera em que ele se comporta como ser parcial e, finalmente, que não é o homem como cidadão, mas o homem como burguês que é tomado pelo homem no sentido próprio e verdadeiro.[28]

A análise dos direitos do homem é desenvolvida aqui com uma terminologia que se deve tanto a Hegel quanto a Feuerbach. Nos *Princípios da Filosofia do Direito*, Hegel opunha a sociedade civil concebida como reino do livre arbítrio individual e da utilização do universal (tal como ele se realiza nas leis) como meio de satisfação do interesse particular (na esfera econômica que ele chama de "sistema das necessidades") ao Estado concebido como lugar de afirmação positiva e racional do universal. Mas sublinhava também a necessária distinção entre as esferas do Estado e da sociedade civil, a vida econômica que deve ser organizada segundo o princípio do interesse particular, mas ao mesmo tempo deve ser subordinada (isto é, controlada e regulada) ao princípio da vontade geral encarnada no Estado. Marx admite que Hegel descreve corretamente a situação social da época, ou seja, a de uma separação recíproca dos indivíduos e de laços externos entre eles fundados na "necessidade" da "precisão" e do "interesse privado" (formulações que parafraseiam as definições hegelianas da sociedade civil), situação em que a existência coletiva dos indivíduos (seu "ser comunitário") só pode se realizar nas instituições de um Estado separado da sociedade. Mas em vez de admitir a racionalidade dessa situação, ele sustenta que a separação e a subordinação da sociedade civil em relação ao Estado estão ligadas a uma estrutura análoga à da alienação

---

28 Ibid., p.70-1, 73-4 [*Marx Engels Werke*, v.1, p.363-4, 366].

religiosa.[29] Hegel reconheceria que a vontade geral é a essência da vontade individual (em termos feuerbachianos, tomaria consciência do fato de que a essência do homem é a de um "ser genérico"), mas concederia existência a essa vontade apenas na "cidadania", numa forma política separada da existência social efetiva dos homens. Conjuntamente, reduziria esta a uma existência puramente egoísta, ao

> homem enquanto fenômeno inculto e não social, o homem em sua existência contingente, o homem em seu comportamento ordinário, tal como é corrompido por toda a organização de nossa sociedade, tal como perdeu a si mesmo, alienado, dominado por condições e elementos inumanos, enfim, o homem que ainda não é realmente um ser genérico.[30]

Por conseguinte, a interpretação da Declaração dos Direitos do Homem e do Cidadão de 1791 e 1793 consistirá, de um lado, em introduzir a distinção do homem e do cidadão nessa interpretação da sociedade civil (em que os homens, como burgueses, levam uma existência egoísta) e do Estado (em que os homens, como cidadãos, ascendem a uma existência genérica) e, de outro lado, mostrar que a prática revolucionária contradiz essa subordinação dos direitos do cidadão aos direitos do homem.

Marx começa pela análise da lista dos direitos do homem (igualdade, liberdade, segurança, propriedade), procurando mostrar ao mesmo tempo que é a propriedade privada que constitui seu princípio. De fato, a liberdade é definida negativamente como o direito de fazer tudo que não prejudica o outro, o que pressupõe uma antropologia pessimista em que homens são separados uns dos outros, isolados uns dos outros por posses exclusivas que eles devem defender do outro:

---

29 Essa crítica já havia sido amplamente desenvolvida alguns meses antes, na *Crítica da Filosofia do Direito de Hegel* na forma de uma leitura crítica do capítulo dos *Princípios da Filosofia do Direito* dedicado ao Estado (ver primeira parte deste livro).
30 Marx, *Philosophie*, p.67.

O direito do homem à liberdade não é fundado no laço do homem com os outros homens, mas antes na separação entre o homem e os outros homens. Ele é o *direito* a essa separação, o direito do indivíduo *limitado*, do indivíduo que se limita a si mesmo. A aplicação prática do direito do homem à liberdade é o direito do homem à *propriedade*.[31]

Também a igualdade e a segurança se reduzem imediatamente à propriedade privada: igualdade significa direito de todos se beneficiarem dessa mesma liberdade e segurança é direito de verem seus bens protegidos.

Marx sublinha em seguida o paradoxo devido ao fato de que "a prática revolucionária se encontra em contradição com sua teoria". Na prática, os revolucionários afirmam a dimensão genérica da humanidade numa forma política exigindo das instituições de Estado que eles se subordinem ao princípio da vontade geral, além disso, afirmam a superioridade do cidadão (ou do ser genérico) sobre o membro da sociedade civil (ou do homem egoísta) exigindo do conjunto da sociedade que ela se submeta, de um lado, aos decretos revolucionários e, de outro, ao imperativo da defesa da revolução contra seus inimigos. Mas na teoria, isto é, na Declaração dos Direitos do Homem e do Cidadão, o homem como cidadão é subordinado, ao contrário, ao homem como burguês, já que a lista dos direitos do homem é apresentada como um conjunto de garantias dos indivíduos contra a ação do outro e do Estado, de modo que, na verdade, é o homem egoísta da sociedade civil, e não a existência genérica que ele obtém no Estado, que é identificado com o homem verdadeiro.

Mencionamos antes o contexto altamente conjuntural que orienta esses desenvolvimentos: a polêmica com Bauer. Segundo ele, apresentar-se como detentor de uma religião particular vedaria aos judeus reivindicar o benefício dos direitos do homem e do cidadão. A intenção de Marx é minar esse argumento, ressaltando a solidariedade desses direitos com a alienação religiosa. Contudo essa crítica dos direitos do homem levanta três questões mais gerais que foram decisivas para Marx e para o marxismo: a

---

31 Ibid., p.72.

da crítica da política, a da apreciação da Revolução Francesa e a da crítica do direito. Assim como a crítica da religião, a crítica da política faz parte dos temas do período jovem-hegeliano que seriam preservados em uma forma modificada na época da maturidade. Para evitar interpretações retrospectivas também sobre esse ponto, é importante distinguirmos duas grandes etapas. A primeira corresponde à crítica dos *Princípios da Filosofia do Direito* de Hegel (no "Manuscrito de Kreuznach", datado da primavera-verão de 1843, e na "Introdução") e à crítica da Revolução Francesa (em *Sobre a questão judaica* e *A sagrada família*, escrito com Engels em 1845). Baseada na distinção entre a "emancipação política" e a "emancipação humana", essa primeira crítica da política denuncia toda emancipação política que não seja também social: "a emancipação humana só se consuma quando o homem reconhece e organiza suas *forces propres*[32] como forças *sociais* e, portanto, não separa mais dele mesmo a força social em forma de força *política*".[33] A crítica da política pressupõe, portanto, uma interpretação do Estado como lugar possível de uma "emancipação" e de uma realização do bem comum (ou do ser comunitário), e trata apenas das restrições que afetam essa emancipação e essa realização do bem comum. A crítica visa então a "alienação política"[34] (a emancipação numa forma separada e invertida), a "abstração política" (a emancipação numa forma desconectada dos desafios da vida concreta)[35] e a "ilusão de Estado" (a ilusão que consiste em acreditar que a emancipação ocorre no interior das modalidades da participação na vida do Estado).[36] Essa crítica é sustentada pela exigência de que os indivíduos se apropriem de sua dimensão genérica não simplesmente nas instituições do Estado, mas no conjunto de sua vida social. Nesse sentido, ela exige que a emancipação "somente política"[37] se transforme em "emancipação humana".[38] Portanto, essa crítica da política iden-

---

32 "Próprias forças." Em francês, no texto original de Marx. (N. E.)
33 Marx, *Philosophie*, p.79.
34 Id., *Critique du droit politique hégélien*, p.37, 70-1, 134 [*Philosophie*, p.90-1].
35 Ibid., p.68-72 [*Philosophie*, p.59-63].
36 Ibid., p.91.
37 Id., *Philosophie*, p.103.
38 Ibid., p.79.

tifica a emancipação política com uma promessa de liberdade que excede suas próprias limitações, com a promessa de uma realização da emancipação política para além do quadro institucional do Estado, com a promessa de uma democracia radical, oposta às pretensões do Estado de definir o quadro legítimo da emancipação. Dessa primeira crítica *política* da política distingue-se a crítica *sociológica* da política, que se desenvolverá a partir de *A ideologia alemã*. No âmbito de uma concepção da História como desenvolvimento da luta das classes, o Estado aparecerá não mais como o lugar de uma emancipação, mas como um instrumento a serviço das classes dominantes. Quanto à maneira pela qual o Estado se apresenta como a realização do bem comum, ela aparecerá como uma ilusão típica das formas de justificação e de denegação da dominação social (o que ainda será denominado "ilusão política",[39] mas num sentido novo).

As especificidades dessa primeira crítica da política permitem compreender as especificidades da primeira crítica da Revolução Francesa e da primeira crítica do direito. No âmbito da problemática da alienação, a Revolução Francesa é criticada por ser exclusivamente política demais, e não por seu conteúdo de classe. É claro que o objetivo será sempre conseguir fazer uma revolução que não seja apenas política, mas também social. Contudo só a partir de *A ideologia alemã* a Revolução Francesa será interpretada como uma revolução burguesa e as revoluções políticas serão interpretadas como instrumentos a serviço de reviravoltas sociais (de uma mudança de classe dominante e, por fim, de uma abolição da divisão da sociedade em classes).

Se a crítica do direito também é tomada aqui, inegavelmente, na problemática da alienação, os elementos de descontinuidade em relação à evolução posterior são menos claros. No "Manuscrito de Kreuznach", Marx censurava duplamente o constitucionalismo oriundo da Revolução Francesa e sua reformulação hegeliana: de um lado, o constitucionalismo se baseia numa subordinação do "direito de Estado" ao direito privado, de outro, ele opera uma dupla limitação da soberania popular por um quadro constitucional e pela separação dos poderes. Para que a emancipação do cidadão seja igualmente uma emancipação do

---

39 Id., *L' idéologie allemande*, p.40.

homem, é preciso afirmar, ao contrário, a onipotência da soberania popular. *Sobre a questão judaica* atesta um deslocamento decisivo, já que o direito aparece como essencialmente ligado ao direito da propriedade privada e a propriedade privada, como o próprio núcleo da alienação social e política:

> A constituição do Estado político e a desagregação da sociedade civil em indivíduos independentes – cuja relação tem por base o *direito*, do mesmo modo que a relação dos homens sob as ordens e as corporações foi o *privilégio* – consumam-se em um único e mesmo ato.[40]

O direito é identificado agora com uma ilusão de emancipação (de liberdade e de igualdade) e com uma forma de organização e de justificação imanente da vida social da qual as ilusões políticas são apenas a radicalização, do mesmo modo que a teologia é apenas a radicalização reflexiva das ilusões religiosas. Daí o projeto de dupla transformação da "crítica da religião em crítica do Direito" e da "crítica da teologia em crítica da política", definido no início da "Introdução".[41] Algumas dessas análises serão retomadas – numa nova linguagem, é claro – quando em *A ideologia alemã* o autor atribuir ao direito em geral, e aos direitos do homem em particular, uma função ideológica, e outras, quando em *O capital* Marx interpretar o direito como um dos vetores essenciais da interação comercial, como um modo de subjetivação específica, como um fator de dissimulação da exploração e como um espaço normativo em que as lutas de classe se desenvolvem.[42]

Realizar e suprimir a filosofia

Assim como a crítica da religião, a crítica da política e do direito é determinada nos *Anais Franco-Alemães* pela metodologia da "reforma da consciência". Trata-se de explicitar os desafios

---
40 Id., *Philosophie*, p.77.
41 Ibid., p.91.
42 Id., *Le capital*, livre premier, p.96-7, 197-8, 260-2.

práticos que se exprimem de modo inadequado na consciência religiosa, política e jurídica a fim de tornar a humanidade capaz de realizá-las, contando com um "despertar" racional para ir da expectativa de uma felicidade celeste para a luta prática terrena, passando da luta prática que visa uma "revolução parcial", "somente política", para uma "revolução radical, universalmente humana".[43] A metodologia da reforma da consciência se manifesta de modo ainda mais evidente na crítica da filosofia desenvolvida na "Introdução", por meio do princípio segundo o qual é preciso suprimir a filosofia para realizá-la, assim como é preciso realizá-la para suprimi-la.

> A *filosofia alemã do Direito e do Estado* é a única história alemã que se mantém *al pari* do presente moderno *oficial*. Portanto, o povo alemão deve aplicar essa sua história sonhada a sua situação existente e deve submeter à crítica não só essa situação existente, mas também seu prolongamento abstrato. Seu futuro não pode se limitar nem à negação imediata de sua situação jurídica e de Estado real nem à negação de sua situação jurídica e de Estado ideal, porque é em sua situação ideal que ele possui já a negação imediata de sua situação real, ao passo que vive o cumprimento de sua situação ideal quando observa seus vizinhos. É, portanto, com todo o direito que o partido político *prático* exija na Alemanha a *negação da filosofia*. Seu erro não é exigi-lo, mas ater-se a uma exigência que ele não põe seriamente em prática e não pode seriamente pôr em prática. Ele imagina cumprir essa negação virando as costas para a filosofia e desviando o rosto – enquanto resmunga frases irritadas e banais. A estreiteza de seu ponto de vista não lhe permite incluir a filosofia no círculo da realidade *alemã*, ou então ela o faz acreditar que a filosofia se situa *aquém* da prática alemã e das teorias que estão a seu serviço. Os senhores querem que nos unamos a *germes de vida reais*, mas esquecem que até agora o germe de vida real do povo alemão germinou apenas na cabeça dele. Em resumo, *os senhores não podem suprimir a filosofia sem realizá-la*.
> Esse erro é também o do partido político *teórico*, nascido da filosofia, com a diferença de que seus fatores são *invertidos*.

---

43 Ibid., p.103.

Ele viu na luta atual apenas a *luta crítica da filosofia com o mundo alemão*, e não viu que a filosofia existente até o momento também pertence a esse mundo e é seu *complemento*, ainda que se trate de seu complemento ideal. Crítico em relação a seu adversário, esse partido teórico se comportou de maneira não crítica em relação a si mesmo, partindo das *pressuposições* da filosofia para em seguida se contentar com os resultados já obtidos, ou fazer exigências e resultados provenientes de outras coisas passarem por exigências e resultados imediatos da filosofia, embora estes só possam ser obtidos – pressupondo-se sua legitimidade – pela negação da *filosofia existente até o momento*, da filosofia enquanto tal. [...] Seu principal defeito pode ser resumido assim: *ele acredita que pode realizar a filosofia sem suprimi-la*.[44]

Para recuperar o que está em jogo nesse desenvolvimento, devemos começar pela descrição de seu contexto imediato. Já encontramos o tema da aliança necessária entre a "humanidade pensante" (ou da filosofia como princípio da "reforma da consciência") e a "humanidade sofredora" (ou do poder prático que permite transformar a crítica em "força material"). Citado na correspondência com Ruge, esse tema é definido e especificado na "Introdução". Nela, Marx explica que a crítica filosófica formula "problemas para os quais só há uma solução: a prática" (já que "a arma da crítica não pode substituir a crítica das armas"). E acrescenta que "a teoria também se torna força material assim que se apodera das massas".[45] Quanto a essa força material que pode possibilitar uma "emancipação humana", ou "revolução radical", ele não a identifica mais com o povo enquanto humanidade sofredora, mas com o proletariado enquanto "classe cujos *laços* são *radicais*", cujos "sofrimentos são universais", uma classe que "constitui, em resumo, a perda total do homem e, portanto, só pode reconquistar a si mesma pela reconquista total do homem".[46]

Marx também tenta determinar a forma específica que a aliança da filosofia com o proletariado pode assumir na Alemanha, descrevendo uma conjuntura histórica em que o anacro-

---
44 Id., *Philosophie*, p.97-8.
45 Ibid., p.99.
46 Ibid., p.106-7.

nismo político é compensado por uma modernidade filosófica. Encontramos aqui o tema emprestado de Heine que diz que a revolução política ocorrida na França foi vivida na Alemanha na forma de uma revolução ainda mais radical, porém filosófica (em Kant, Fichte e Hegel).[47] Dado o atraso histórico da Alemanha, onde ainda não havia ocorrido nenhuma revolução política, ao passo que, naquele momento, o que estava em pauta era a superação das insuficiências da revolução apenas política, a crítica imanente da sociedade e das instituições de Estado parecia fadada ao fracasso. Mas a filosofia hegeliana conseguiu captar os princípios da modernidade política, procurando, de maneira contraditória, torná-las compatíveis com as instituições sociais e de Estado alemãs. Assim a crítica da filosofia hegeliana do direito permitiu desenvolver conjuntamente a crítica do atraso alemão e da modernidade política, e apresentou-se como o único meio de a filosofia contribuir para alçar a Alemanha "ao nível" da História, preparando a revolução radical que estava em pauta.

É a partir dessas premissas que Marx se entrega à análise de um conflito que agitava o jovem-hegelianismo e dizia a respeito às relações entre teoria e prática, mais precisamente à maneira como a filosofia poderia responder aos desafios políticos práticos da época. A oposição entre o que Marx apresenta como um "partido político teórico" e um "partido político prático" é examinado do ponto de vista do problema da "realização" da filosofia, problema que, como vimos, constitui um dos pontos de confronto cruciais da Escola hegeliana. É exatamente em sua acepção jovem-hegeliana que a ideia de "realização da filosofia" deve ser entendida aqui: "filosofia" designa o sistema hegeliano que deu à filosofia sua forma acabada;[48] "realização" designa a realização prática de uma liberdade que só pode tomar realmente consciência de si

---

47 Heine, Zur Geschichte der Religion und Philosophie in Deutschland, publicado em 1835, e *Deutschland*. Esse tema, que deriva da filosofia hegeliana da história, foi retomado de diferentes formas na época (ver em especial Hess, *Die europäische Triarchie*).

48 É o que admitia também um crítico tão radical de Hegel quanto Feuerbach: "É a filosofia de Hegel que representa o cumprimento da filosofia moderna. É por isso que a necessidade e a justificação histórica da filosofia nova estão vinculadas acima de tudo à crítica de Hegel". Feuerbach, Principes de la philosophie de l'avenir. In: *Manifestes philosophiques*, p.156.

mesma em forma de discurso filosófico; "realização da filosofia" designa tanto o *cumprimento* da essência da filosofia, na medida em que a filosofia é essencialmente um momento da realização da liberdade, quanto o *pôr em prática* que lhe permite contribuir diretamente para a realização da liberdade na História.

O que Marx designa como "partido político teórico, proveniente da filosofia" remete à posição que ele próprio defendia na época em que colaborava com Bauer (na época da redação de sua tese sobre a diferença da filosofia natural em Demócrito e Epicuro, em 1841) e que Bauer e o círculo dos jovens-hegelianos de Berlim (os "libertos") continuaram a defender. Aos que sustentavam, como Cieszkowski em seus *Prolégomènes à l'historiosophie* [Prolegômenos à historiografia], que a "realização" da filosofia hegeliana exigia sua transformação no que Hess chamaria em breve de "filosofia da ação",⁴⁹ Bauer replicava ironicamente em *La trompette du jugement dernier contre Hegel* [A trombeta do juízo final contra Hegel] que a teoria hegeliana já é prática, porque é a "própria revolução".⁵⁰

A esse tipo de identificação imediata do sistema hegeliano com um cumprimento e um pôr em prática da filosofia, Marx faz duas objeções. Num plano estritamente metodológico, ele censura a relação não crítica que essa posição jovem-hegeliana mantém com Hegel, do qual ela apenas pressupõe a definição da filosofia ("as pressuposições da filosofia"), assim como a doutrina ("os resultados"), acreditando que basta aplicá-las no mundo histórico para produzir a crítica deste. Marx censura, além disso, a posição representada por Bauer de tentar derivar artificialmente da filosofia hegeliana posições políticas que só podem ser alheias a ela. Aliás, no plano da Filosofia da História, ele acusa essa corrente jovem-hegeliana de não compreender que a filosofia hegeliana é essencialmente produto de sua época, e

---

49 Hess, Philosophie de l'action. In: Bensussan, *Moses Hess, la philosophie, le socialisme.*
50 Bauer, *La trompette du jugement dernier contre Hegel, l'athée et l'antéchrist*, p.104: "O bando dos jovens-hegelianos bem que gostaria de dizer que Hegel mergulhou na consideração da teoria e nunca pensou em prolongar a *teoria à prática* [...]. Sua *teoria* era em si mesma *prática*, e é por isso que era a mais perigosa, a mais ampla e a mais destruidora. Ela era a própria revolução".

sugere que ela não pode servir de maneira alguma a uma política revolucionária enquanto não for purgada de tudo que faz dela, em seu próprio princípio e não em uma ou outra "acomodação"[51] contingente, uma expressão teórica de sua época. Esses dois tipos de crítica convergem num apelo à "supressão" da filosofia. A ideia de "supressão" (*Aufhebung*) é claramente utilizada em seu sentido técnico hegeliano de "negação" e "conservação". Aqui o termo "supressão" designa mais uma transformação do que uma eliminação, mas trata-se de uma transformação radical o bastante para constituir uma espécie de superação da filosofia numa forma que herda algumas de suas propriedades essenciais sem ser mais, propriamente dizendo, a forma da filosofia. Se Marx não exige mais somente um aperfeiçoamento da filosofia hegeliana, ou da filosofia em geral, mas "uma negação da *filosofia existente até o momento*, da filosofia enquanto tal", é sem dúvida por influência da definição feuerbachiana da filosofia como alienação, isto é, como transposição da alienação religiosa na forma de inversão do pensamento e do ser, da razão e da sensibilidade.[52] E se seguirmos a lógica do argumento específico desenvolvido na "Introdução", podemos pensar que o defeito específico da filosofia se deve à inversão da teoria em prática: embora a filosofia seja uma expressão dos esforços práticos empreendidos pela humanidade para captar e realizar sua própria essência, embora a filosofia deva se compreender como instrumento desses esforços, ela atribui a si mesma uma autonomia e uma transcendência ilusória que a impedem de agir de maneira eficaz sobre sua época. Compreendemos então por que a "reforma da consciência" a que Marx tenta submeter aqui a filosofia leva a pô-la "a serviço da História" e a ressaltar que ela deve se considerar não mais como um "fim em si, mas

---

51 O debate sobre a "acomodação" de Hegel com sua época foi lançado em especial por Bruno Bauer. Ver o artigo Die Mythe von Hegel, *Rheinische Zeitung*, n.167, 16 jun. 1842. Na tese de 1841, Marx parecia rejeitar a problemática da "acomodação" (Marx, *Oeuvres*, III, p.84-5), mas ele a reformula no âmbito de uma crítica do "misticismo lógico" que faz as contingências históricas passarem por necessidades racionais: Id., *Critique du droit politique hégélien*, p.154.
52 Feuerbach, Thèses provisoires pour la réforme de la philosophie. In: *Manifestes philosophiques*.

apenas como um meio", como uma crítica secularizada que se exerce "no centro do combate".⁵³ A análise da posição oposta, a do "partido político prático", aponta, porém, para a impossibilidade de um abandono puro e simples da filosofia. É provável que Marx visasse um tipo de posição defendido em especial por Bakunin (quarto protagonista da correspondência que inaugura os *Anais Franco-Alemães*). Admitindo como os outros jovens-hegelianos que o sistema de Hegel constitui o cumprimento da filosofia e, em particular, reconhecendo nele o mérito de ter mostrado que a liberdade verdadeira supõe uma unidade entre a teoria e a prática, ele acrescentava que a filosofia pode apenas pensar essa liberdade e de modo algum realizá-la na prática, de modo que ela deve ceder lugar à ação.⁵⁴ O cumprimento da filosofia define então uma tarefa de que apenas a prática pode se encarregar, uma prática irredutível a qualquer forma de aplicação da filosofia, e que, nesse sentido, não pode ser compreendida realmente como uma "realização" da filosofia. É sem dúvida a essa troca da filosofia pela atividade prática, a essa tentativa de realizar a liberdade que a filosofia se contenta em pensar, substituindo pura e simplesmente a teoria pela prática, o que corresponde a "supressão" sem "realização" evocada aqui por Marx.

O argumento que ele opõe a esse tipo de posição deriva tanto do tema da aliança da filosofia com o proletariado quanto de certo diagnóstico histórico. De um lado, as forças práticas capazes de contribuir para uma verdadeira emancipação (o proletariado) devem ser submetidas a uma "reforma da consciência" que passe não pela troca da filosofia pela prática, mas pelo exercício de uma "filosofia crítica". De outro lado, na Alemanha da época, a única forma de consciência à altura do presente ainda era a filosofia hegeliana do direito. Por trás dessas objeções, delineia-se o argumento metodológico fundamental dos *Anais Franco-Alemães*: tanto na Alemanha como na França, nenhuma emancipação política seria possível se a filosofia não adotasse uma forma teó-

---

53 Marx, *Philosophie*, p.92-3.
54 Ver o artigo publicado em outubro de 1842 nos *Deutsche Jahrbücher für Wissenschaft und Kunst*, assinado com o pseudônimo de Jules Élysard, La réaction en Allemagne. In: Angaut, *Bakounine jeune hégélien*.

rica adaptada a uma ação eficaz e fecunda sobre a consciência dos atores históricos.

Não se pode *suprimir* a filosofia *sem realizá-la*, assim como não se pode *realizar* a filosofia *sem suprimi-la*. Essas fórmulas enigmáticas esboçam o projeto de transformação profunda da filosofia num discurso teórico que atue de modo consciente e eficaz pela emancipação política e social. Podemos observar que o resultado dessa transformação não é denominado de outro modo senão como "crítica" ("filosofia crítica"). Podemos tirar daí dois tipos de conclusões: de um lado, a questão do que ainda é filosófico aparentemente está aberta, ainda que o contexto hegeliano dessa transformação, sua forte dependência de uma Filosofia da História que se inspira nele e o fato de que a crítica das alienações sociais e políticas tome finalmente a forma de uma crítica da filosofia hegeliana do direito não deixem nenhuma dúvida quanto a sua dimensão filosófica; de outro lado, a identificação implícita do resto filosófico com a "crítica" parece autorizar a busca de uma dimensão "filosófica" em tudo em que Marx continuar a invocar a "crítica" – até na *Crítica da economia política*.

CAPÍTULO 2

TRABALHO ALIENADO E FILOSOFIA DA PRÁTICA (MANUSCRITOS DE 1844 E TESES SOBRE FEUERBACH)

O projeto dos *Anais Franco-Alemães* – dar uma feição mais política à filosofia jovem-hegeliana – era indissociável de uma passagem de crítica da religião para uma crítica da política e de uma identificação das tarefas *específicas* da crítica da política. Os textos reunidos postumamente sob o título de *Manuscritos de 1844* (*Manuscritos econômico-filosóficos* ou *Manuscritos parisienses*, datados da primavera-verão de 1844) atestam a passagem da crítica da política para uma crítica da sociedade pensada em suas especificidades.

Marx já havia sublinhado nos *Anais Franco-Alemães* que a alienação política era apenas uma das vertentes da alienação social. Havia afirmado que "a relação da indústria, e do mundo da riqueza em geral, com o mundo político constitui um problema capital dos tempos modernos".[1] E, inspirando-se numa primeira leitura de "L'essence de l'argent"[2] [A essência do dinheiro], de Hesse, havia identificado o dinheiro e "a essência alienada do trabalho e da vida humana".[3] Mas, com isso, ele apenas exigia a passagem de uma crítica da política para a crítica social,

---

1 Marx, *Philosophie*, p.95.
2 Hess, L'essence de l'argent. In: Fontenay, *Les figures juives de Marx*.
3 Marx, *Philosophie*, p.84.

sem caracterizar as formas específicas desta última. Lendo o suposto prefácio[4] dos Manuscritos de 1844, percebemos que, dali em diante, essa especificação é um objetivo decisivo, tanto do ponto de vista teórico (para sistematizar a crítica da alienação) quanto do ponto de vista político (a crítica do dinheiro e da indústria são desafios decisivos na oposição entre um democratismo como o de Ruge e o comunismo que Marx se empenha agora em defender resolutamente).

Os Manuscritos de 1844 mostram as diferentes direções em que Marx se esforça para realizar essa tarefa. A passagem da crítica da política para a crítica social supunha engajar-se num estudo da economia política e efetuar um duplo deslocamento teórico. Este consistiria, de um lado, em definir uma "nova concepção da alienação", da qual resultaria a elaboração do conceito de trabalho alienado, uma interpretação de Hegel como filósofo da alienação, e uma descrição do comunismo como supressão do conjunto das alienações; de outro, em elaborar uma "nova teoria da História" que levaria a reavaliar a História e a ver em Hegel uma teoria da História como trabalho. No âmbito dessa nova problemática, a natureza das referências a Feuerbach e a Hegel também mudariam. Se até aquele momento Feuerbach havia sido empregado, sobretudo, por sua crítica da alienação religiosa e pelas ferramentas metodológicas que oferecia à crítica, agora eram os princípios de sua antropologia que interessavam.[5] Se Hegel era utilizado, sobretudo, por sua Filosofia do Direito, Marx se voltaria, sobretudo, para sua Filosofia da História a fim de historicizar uma filosofia feuerbachiana cujo dinamismo da

---

4 Esse "prefácio" dos Manuscritos de 1844 é, na realidade, um trecho do terceiro manuscrito e anuncia um projeto muito diferente daquele que os editores reuniram artificialmente sob esse título, criando uma falsa impressão de livro. Apesar disso, ele mostra que na época Marx ainda acreditava que estava dando continuidade ao projeto de "filosofia crítica" anunciado nos Anais Franco-Alemães. Para uma discussão do status dos textos intitulados Manuscritos de 1844 e sua relação com os Anais Franco-Alemães, permitimo-nos remeter a Renault, Qu'est-ce que les Manuscrits de 1844?. In: Lire les Manuscrits de 1844.

5 Em outras palavras, Feuerbach não seria mais lido pelo prisma da crítica jovem-hegeliana da religião iniciada por Strauss e Bauer, mas filtrado por Hess, que em "L'essence de l'argent" mostrava que a antropologia feuerbachiana permitia produzir uma definição filosófica do comunismo e esboçar uma crítica da economia política.

constituição social da alienação e de sua superação comunista o naturalismo impedia de pensar. Paradoxalmente, Marx tenta corrigir Feuerbach por Hegel, embora fizesse de Feuerbach o princípio de sua posição filosófica e o único progresso filosófico realizado desde Hegel,[6] e contasse com ele para desenvolver uma crítica de Hegel mais radical que aquelas que ele mesmo havia empreendido no passado e voltar à própria raiz dos erros de Bauer e Ruge,[7] isto é, para sair do jovem-hegelianismo. É sem dúvida a tomada de consciência da instabilidade, ou mesmo da incoerência de tal posição crítica, que o leva a especificar o que pode ser retido e o que deve ser rejeitado de Feuerbach nas famosas "Teses sobre Feuerbach", de 1845.

O trabalho alienado

A categoria de trabalho alienado é o resultado dos esforços de Marx para estabelecer conceitualmente, a partir de suas primeiras leituras econômicas, as formas de alienação sociais que constituem a contrapartida da alienação política. Dois pontos em particular devem reter nossa atenção: de um lado, a singular montagem constitutiva desse novo conceito de alienação e, de outro, as fontes hessianas dessa concepção da alienação social.

Começamos pela observação de que o conceito de alienação faz parte daqueles que devem sua promoção filosófica à contribuição decisiva de Marx. O conceito de alienação (*Entfremdung, Entäusserung*)[8] não tem papel determinante nem em Hegel nem

---

6 Marx, *Les manuscrits de 1844*, p.52: "A crítica da economia política, como a crítica positiva em geral, deve seu verdadeiro fundamento às descobertas de Feuerbach. Data de Feuerbach somente a crítica humanista e naturalista positiva. Seus escritos [são] os únicos desde a *Fenomenologia* e a *Lógica* de Hegel a conter uma verdadeira revolução teórica". (Utilizamos a edição da GF para privilegiar as edições de bolso, embora as traduções das Éditions Sociales e Vrin apresentem numerosas vantagens).
7 Ibid., p.157 e ss.
8 Traduzimos esses dois termos por "alienação", mas o leitor deve ter presente que *Entäusserung* exprime a ideia de alienação no sentido da perda (do desapossamento ou da renúncia), ao passo que *Entfremdung* exprime a ideia de alienação no sentido do tornar-se alheio a si mesmo e ao mundo. Consideramos que essas duas noções tendem a fundir-se em Marx, mas alguns intérpretes ressaltam a necessidade de distingui-los com rigor.

em Feuerbach, e é em grande parte lendo-os retrospectivamente a partir de Marx que podemos considerar esses autores os inventores do conceito. Mesmo em Marx o termo alienação é relativamente raro antes dos *Manuscritos de 1844*, embora, como vimos, apareça em passagens importantes. Podemos considerar que a concepção de alienação classicamente atribuída a Marx é elaborada pelos *Manuscritos de 1844*, assim como são eles que fixam a maioria dos significados que permaneceram ligados ao termo.

Essa concepção tem origem numa síntese relativamente complexa. De fato, Marx constrói o conceito de trabalho alienado combinando diferentes esquemas teóricos. De Feuerbach, ele tira a concepção da alienação religiosa como desapossamento de sua própria essência genérica e o alheamento de si mesmo do homem. De Bauer, tira a concepção da alienação religiosa como opressão do homem por seu próprio produto (Deus). De Hesse, guarda a concepção da alienação no dinheiro como inversão da relação entre meio e fim. É nesses três sentidos da perda e do alheamento de si, da dominação pelo produto de sua atividade e da inversão de meios e fins que se falará de trabalho alienado. Complexa pelos elementos que combina, a síntese que funda o conceito de trabalho alienado é complexa também pelos temas que articula. De fato, o trabalho é alienado no sentido ao mesmo tempo da alienação da relação com o produto, com a atividade, com o outro e consigo mesmo.

Já que apontamos anteriormente o que Marx deve a Feuerbach e a Bauer, apontemos agora o que ele deve a Hess: ter transposto a crítica feuerbachiana da religião para o campo social, interpretando o dinheiro como uma alienação do gênero e afirmando que "o que Deus é para a vida teórica, o dinheiro é para a vida prática".[9] Em "L'essence de l'argent", Hess reformulava o conceito de gênero no campo da vida social, afirmando que o "comércio" (*Verkher*) entre os homens, ou cooperação (*Zusammenwirken*), é aquilo por meio de que as potências genéricas encontram sua ativação (*Betätigung*) e realização – esses temas, assim como esse vocabulário, impregnam fortemente os *Manuscritos de 1844*. Hess acrescentava que a vida social, enquanto troca de atividades produtivas, faz parte dessas entidades que

---

9 Hess, L'essence de l'argent. In: Fontenay, *Les figures juives de Marx*, p.124.

não podem ser objeto de cessão (ou venda) sem constituir uma alienação. E deduzia daí que o dinheiro, enquanto forma em que o trabalho e seus produtos são objeto de compra e venda, é a existência do gênero em sua forma alienada. É essa análise que Marx reformula, descrevendo a maneira como a alienação se insere no próprio trabalho, já que estava convencido pela leitura dos economistas e da crítica que Engels, Proudhon e Weitling faziam deles que a relação entre o trabalho e a propriedade está na origem das diferentes formas de alienação social.

Consideramos até o momento o ato da alienação[10] da atividade humana prática segundo dois aspectos:

1) a relação do trabalhador com o produto do trabalho enquanto objeto alheio e exercendo seu poder sobre ele. Essa relação é ao mesmo tempo a relação com o mundo sensível exterior, com os objetos naturais enquanto mundo alheio e hostilmente oposto a ele;

2) a relação do trabalho com o ato de produção no interior do trabalho. Essa relação é a relação do trabalhador com sua própria atividade enquanto alheia, não pertencente a ele; é a atividade como sofrimento, a força como impotência, a procriação como castração, a energia física e espiritual própria do trabalhador, sua vida pessoal – pois o que é a vida, senão atividade? – como uma atividade voltada contra ele, independente dele, não pertencente a ele. É a autoalienação, assim como era, nos parágrafos anteriores, a alienação da coisa.

Dessas duas primeiras determinações, devemos concluir uma terceira determinação do trabalho alienado.

O homem é um ser genérico, não só porque faz do gênero, tanto o seu próprio quanto o dos outros, seu objeto na prática e na teoria, mas também – e essa é outra maneira de dizer a mesma coisa – porque se comporta em relação a si próprio como em relação a um gênero presente e vivo, a uma essência universal, e por isso livre [...].

A universalidade do homem se manifesta na prática precisamente na universalidade que faz do todo da natureza seu corpo inorgânico, tanto: a) na medida em que ela é um meio de subsis-

---

10 Nesse trecho, alienação traduz *Entfremdung*.

tência imediato, quanto: b) na medida em que, enquanto matéria, ela é objeto e instrumento de sua atividade vital. A natureza é o corpo inorgânico do homem, ou seja, a natureza que não é ela própria corpo humano. O homem viver da natureza significa que a natureza é seu corpo e ele deve permanecer em processo constante com ela para não perecer. A vida física e espiritual do homem estar em conexão com a natureza não significa nada mais do que o fato de que a natureza está em conexão com ela mesma, pois o homem é uma parte da natureza.

Já que pelo trabalho alienado: a) o homem se alienou da natureza, b) e de si mesmo, de sua própria função ativa, de sua atividade vital, decorre daí que, pelo trabalho alienado, o homem se aliena também do gênero; o trabalho alienado reduz o gênero a um meio de subsistência da vida individual [...].

É precisamente elaborando o mundo objetivo que o homem se confirma de fato como ser genérico. Essa produção é um ato de sua vida genérica criadora. Por seu intermédio, a natureza se manifesta como sua obra e sua realidade. O objeto do trabalho é, portanto, a objetivação da vida genérica: no sentido em que ela não é somente intelectual, como na consciência, mas também criadora, realmente dividida, e intui-se, portanto, no mundo criado por ela. Já que o trabalho alienado separa o homem do objeto de sua produção, decorre daí que ele separa o homem de sua vida genérica, de sua objetividade genérica real, e transforma a vantagem do homem sobre o animal em defeito, em razão de seu corpo inorgânico, e a natureza, lhe serem retirados.

Do mesmo modo que o trabalho alienado rebaixa a autoatividade, a atividade livre, à categoria de meio, ela rebaixa a vida genérica do homem à categoria de meio da vida física do homem.

A consciência que tem o homem de seu gênero transforma--se por intermédio da alienação, de modo que a vida genérica seja reduzida a um meio. Portanto, o trabalho alienado implica:

3) que o ser genérico do homem, tanto a natureza quanto suas faculdades genéricas intelectuais, é transformado num ser alheio ao homem, rebaixado à categoria de meio de sua existência individual. Por seu intermédio, o homem se aliena de seu próprio corpo, assim como da natureza exterior, assim como de sua essência espiritual, sua essência humana;

4) do fato de que o homem se aliena do produto de seu trabalho, de sua atividade vital, de seu ser genérico, resulta imediata-

mente que o homem se aliena dos homens. Quando o homem se opõe a si mesmo, opõe-se aos outros homens. O que vale para a relação do homem com seu trabalho, com o produto de seu trabalho e com ele mesmo, vale para a relação do homem com os outros homens, assim como com o trabalho e com o objeto do trabalho dos outros homens.

A afirmação segundo a qual o homem se aliena de seu ser genérico significa pura e simplesmente que um homem se aliena de outro homem, assim como cada homem se aliena de sua essência humana.[11]

Na introdução da *A essência do cristianismo*, Feuerbach ressaltava que o animal e o homem se distinguem pelo fato de que o primeiro tem apenas um "sentimento de si", ao passo que o segundo tem uma "consciência de si", e acrescentava que essa consciência de si é sempre mediada por objetos. Do mesmo modo que pragmatistas como Dewey e Mead sustentariam que é sempre como um conjunto de possibilidades de ações que percebemos o mundo, Feuerbach avança que é sempre por nós mesmos que nos interessamos quando nos interessamos por objetos: os fenômenos externos só nos interessam na medida em que nos permitem aumentar nosso poder de pensar ou querer, ou ainda, de nos propiciar emoções mais intensas. E especificava que é por intermédio desse interesse pelos objetos que o homem toma consciência de suas propriedades genéricas: "A partir do objeto, você conhece o homem; nele, aparece sua essência: o objeto é sua essência *manifesta*, seu eu verdadeiro, objetivo".[12]

No trecho reproduzido anteriormente, esses diferentes temas são submetidos a uma reformulação cujo princípio é a redefinição hessiana do "ser genérico" como "atividade vital natural" e ao mesmo tempo "social". Todo o esforço de Marx consiste em mostrar que o esforço teórico por meio do qual a consciência tenta encontrar seus próprios interesses em objetos é indissociável de uma atividade de afeiçoamento da natureza pelo trabalho para conformá-la a esses interesses. Assim o trabalho se

---

11 Marx, *Manuscrits de 1844*, p.113-7 [*Marx Engels Werke, Ergänzungsband*, v.1, p.514-8].
12 Feuerbach, *L'essence du christianisme*, p.121.

vê dotado de uma importância absolutamente fundamental, no sentido em que ele é ao mesmo tempo o momento essencial da vida genérica (como atividade vital de transformação social da natureza) e aquilo por meio de que o homem se produz como ser genérico (ou atualiza suas propriedades genéricas), produzindo um conjunto de objetos nos quais ele se afirma na prática e pelos quais ele toma consciência de si mesmo. Daí essa ascensão em quatro etapas das formas mais aparentes de alienação do trabalho a suas consequências mais fundamentais, ou seja, a constituição de uma relação cindida e invertida com a dimensão genérica da existência, isto é, com a natureza, consigo mesmo e com o outro.

1) A forma mais aparente de alienação do trabalho refere-se à relação do trabalho com o produto do trabalho (a "alienação da coisa"). Numa vida social governada pela propriedade privada, os produtos do trabalho não pertencem ao trabalhador, mas ao proprietário do capital. Resulta daí uma alienação do mundo em dois sentidos: a) os produtos escapam do controle do trabalhador, autonomizando-se no movimento da riqueza (alienação como desapossamento e alheamento); b) eles se transformam em potência hostil na medida em que o movimento autônomo da riqueza é a causa do empobrecimento do operário, ou mesmo de diferentes formas de "enfermidade", "embrutecimento" e "cretinismo"[13] (alienação como dominação do produto sobre o produtor). Do mesmo modo que o conjunto do mundo social, resultado da transformação da natureza pelo trabalho, torna-se um mundo alheio e hostil, a natureza exterior vem a constituir-se como uma forma de objetividade alienada, na medida em que deixa de aparecer como um meio de satisfazer necessidades e interesses pelo trabalho e torna-se símbolo das limitações técnicas e sociais do trabalho.

2) A alienação do produto, do mundo, é indissociável de uma segunda forma de alienação: a alienação da própria atividade de trabalho, enquanto alienação de si ou "autoalienação". Aqui, mais uma vez, o conceito de alienação

---

13 Marx, *Manuscrits de 1844*, p.111.

deve ser entendido em diferentes sentidos: a) o trabalho operário é o lugar de um desapossamento e de um alheamento da atividade vital: "No trabalho, o operário não pertence a si mesmo, ele pertence ao outro";[14] b) há até constituição dessa atividade em potência hostil no sentido em que esta não é mais orientada para a afirmação de si, mas é marcada pela "impotência" e pelo "sofrimento": "O trabalho é exterior ao operário, isto é, ele não pertence a sua essência, o operário não se afirma em seu trabalho, mas nega-se, não se sente feliz, mas infeliz". A dominação do indivíduo pelo contexto social de sua atividade se reproduz na própria atividade: ela se transforma em "trabalho de sacrifício de si". A alienação no sentido do desapossamento, do alheamento e da opressão por uma alteridade é acompanhada de: c) uma inversão dos meios e dos fins, já que o trabalho, em vez de ser a atividade pela qual se atualizam as potências genéricas, é reduzido a meio de satisfazer as necessidades mais elementares (como meio de sobreviver por intermédio do salário).

3) A análise das consequências mais importantes dessa dupla alienação (autoalienação e alienação do mundo) baseia-se na análise da atividade vital enquanto atividade genérica. De um lado, a alienação do trabalho aparece como a perda de uma relação vital, ou familiar, com a natureza exterior, na medida em que esta última constitui um prolongamento de minha atividade orgânica ou é minha própria "natureza inorgânica". De outro lado, ela aparece como uma perda da relação vital com meu próprio corpo, enquanto instrumento imediato de minha atividade vital em meu ambiente natural e social. Ressaltando que a alienação da atividade é acompanhada de um desapossamento e de um alheamento das próprias condições dessa atividade (o corpo e a familiaridade com o ambiente), Marx quer mostrar a que ponto faltam as condições para uma atualização e uma tomada de consciência do ser genérico. É nesse sentido que há alienação do gênero. Podemos

---

14 Ibid., p.112.

observar assim que alienação significa também redução a uma existência abstrata. Na medida em que a relação vital e corporal com nosso próprio ambiente social e natural é a condição para uma ativação das potências genéricas pelo trabalho, e que um trabalho alienado é acompanhado da perda dos objetos nos quais essas potências poderiam se confirmar na prática e tomar consciência de si mesmas na teoria, compreendemos por que Marx sustenta que o trabalho alienado reduz o homem a "um ser sem objeto".[15] A existência alienada se vê identificada aqui com uma existência abstrata, desrealizada pela perda de relações carnais consigo e com seu ambiente. A alienação na relação com o gênero assume também a forma de inversão. O princípio da vida genérica que é o trabalho se vê rebaixado à categoria de meio de satisfação de interesses individuais (como a busca de riqueza dos proprietários de capital ou as simples necessidades de subsistência dos operários por intermédio do salário).[16]

4) Na medida em que o ser genérico é um "ser comunitário" que se constitui no "comércio" que une os homens na produção de suas potências comuns, Marx pode concluir enfim que o trabalho alienado significa também uma perda das condições da relação vital e cooperativa com o outro ou, em outras palavras, o trabalho alienado redunda em relações interindividuais marcadas pela redução do outro a um estranho e na substituição da cooperação com o outro por relações de instrumentalização recíprocas.

---

15 Ibid., p.109-10: "O trabalhador coloca sua vida no objeto, mas não é mais a ele que ela pertence, ao contrário, é ao objeto. Portanto, quanto maior essa atividade for, mais o trabalhador é sem objeto". No terceiro manuscrito, Marx escreve: "Um ser que não tem sua natureza fora dele mesmo não é um ser natural, não participa do ser da natureza. Um ser que não tem nenhum objeto fora dele mesmo não é um ser objetivo. Um ser que não é ele próprio objeto para outro é um ser que não tem nenhum ser por objeto; em outras palavras, é um ser que não se encontra em relações objetivas e cujo ser não é uma coisa objetiva. Um ser não objetivo é um não ser" (Ibid., p.171). Sobre essa questão, ver as análises de Feuerbach, *Sans objet*.

16 Ibid., p.112-3.

Como constatamos, essa análise do trabalho alienado associa um rico material fenomenológico a uma teoria da alienação do gênero. Ao pensar a alienação com base na experiência do trabalho como atividade, Marx abria inúmeros caminhos de pesquisa que demonstraram toda a sua fecundidade. De fato, a psicologia social do trabalho mostrou como as condições de trabalho que privam os indivíduos de sua própria atividade tendem a induzir relações distorcidas consigo mesmo e com o mundo que a ideia de alienação (no duplo sentido de autoalienação e de alienação do mundo) descreve de maneira bastante adequada. A Sociologia do Trabalho explicou como o fato de uma relação de dominação se inserir na própria atividade individual pode induzir uma modificação da relação geral com a dominação social, ou mesmo das formas de servidão voluntária.[17] Ao mesmo tempo, a ideia de uma solidariedade entre o mundo alienado e alienação de si oferecia um esquema explicativo que permitia compreender em especial como os oprimidos conseguiam se adaptar à opressão, ou mesmo interiorizá-la e reproduzi-la ativamente, em vez de procurar transformar o mundo – temas que Adorno desenvolveria na forma de uma fenomenologia da "vida lesada".[18]

Ao mesmo tempo que associava o termo alienação a esse rico conjunto de análises e descrições, Marx os formulava de uma forma que levou alguns contemporâneos a rejeitar o próprio conceito de alienação. Este seria solidário com uma concepção ingenuamente essencialista da natureza humana e com a crença ilusória de que a existência individual poderia se tornar idêntica ao conjunto das propriedades essenciais da humanidade. Apesar de sedutoras, essas objeções são pouco convincentes. De fato, mais do que como uma essência fixa, o gênero é interpretado por Marx como uma atividade cooperativa que depende tão essencialmente da natureza quanto da História. Além disso, em vez de postular a possibilidade de uma identidade da existência individual com sua própria essência, a ideia de alienação visa descrever os processos pelos quais a dependência e os engajamentos

---

17 Para um estudo crítico das diferentes objeções à problemática da alienação e para uma defesa de sua fecundidade psicológica e sociológica, ver Haber, *L'aliénation*.
18 Adorno, *Minima moralia*.

multiformes em relação à alteridade, que Adorno, por exemplo, designava pelo conceito de *mimesis*, transformam-se nesse empobrecimento da experiência e nessa separação instrumental de si em relação a si mesmo, ao outro e à natureza que, na esteira de Lukács, Adorno, mais uma vez, chamava de reificação.[19]

O humanismo como naturalismo consumado

A crítica do trabalho alienado empenha-se claramente em vincular duas intuições filosóficas divergentes: um humanismo naturalista (uma teoria do gênero que define o homem como uma espécie natural) e uma concepção da História como ativação progressiva de potências genéricas que só podem se atualizar completamente na vida social. Essa segunda intuição conduz à interpretação da História como uma produção coletiva da existência humana e como um processo que pode levar ou a relações alienadas com o gênero e o outro, ou a uma apropriação prática e teórica das potências genéricas que define tanto o homem verdadeiro quanto a sociedade verdadeira (o comunismo). Se Feuerbach permite fixar a primeira intuição, é para Hegel que Marx se volta para formular a segunda. Daí a interpretação de sua filosofia como uma teoria da História como trabalho e processo pelo qual a humanidade começa desenvolvendo suas potências genéricas numa forma alienada antes de se reapropriar delas. O desafio dessa combinação de Feuerbach e Hegel é duplo: a historicização do humanismo feuerbachiano permite justificar a abolição da propriedade privada como condição para uma reapropriação pela humanidade de suas propriedades genéricas (e assim fundamentar filosoficamente uma posição comunista),[20]

---

19 Sobre a teoria da transformação da *mimesis* em reificação, ver Adorno, *Dialética do esclarecimento* e *Dialética negativa*. O conceito de "reificação" foi criado por Lukács no âmbito de uma interpretação dos desenvolvimentos consagrados por *O capital* ao "caráter de fetiche da mercadoria". Lukács, *Histoire et conscience de classe*, p.109-256.
20 Marx, *Manuscrits de 1844*, p.146: "O *comunismo* é, como abolição positiva da *propriedade privada*, entendido como *alienação de si do homem*, *apropriação* real da essência *humana* pelo homem e para o homem. É o retorno completo do homem a ele mesmo como ser para si, isto é, como ser

ao passo que a naturalização do hegelianismo permite vincular o movimento da História à interação constante entre a sociedade e a História, situando-se ao mesmo tempo no campo em que o socialismo francês desenvolve suas análises históricas, ou seja, o da história do trabalho e da indústria.[21]

Do mesmo modo que, pelo movimento da propriedade privada – de sua riqueza, tanto quanto de sua miséria (a riqueza e a miséria materiais e espirituais) – a sociedade em devir encontra material prévio para essa cultura,[22] a sociedade advinda produz o homem como sua realidade constante, o homem em toda essa riqueza de sua essência [...]. Vemos que o subjetivismo e o objetivismo, o espiritualismo e o materialismo, a atividade e o sofrer somente perdem sua oposição, e seu ser como opostos, no estado da sociedade; vemos que a solução dessas oposições teóricas somente é possível segundo uma modalidade prática, somente por intermédio da energia prática do homem, e que, portanto, essa solução não é de modo algum uma tarefa que dependa do conhecimento, mas da vida real, e a filosofia não pode produzi-la precisamente porque a toma apenas como tarefa teórica.

Vemos que a história da indústria e a existência objetiva da indústria tal como sobreveio são o livro aberto das forças humanas essenciais, a psicologia humana exposta de maneira sensível, história da indústria que, até o momento, não era captada em sua conexão com a essência do homem, mas sempre numa relação exterior à utilidade, e isso porque, movendo-se no interior da aliena-

---

social ou, em outras palavras, humano, retorno consciente e que se consuma conservando toda a riqueza do desenvolvimento anterior. Como naturalismo acabado [*vollendeter Naturalismus*], esse comunismo é humanismo; como humanismo acabado, ele é naturalismo. Ele é a *verdadeira* solução do antagonismo entre o homem e a natureza, entre o homem e o homem, entre a objetivação e a confirmação de si". Ver também Ibid., p.156-7.

21 O fato de a apropriação das representações materialistas da história desenvolvidas pelo socialismo francês (e em particular pelos *saint-simonianos*) ser um dos desafios da crítica da concepção idealista da história herdada de Hegel pelo jovem-hegelianismo aparece claramente em Marx, *La sainte famille*, p.32-67, 99-109, 163-71.

22 A cultura dos sentidos, que Marx afirma pouco antes que é "obra de toda a história passada".

ção, só se sabiam captar a realidade das forças humanas essenciais e o ato humano genérico como existência universal do homem, como religião, ou como História em seu ser abstrato e universal, enquanto política, arte e literatura. Na indústria comum, material [...], temos diante de nós a objetivação das forças essenciais do homem na forma de objetos sensíveis, alheios, úteis, na forma de alienação. Portanto, uma psicologia para qual esse livro – isto é, a parte da história mais presente de maneira sensível, acessível – permanecesse fechado não poderia tornar-se uma ciência real, dotada de conteúdo efetivo. [...]

As ciências da natureza desenvolveram uma atividade considerável e apropriaram-se de um material sempre crescente. Ao mesmo tempo, a filosofia permanecia tão alheia a elas que elas permaneceram alheias à filosofia. A reunificação momentânea foi apenas ilusão da imaginação. A vontade estava presente, mas não a capacidade [...]. Quanto mais as ciências da natureza intervinham na prática na vida humana por intermédio da indústria, mais elas a configuravam e preparavam a emancipação, mais deviam concluir imediatamente a desumanização. A indústria é a verdadeira relação histórica da natureza e, portanto, da ciência da natureza com o homem; se a indústria é concebida como o desvelar exotérico das forças humanas essenciais, a essência humana da natureza ou a essencial natural do homem será compreendida e as ciências da natureza perderão sua orientação abstratamente material ou, mais ainda, idealista e tornar-se-ão a base da ciência humana, do mesmo modo como já são – se bem que numa forma alienada – a base da vida real do homem – e é uma rematada mentira afirmar que há uma base para a vida e outra para a ciência. A natureza em devir na história humana – o ato de nascimento da sociedade humana – é a natureza real do homem e, por essa razão, a natureza, tal como ela devém por intermédio da indústria, ainda que numa forma alienada, é a verdadeira natureza antropológica [...].

A própria História é uma parte real da História natural, do devir homem da natureza. Posteriormente, a ciência da natureza subsumirá tanto a ciência do homem quanto a ciência do homem subsumirá a ciência da natureza: haverá *uma* ciência.[23]

---

23 Marx, *Manuscrits de 1844*, p.151-4 [*Marx Engels Werke, Ergänzunsband*, v.1, p.541-3.

O naturalismo que Marx invoca diversas vezes no terceiro manuscrito tem um claro conteúdo polêmico. Contra a redução hegeliana da natureza a simples material da realização da essência do espírito (liberdade), Marx, na esteira de Feuerbach,[24] pretende restabelecer a natureza em seu papel de pressuposição e princípio ativo. Em seu conteúdo positivo, portanto, a ideia de naturalismo designa o que preexiste à ordem das produções do espírito humano, isto é, também das construções sociais e históricas. De um lado, refere-se à *natureza* da qual os homens são apenas uma produção transformada e com a qual a sociedade está em interação constante por intermédio do trabalho (trabalho que Marx designará até O *capital* como o instrumento de um "metabolismo do homem e da natureza"); de outro, refere-se à *natureza humana*, isto é, a um conjunto de forças genéricas que os indivíduos humanos tentam desenvolver na História, mas que permanecem um prolongamento da atividade da natureza.

Mas é preciso considerar também o fato de que a História pode tornar o homem alheio tanto à natureza quanto a sua própria natureza, como é o caso nas ordens sociais governadas pelo princípio da propriedade privada. E é aqui que se deve historicizar o humanismo feuerbachiano, interpretando, por intermédio de Hegel, o movimento da História como um movimento de alienação e de reapropriação da natureza humana. Segundo esse esquema interpretativo, antes de poder realmente se reapropriar de suas forças genéricas, primeiro é preciso que a humanidade as desenvolva na forma de uma objetividade alheia e hostil. Constatamos nesse trecho que esse esquema é aplicado tanto à atividade prática da humanidade (ao trabalho que leva em primeiro lugar a produzir uma falsa riqueza e uma miséria material e espiritual, antes de ser reapropriado na forma de riqueza

---

24 Feuerbach, Thèses provisoires pour la réforme de la philosophie. In: *Manifestes philosophiques*, §54: "A essência do ser como *ser* é a essência da natureza. A gênese temporal diz respeito apenas às formas, e não à essência da natureza". Ibid., p.121, §57: "a natureza é, portanto, o fundamento do homem". Ibid., §65: "Enquanto não encontrar *sua base natural*, uma teoria é apenas uma *hipótese*. Isso vale em particular para a *teoria da liberdade*. Só a filosofia nova conseguirá naturalizar a liberdade, que até aqui era uma hipótese *anti* ou *supranatural*".

verdadeira)[25] quanto a sua atividade teórica (o desenvolvimento do conhecimento científico começa a agravar a alienação, antes de se transformar em fator de emancipação).

Essa historicização do humanismo é responsável por grande parte da fama dos *Manuscritos de 1844* e, para certos comentadores, parece solidária com uma concepção excessivamente metafísica da natureza e da História, cujos abusos se revelariam, por exemplo, na passagem que diz que a sociedade comunista é "o cumprimento da unidade da essência humana com a natureza, a verdadeira ressurreição da natureza, o naturalismo consumado do homem e o humanismo consumado da natureza".[26] Mas esse naturalismo não é menos sugestivo por causa disso. De fato, assim como as dificuldades de uma posição antinaturalista em que tudo é construído e nada é dado revelam por contraste à força de uma posição naturalista, assim também, como sugeriram autores como Lukács, Benjamin, Adorno e Bloch,[27] basta entender a ideia de "ressurreição da natureza" em referência à "segunda natureza" dos indivíduos socializados, no sentido de uma superação da reificação (isto é, da transformação da existência humana e da vida natural em coisas tão manipuláveis quanto se queira) e de um restabelecimento de relações harmoniosas com a natureza, para ver aí uma vontade bastante atual de aliar socialismo, ecologismo e crítica da mercantilização do mundo.

Seja como for, é essa combinação de naturalismo, humanismo e Filosofia da História que leva Marx a identificar a história da indústria com a psicologia humana objetivada. Essa identificação sem dúvida atesta o caráter exploratório do texto de Marx nos *Manuscritos de 1844*, e sem dúvida vale mais para o autor por sua força provocadora e pelos temas polêmicos que se condensam nele do que por seu conteúdo teórico. Mas, por isso mesmo, oferece um caminho precioso para um conjunto

---

25 Adiante, Marx escreve: "Vê-se que o homem rico e a necessidade humana rica tomam o lugar da riqueza e da miséria da economia política". Marx, *Manuscrits de 1844*, p.154.
26 Ibid., p.146.
27 Lukács, *Teoria do romance*; Benjamin, *Origem do drama barroco alemão*; Adorno, L'idée d'histoire de la nature. In: *L'actualité de la philosophie et autres essais*; Bloch, *O princípio da esperança*.

de preocupações que na época lhe pareciam decisivas. Dizer da história da indústria que ela deveria ser objeto de qualquer ciência do espírito digna desse nome cria uma tripla polêmica: contra Feuerbach, que achava que podia identificar a essência humana independentemente do estudo da história material dos homens; contra Hegel, que acreditava que devia desenvolver uma ciência da História no âmbito de uma ciência especulativa do espírito; e contra as tentativas científicas de constituir uma teoria empírica do espírito.

Quando Marx explica por que a história da indústria não foi concebida como "o livro aberto das forças humanas essenciais", ele visa claramente Feuerbach e acusa-o de ser tributário dos vieses idealistas da concepção hegeliana da História. Segundo Hegel, as formas mais elevadas da liberdade do espírito devem ser procuradas na política (o Estado), na arte, na religião e na filosofia, e são essas diferentes figuras do espírito que permitem identificar o princípio de cada época histórica. Do mesmo modo, Feuerbach acredita que pode descrever a História com base na evolução dos conceitos religiosos e filosóficos, de modo que é levado a omitir a maneira como a história do trabalho permitiu ativar e objetivar as forças genéricas. A crítica dirigida a Feuerbach é claramente dupla. De um lado, refere-se aos pressupostos idealistas dessa concepção da História ("na medida em que é materialista, Feuerbach nunca fez a História intervir, e na medida em que a faz entrar em conta, ele não é materialista")[28] e, de outro, aos efeitos dessa concepção da História sobre o próprio conteúdo do conceito de ser genérico: se se quer dar conta da importância da história da indústria, deve-se deixar de reduzir as forças genéricas à inteligência, à vontade e ao coração e incorporar tudo que remete à vitalidade encarnada e à potência cooperativa da vida social (como propunha Hess).[29]

---

28 Marx, *L'idéologie allemande*, p.26. Essa afirmação retoma claramente um tema dos *Manuscritos de 1844*.

29 Feuerbach também sublinhava de sua parte que as propriedades genéricas existiam apenas na comunidade e fazia da dimensão comunitária do ser genérico a chave do mistério da trindade, mas seu conceito de comunidade era teorizado exclusivamente por conceitos como "unidade do eu e do tu" ou "unidade do homem com o homem". Feuerbach, Principes de la philosophie de l'avenir. In: *Manifestes philosophiques*, p.198-9.

O fato de que Feuerbach seja visado por intermédio de Hegel ilustra outra das características do procedimento empregado por Marx nos *Manuscritos de 1844*. Ao mesmo tempo que submete Hegel à crítica de Feuerbach, a fim de determinar o que resiste e pode ser conservado, Marx não hesita em dirigir contra Feuerbach sua crítica de Hegel. Em que consiste essa crítica? Essencialmente, em interpretar a filosofia especulativa e, mais em geral, a filosofia moderna que encontra seu cumprimento em Hegel com a transposição da alienação religiosa. Do mesmo modo que a religião priva o homem de sua essência e procede a uma inversão do sujeito e do predicado (transformando as propriedades divinas do homem em propriedades de Deus), a filosofia cindiria o que são, na verdade, momentos indissociáveis (daí a crítica dos dualismos filosóficos)[30] e inverteria as relações do finito e do infinito, do sensível e do intelectual, da natureza e do espírito etc. Nesse trecho, Marx retoma por conta própria essa crítica dos dualismos filosóficos, reinterpretando esses dualismos como efeito de uma alienação social. Depois, radicalizando essa crítica na forma de uma crítica do dualismo da teoria e da prática, ele a volta contra Feuerbach, acusando-o de não compreender que a origem das alienações e as condições de sua superação se decidem na prática. Enfim, algumas linhas adiante, é a crítica da filosofia como discurso alienado que ele volta contra Feuerbach, transformando a abordagem idealista da História e do ser genérico numa forma típica de alienação filosófica.

Uma das originalidades desse trecho se deve ao fato de que essa crítica conjunta de Hegel e Feuerbach é acompanhada de uma crítica da ciência. Aqui, mais uma vez, Marx se inspira em

---

30 Id., "Thèses provisoires pour la réforme de la philosophie", p.122, §59: "A filosofia nova é a *negação* tanto do *racionalismo* quanto do *misticismo*, tanto do *panteísmo* quanto do *personalismo*, tanto do *ateísmo* quanto do *teísmo*; ela é a unidade de todas essas verdades antitéticas, como verdade absolutamente independente e pura" Id., Principes de la philosophie de l'avenir. In: *Manifestes philosophiques*, p.186, §42: "As diferenças que existem entre a *essência* e a *aparência*, o *princípio* e a *consequência*, a *substância* e o *acidente*, o *necessário* e o *contingente*, o *especulativo* e o *empírico* não constituem duas *esferas* ou dois *mundos*: um mundo *suprassensível* a que pertenceria a *essência*, e um mundo sensível a que pertenceria a *aparência*; essas diferenças são *do domínio do próprio sensível*".

Feuerbach, que desejava uma união da filosofia e das ciências da natureza numa "ciência universal" e apresentava ao mesmo tempo sua oposição como um dos dualismos característicos do pensamento alienado.[31] Marx parece querer contestar, em primeiro lugar, o dualismo da ciência empírica do espírito e da ciência da natureza, interpretando-o como um efeito da relação alienada do homem com sua própria natureza. Esse dualismo se baseia numa concepção do homem tão inadequada quanto a da natureza. Ele supõe um homem reduzido a um espírito interior, ao passo que esse espírito é apenas o prolongamento de forças naturais e sua atividade própria só possa ser realmente conhecida em sua objetivação histórica. Por outro lado, ele supõe uma natureza reduzida a um conjunto de fatos empíricos esparsos, explicados ora pelas combinações inertes de uma matéria passiva ("orientação abstratamente materialista"), ora pela capacidade do espírito de torná-los inteligíveis (orientação "idealista"), ao passo que a natureza é um dinamismo que se prolonga na atividade humana ("devir homem da natureza") e, em troca, é modificada pela História ("natureza em devir na História"). Além disso, esse dualismo supõe relações alienadas entre ciência e prática. Ao contrário da filosofia, as ciências já se uniram à atividade prática do homem, mas fizeram isso enquanto ciências da natureza, e não enquanto ciências do homem, e na forma de uma instrumentalização tecnológica a serviço do trabalho alienado. Marx esboça aqui um tema que ele desenvolveria posteriormente em seus *Fundamentos da crítica da economia política* (*Grundrisse*): o capitalismo provoca um extraordinário desenvolvimento das ciências da natureza, ao mesmo tempo que priva dos saberes tradicionalmente ligados ao trabalho, de modo que uma das tarefas da revolução comunista é operar uma reapropriação da inteligência coletiva e uma transformação das ciências da natureza em fator de emancipação.[32]

Nos *Manuscritos de 1844*, essa superação da alienação científica é pensada como uma supressão da oposição entre a filosofia e as ciências. Inspirando-se mais uma vez em Feuerbach, Marx

---

31 Ibid., p.125, §65-6: "A filosofia nova faz do *homem ligado à natureza* (como base do homem) *o objeto único, universal e supremo* da filosofia e, portanto, da *antropologia ligada à psicologia, a ciência universal*".
32 Marx, *Oeuvres*, II, p.252-305.

parece considerar que "o casamento desigual da filosofia com a religião"[33] impediu a primeira de contribuir para a racionalização do mundo histórico, e acrescenta que a concentração das ciências positivas na natureza externa produziu um efeito análogo. Ele faz da união entre elas uma exigência de ordem epistemológica e política. Unindo-se com a filosofia, as ciências da natureza dotariam a filosofia do ponto de apoio que lhe falta no conhecimento empírico, e com isso lhe dariam a possibilidade de superar sua limitação teórica e transformar-se em saber útil para a resolução dos problemas práticos que a humanidade encontra na História. Inversamente, unindo-se com as ciências, a filosofia permitiria que as ciências da natureza incorporassem seu conhecimento estático da natureza a uma teoria dinâmica (ou mesmo evolucionista) das transformações da natureza em homem e em história humana, e conseguissem assim não mais se reduzir no plano prático a um saber útil apenas para a alienação, tornando-se um saber útil para a emancipação. À luz desses temas, não causam nenhuma surpresa o interesse que Marx manifestou pelo evolucionismo darwiniano[34] alguns anos depois e o alcance crítico associado a ele.

Assim como nos *Anais Franco-Alemães*, Marx exige, portanto, uma transformação bastante radical da filosofia. Esta não é mais formulada por intermédio do tema da realização da filosofia, mas do projeto de uma superação da oposição entre teoria e prática e entre filosofia e ciências. Contudo, um olhar mais atento revela que estamos diante, na verdade, de uma espécie de retorno à filosofia. Ainda que Marx critique as tentativas da filosofia da natureza de Schelling ou Hegel de unir-se artificialmente às ciências da natureza no âmbito de uma concepção especulativa da natureza (pura "ilusão da imaginação"), a união da filosofia e das ciências está ligada aqui a um projeto tipica-

---

33 Feuerbach, Thèses provisoires pour la réforme de la philosophie. In: *Manifestes philosophiques*, p.125, §66: "A *filosofia deve unir-se novamente às ciências da natureza, e as ciências da natureza, à filosofia*. Essa união, fundada numa necessidade recíproca, numa necessidade interna, será mais duradoura, mais feliz e fecunda que o *casamento desigual* que existiu até aqui entre a filosofia e a teologia".

34 Ver Marx e Engels, *Lettres sur les sciences de la nature*.

mente filosófico, tanto na forma (um saber abrangente, fundado em princípios essenciais) quanto no conteúdo (uma teoria da natureza humana e do devir homem da natureza). Por outro lado, mesmo que o projeto de uma superação da oposição da teoria e da prática designe, como nos *Anais Franco-Alemães*, a tarefa de uma transformação da filosofia em saber útil para o progresso da emancipação na História, essa tarefa não é mais pensada como uma "supressão" da filosofia, mas como o desenvolvimento de uma nova filosofia, chamada, segundo Feuerbach, de humanismo.[35] Essa filosofia assume a forma de uma Filosofia da História universal alternativa à de Hegel:

> Vemos aqui como o naturalismo plenamente desenvolvido ou o humanismo se distingue tanto do idealismo quanto do materialismo e reúne a verdade de um e de outro. Vemos ao mesmo tempo como o naturalismo é capaz de conceber o ato da história do mundo.[36]

Tais formulações mostram bem tudo que ainda separa Marx da ideia de uma superação da antítese do idealismo e do materialismo mecanicista na forma de uma concepção materialista da História. Aqui, trata-se antes de transformar o naturalismo numa Filosofia da História universal.

Idealismo, materialismo e prática

Vimos que os *Manuscritos de 1844* fazem uma celebração de Feuerbach como aquele que permitiria a saída do hegelianismo. Ao mesmo tempo, Marx faz aí uma reavaliação inesperada de Hegel como pensador do trabalho na História e como autor que permitiria transformar o naturalismo humanista de Feuerbach em Filosofia da História. Em *A sagrada família*, escrito em seguida com Engels, durante o verão de 1844, Marx entra numa polêmica ainda mais dura com Bauer e o círculo de Berlim (os "libertos"),

---

35 Feuerbach, Thèses provisoires pour la réforme de la philosophie. In: *Manifestes philosophiques*, p.122-3, §59-62.
36 Marx, *Manuscrits de 1844*, p.134.

o que o leva a só mencionar Hegel de maneira polêmica e a se valer de um "humanismo real" que, mais do nunca, parece consistir numa simples aplicação de Feuerbach. As "Teses sobre Feuerbach", ao contrário, empenham-se em identificar por si mesmas as insuficiências do ponto de vista filosófico feuerbachiano e trazer à luz a solidariedade oculta de Feuerbach com o idealismo jovem-hegeliano, a fim de identificar os desafios que um abandono mais coerente e definitivo do jovem-hegelianismo deveria colocar.

Mas as "Teses sobre Feuerbach" têm outra função também, que dessa vez se insere positivamente no prolongamento das polêmicas iniciadas em A sagrada família. Nesta, Marx havia criticado várias vezes a incapacidade do círculo de Berlim de compreender o que determinava a especificidade e o interesse do movimento socialista e comunista francês, de Babeuf a Proudhon (uma polêmica que ele prosseguiria em A ideologia alemã, lançando o mesmo tipo de crítica aos amigos de Hess, os "socialistas verdadeiros").[37] Daí as duas perguntas principais a que as onze famosas teses tentam responder: como é possível que os filósofos sejam incapazes de dar conta da prática em geral e da prática revolucionária em particular?[38] Como elaborar uma forma de crítica teórica que esteja de acordo com a crítica prática constituída pelas ações revolucionárias dos operários franceses, ingleses e alemães?

---

37 Id., *L'idéologie allemande*, p.495-545.
38 Encontramos explicações sobre a história desse texto, assim como um comentário sistemático e uma confrontação de suas diferentes interpretações, em Labica, *As teses sobre Feuerbach de Karl Marx*. As "Teses sobre Feuerbach" fornecem um novo exemplo de textos escritos para uso pessoal que foram publicados postumamente (por Engels, como anexo em seu *Ludwig Feuerbach*, com modificações que não levamos em conta no que se segue) antes de ser interpretados como textos fundamentais da história da filosofia. Sua forma aforística se presta muito particularmente à multiplicação de interpretações e a falta de clareza produz um efeito de profundidade que permite buscar nas teses todo tipo de verdade fundamental. Para restringir o espectro de interpretações possíveis, são úteis os dois princípios a seguir: 1) essas onze teses devem ser relacionadas com as perguntas que Marx se fazia desde os *Manuscritos de 1844* e *A sagrada família*; 2) essas teses estabelecem as linhas diretrizes cujo sentido deve ser esclarecido de acordo com seu prolongamento em *A ideologia alemã*.

1. O defeito principal de todo materialismo até aqui (inclusive o de Feuerbach) é que o objeto [*Gegenstand*], a realidade, a sensibilidade, é captado apenas na forma *do objeto* [*Objekt*] ou *da intuição*, mas não na forma da *atividade humana sensível*, da *prática*, não numa forma subjetiva. É por isso que o aspecto ativo é desenvolvido de modo abstrato pelo idealismo – que, é claro, não conhece a atividade real, sensível, como tal – em oposição ao materialismo. Feuerbach quer objetos reais, sensíveis, realmente diferenciados dos objetos de pensamento, mas ele não capta a própria atividade humana como uma atividade *objetiva* [*gegenstandliche Tätigkeit*]. Em *A essência do cristianismo*, é apenas o comportamento teórico do homem, portanto, que ele considera o comportamento verdadeiramente humano, ao passo que capta e fixa a prática somente em sua forma fenomenal judia e sórdida. Portanto, não concebe o significado da atividade "revolucionária" ou "prática crítica".
2. A questão de saber se uma verdade objetiva compete ao pensamento humano não é uma questão de teoria, mas uma questão *prática*. É na prática que o homem deve provar a verdade, isto é, a realidade, a potência e o caráter terreno do pensamento. A polêmica a respeito do caráter irreal ou real do pensamento – do pensamento isolado da prática – é uma questão puramente *escolástica*.
3. A doutrina materialista da mudança das circunstâncias pela educação esquece que as circunstâncias são mudadas pelos homens e que o educador também deve ser educado. Portanto, ela deve dividir a sociedade em duas partes – uma das quais é elevada acima da sociedade.
A coincidência da mudança das circunstâncias e da atividade humana ou a automudança só pode ser concebida e compreendida racionalmente enquanto *prática revolucionária*.
4. Feuerbach parte do fato da autoalienação religiosa, da divisão do mundo em um mundo religioso e um mundo mundano. Seu trabalho consiste em resolver o mundo religioso em seu fundamento mundano. Mas o fato de esse fundamento mundano se separar de si mesmo e se estabelecer nas nuvens em reino autônomo só pode ser explicado com base no autorrompimento e na autocontradição desse fundamento mundano. E aquele deve ser, em si mesmo, tanto compreendido em sua contradição quanto

revolucionado na prática. Assim, depois que a família terrena foi revelada como o segredo da sagrada família, é preciso agora que a primeira seja ela própria liquidada na teoria e na prática.
5. Não satisfeito com o pensamento abstrato, Feuerbach quer a intuição; mas ele não capta a sensibilidade como atividade humana sensível, *prática*.
6. Feuerbach resolve a essência religiosa na essência *humana*. Mas o ser humano não é uma abstração que reside no indivíduo singular. Em sua realidade, é o conjunto das relações sociais. Feuerbach, que não entra na crítica desse ser real, é conduzido, portanto:
    a) a abstrair o curso histórico e a fixar por ela mesma a alma religiosa, e a pressupor um indivíduo humano abstrato – *isolado*;
    b) a essência humana só pode ser captada, portanto, como "gênero", como universalidade interior, muda, que liga os múltiplos indivíduos de forma *natural*.
7. Portanto Feuerbach não vê que a "alma religiosa" é ela própria um produto social e que o indivíduo abstrato que ele analisa pertence a uma forma social determinada.
8. Toda vida social é essencialmente *prática*. Todos os mistérios que levam a teoria ao misticismo encontram sua solução racional na prática humana e na concepção dessa prática.
9. O materialismo intuitivo, isto é, o materialismo que não concebe a sensibilidade como uma atividade prática, não pode se elevar mais alto que a intuição dos indivíduos singulares da sociedade civil.
10. O ponto de vista do antigo materialismo é a sociedade civil; o ponto de vista do novo é a sociedade humana ou a humanidade social.
11. Os filósofos apenas *interpretaram* diferentemente o mundo; o que importa é *transformá-lo*.[39]

Essas onze teses tentam identificar certo número de aporias da filosofia feuerbachiana e mostrar que a resolução dessas aporias passa pela elaboração de um novo materialismo. As três

---

39 Id., *Philosophie*, p.232-5. (Encontramos o texto alemão em Labica, *Karl Marx*: les Thèses sur Feuerbach, e Macherey, *Marx 1845*: les "thèses" sur Feuerbach, que propõe um comentário continuado.)

primeiras abordam as insuficiências gerais da filosofia feuerbachiana a partir das falhas gerais do antigo materialismo. As teses quatro a sete tratam das insuficiências específicas da filosofia feuerbachiana. E as teses oito a onze fazem uma comparação entre o antigo e novo materialismo – e a tese onze constitui uma espécie de conclusão. Enquanto Feuerbach situava sua própria filosofia além da alternativa do materialismo e do idealismo (e Marx o seguia nesse ponto nos *Manuscritos de 1844*, definindo sua própria posição como um naturalismo que efetuava a síntese do materialismo e do espiritualismo), aqui ele é consignado ao materialismo de modo polêmico e paradoxal: de modo polêmico porque representa uma posição materialista que deve ser superada num novo materialismo; e de modo polêmico porque a descrição dos defeitos simétricos de seu materialismo e do idealismo visa dar conta de uma solidariedade oculta com o momento jovem-hegeliano, do qual Feuerbach deixa de ser a crítica mais consequente que existe para se tornar sua versão materialista.

Na primeira tese, Marx desenvolve uma crítica dos defeitos simétricos do materialismo e do idealismo e afirma que estes só podem ser superados no âmbito de uma filosofia prática. Não há dúvida de que o conceito de materialismo cobre diferentes orientações, do atomismo antigo – que Marx havia estudado na tese dedicada à diferença das filosofias de Demócrito e Epicuro – até o sensualismo de Feuerbach, passando pelo materialismo mecanicista do século XVIII, que, segundo sustentava *A sagrada família*, dera a origem ao socialismo e ao comunismo francês. O materialismo é definido negativamente por oposição à identificação idealista do ser com o pensamento e positivamente pela identificação do ser com "objetos reais", distintos dos "objetos de pensamento", quer se trate de objetos materiais (materialismo atomista e mecanicista), quer da natureza tal como se oferece à "intuição sensível" (materialismo feuerbachiano). Quanto ao conceito de idealismo, ele parece designar não só a identificação geral do ser com o pensamento, mas, de modo mais específico, o idealismo alemão e a maneira como este é desenvolvido em forma de filosofia da atividade, por meio da ideia de primazia da razão prática em Kant, da definição do eu como atividade em Fichte, do ser como produtividade em Schelling, e do pensamento especulativo como automovimento em Hegel. A crítica dirigida ao materialismo é o fato de ele reduzir a realidade a uma realidade estática, não vendo que os objetos do conhecimento (o objeto como *Objekt*) só se oferecem aos indivíduos no horizonte de sua atividade real, de sua atividade tal como condicionada pelas informações que nossos sentidos nos dão de nosso ambiente e tal como se constitui num comércio constante com objetos reais (o objeto como *Gegenstand*). É essa atividade real – Marx ressalta que ela é "sensível" e "objetiva" e sugere que é essencialmente social (teses seis e oito), no sentido em que é sempre tomada nas "relações sociais" – que ele chama de "prática".

As duas últimas frases da primeira tese nos levam de volta a terreno conhecido, ao terreno das consequências políticas do foco feuerbachiano na religião. Como sugeriam os *Manuscritos de 1844*, Feuerbach é materialista em sua antropologia, ao passo que é idealista em sua crítica da religião (fazendo da existência teórica a mais digna das existências humanas) e em sua Filosofia da História (reduzindo esta última ao progresso da consciência religiosa e filosófica). Essa supervalorização do comportamento teórico é acompanhada de uma desvalorização do comportamento prático e impede que se compreenda que a crítica teórica desenvolvida pela filosofia é necessariamente impotente enquanto não se une a uma "prática crítica", do mesmo modo que impede que se captem a natureza e a importância da "atividade revolucionária" na História. Para além de Feuerbach, o que Marx visa é o conjunto do movimento jovem-hegeliano. O conceito de "prática crítica" se insere no prolongamento da polêmica de *A sagrada família* com a "crítica pura" (ou "crítica crítica"), reivindicada pelo círculo de Berlim. *A ideologia alemã* repetirá que "não é a crítica, mas a revolução que é a força motriz da História, da religião, da filosofia e de qualquer outra teoria".[40]

As principais dificuldades de interpretação das "Teses sobre Feuerbach" dizem respeito ao sentido dos conceitos de materialismo e de prática e resultam da maneira como esses conceitos são introduzidos desde a primeira tese. Essas duas dificuldades estão ligadas, já que o sentido do conceito de materialismo é determinado com base na ideia de um novo materialismo, que deve ser caracterizado como um "materialismo da prática". Deve-

---

40 Id., *L'idéologie allemande*, p.70.

mos começar observando que o termo alemão *Praxis* designa a prática no sentido corrente do termo[41] e não há nenhuma razão para traduzi-lo por *práxis*, em vez de *prática* – tradução que evoca analogias enganosas com a oposição aristotélica entre *práxis* e *poesis*, gerando ao mesmo tempo um efeito de profundidade, com conotação de prática autêntica ou verdadeira. Aqui o termo *Práxis* é tomado num dispositivo de desmistificação e de retorno à realidade prosaica ("terrena") (tese dois) da ação ordinária. Aliás, ressaltamos que se trata aqui, em primeiro lugar, de prática em geral (uma prática que não é necessariamente revolucionária) e é apenas num segundo momento que Marx explica que a ausência de consideração filosófica da prática é naturalmente acompanhada de uma ignorância da "prática revolucionária". Como veremos adiante, trata-se de mostrar que a prática, inclusive a prática mais comum, é sempre "automudança" (tese três), para dar conta da possibilidade desse automudança particular que define uma "prática revolucionária".[42]

Quanto ao conceito de materialismo, ele é introduzido a partir de questões que tradicionalmente definem a oposição entre o idealismo e o realismo, em que o primeiro afirma a identidade do objeto do conhecimento com o pensamento desse objeto e o segundo afirma a irredutibilidade do objeto ao pensamento (irredutibilidade tradicionalmente designada pelo conceito de "matéria"). Essa oposição intervém em geral no âmbito de um debate epistemológico relativo à relação de nossas representações com o mundo exterior: nosso conhecimento do mundo exterior capta a realidade objetiva (o objeto como *Gegenstand*) ou apenas o correlato objetivo de uma representação subjetiva (o objeto como *Objekt*)? A primeira tese sugere que, de preferência, é preciso colocar a questão da realidade objetiva a partir de nossa relação

---

41 Esse é o termo utilizado por Kant no título de seu opúsculo "Sobre a expressão corrente: isto pode ser correto na teoria, mas nada vale na prática", que visa defender a implantação prática das ideias das Luzes, isto é, a passagem da teoria para a prática.

42 Embora levem à rejeição da tradução de *Praxis* por *práxis*, nem por isso essas observações invalidam as tentativas de interpretação do marxismo como uma "filosofia da *práxis*" ou o uso do termo *práxis* para sublinhar tudo que na prática social é irredutível a efeito de estrutura da produção capitalista e das relações de classe.

prática com o mundo ou, mais precisamente, do ponto de vista da análise do condicionamento objetivo e dos efeitos de nossa atividade prática. A ideia de idealismo acaba assim mudando de sentido, ao mesmo tempo que acaba se opondo à ideia de materialismo e não mais à de realismo. A posição idealista afirma que uma atividade representativa, ou moral, enquanto atividade subjetiva incondicionada, é capaz de produzir o mundo objetivo em sua dupla forma de mundo representado e de mundo da ação moral. O materialismo sublinha, ao contrário, o fato de que a realidade material não resulta da atividade subjetiva, mas independe dela e a condiciona. A tese de Marx é que essas duas posições são ambas igualmente unilaterais, na medida em que, se a prática é sempre condicionada, ela tem sempre, ao mesmo tempo, a capacidade de produzir efeitos suscetíveis de transformar o que a condiciona.

Um último problema de interpretação geral é saber por que essa síntese do materialismo e do idealismo é apresentada por Marx como um novo materialismo (tese dez), em vez de ser apresentada, por exemplo, como uma superação definitiva do idealismo e do materialismo numa filosofia da prática. Enquanto a ideia de materialismo parece necessariamente implicar uma identificação do ser com a matéria, e, nesse sentido, uma ontologia, o novo materialismo é duplamente paradoxal: trata-se de um materialismo sem matéria, que não parece nem mesmo estar ligado a uma ontologia. Nos *Manuscritos de 1844*, em que a atividade humana aparecia como um prolongamento da atividade da natureza, a ideia de prática podia ser fundada num materialismo naturalista e entendida num sentido ontológico. Mas não parece que essa ontologia naturalista seja possível em nas "Teses sobre Feuerbach", que recusam a definição de essência humana como uma "ligação natural" (tese seis) e sublinham a ligação essencial entre prática e sociedade (teses seis e oito). Quando Marx acusa o antigo materialismo "de não captar o objeto, a realidade [...] como prática", manifestamente não o faz no âmbito de uma tese de ordem ontológica que identifica ser e prática. O fato de remeter a realidade à prática pretende indicar apenas que é na prática que encontramos a realidade objetiva tal como ela é dada para nós pela sensibilidade. Aliás, é nesse sentido que Marx afirma diversas vezes, contra Feuerbach, que a relação da sensibilidade com os objetos é mediatizada pela atividade ou, em outras palavras, a própria sensibilidade é uma atividade (teses um, cinco e nove).

Por que esse novo materialismo é materialista? Sem dúvida porque não basta observar que a atividade subjetiva tem a capacidade de transformar as circunstâncias sociais que a condicionam. É preciso acrescentar que a atividade subjetiva é condicionada, além disso, por esses fatores sensíveis da ação que são as necessidades e os desejos etc. O termo "materialismo" ressalta a importância dos condicionamentos. Mas, sem dúvida, é preciso reconhecer também que ele tem, sobretudo, uma função crítica. Do mesmo modo que o antigo materialismo é apresentado como uma crítica das ilusões idealistas quanto à natureza da relação teórica com a realidade objetiva, esse novo materialismo parece, sobretudo, definir o princípio de uma crítica dos pressupostos idealistas que impedem de conceber de maneira adequada a natureza e os desafios da prática. Portanto, sem dúvida é inútil buscar nessas teses o princípio de uma nova doutrina materialista.

As duas teses seguintes se dedicam ao desenvolvimento das consequências epistemológicas e políticas desse materialismo da prática ou "materialismo prático".[43] Na segunda tese, Marx avança que não apenas a objetividade, mas também a verdade admite uma constituição prática. Do mesmo modo que, durante a ação, surgem informações sensíveis que nos permitem reorientá-la, é na prática que deparamos com os problemas que nos levam a mobilizar a atividade teórica para encontrar soluções. O pensamento tem, sobretudo, a função de resolver problemas práticos (é uma "potência" "terrena"), e é do ponto de vista de sua capacidade de cumprir sua função que seu valor (o que chamamos tradicionalmente de "verdade") pode ser determinado. Resulta daí que colocar a questão da "verdade" do pensamento, ou ainda, de sua "realidade", independentemente da questão de seus efeitos práticos, é um contrassenso. A gênese prática das funções intelectuais e essa definição da verdade que nos parece dar o sentido dessa segunda tese (e que constituiriam posteriormente os fundamentos da epistemologia pragmatista de Dewey) são apenas esboçadas aqui, mas poderíamos encontrar diferentes desenvolvimentos delas em textos posteriores. Assim, em *A ideologia alemã*, Marx propõe uma gênese da linguagem, da consciência e das atividades teóricas na qual essas faculdades

---

43 Marx, *L'idéologie allemande*, p.24.

se explicam pela necessidade de encontrar meios de satisfazer necessidades práticas e resolver os problemas que emergem da interação com o ambiente social e natural:

> A linguagem é tão antiga quanto a consciência – a linguagem é a consciência real, prática, que existe também para outros homens [...] e, assim como a consciência, a linguagem só aparece com a necessidade, a necessidade de comerciar com outros homens [...]. Naturalmente, a consciência é, em primeiro lugar, apenas a consciência do meio sensível mais próximo e a consciência de uma conexidade limitada com outras pessoas e outras coisas [...]; de outro lado, a consciência da necessidade de estabelecer relação com os indivíduos que o rodeiam marca, no caso do homem, o início da consciência do fato de que, no fim das contas, ele vive em sociedade [...]. Essa consciência gregária ou tribal desenvolve-se e aperfeiçoa-se posteriormente, em razão do crescimento da produtividade, do aumento das necessidades e do crescimento da população.[44]

Em seguida, Marx acrescenta que desse modo se desenvolve uma divisão de trabalho que se aperfeiçoa até criar um trabalho intelectual que dará origem a uma crença ilusória na autonomia do pensamento em relação à prática. Encontramos uma linha argumentativa análoga no prefácio da *Contribuição à crítica da economia política*:

> Não se julga uma época de revolução segundo a consciência que ela tem de si mesma. Essa consciência se explicará antes pelas contrariedades da vida material, pelo conflito que opõe as forças produtivas sociais e as relações de produção [...]. É por isso que a humanidade só se propõe tarefas que ela pode cumprir.[45]

Já a terceira tese analisa uma incoerência da política materialista. O conceito de materialismo visa aqui tanto as doutrinas materialistas do século XVIII que *A sagrada família* apresentou como a origem do socialismo e do comunismo francês (invocando precisamente o papel que um autor como

---

44 Ibid., p.28-30.
45 Id., *Philosophie*, p.489.

Helvetius concedia ao efeito das circunstâncias)[46] quanto o materialismo feuerbachiano que tem como consequência em especial transformar a educação no principal instrumento político (como é o caso também na politização a que Hess submete a filosofia feuerbachiana).[47] Se as doutrinas materialistas conduzem ao socialismo e ao comunismo, é porque mostram que as circunstâncias sociais são responsáveis por injustiças e, por conseguinte, exigem sua transformação. Mas quando cogitam a realização dessas transformações, contam com a educação de homens capazes de se livrar da influência das circunstâncias para modificá-las. Assim caem duplamente no idealismo, pressupondo a existência de ideias (trazidas por "educadores") que não seriam influenciadas pelas circunstâncias e pressupondo que essas ideias teriam força para mudar por si mesmas o curso das coisas. Essas pressuposições são inaceitáveis para Marx. No plano epistemológico, em primeiro lugar, resulta dos argumentos pragmatistas da segunda tese que as ideias não podem agir de maneira adequada na História enquanto tentarem dirigir a ação social de fora (como nos planos de educação) e só têm alcance histórico quando agem do interior da prática social, participando tanto da formulação dos problemas encontrados na ação quanto da busca de soluções. No plano da teoria social, em segundo lugar, Marx afirma que a relação das circunstâncias e da ação não pode ser pensada como uma relação de condicionamento unívoco, já que, como dirá *A ideologia alemã*, "as circunstâncias fazem tanto os homens como os homens fazem as circunstâncias".[48] É pela própria prática que os homens podem modificar as circunstâncias que as condicionam, de maneira que a própria prática, por sua capacidade de se adaptar às circunstâncias e reorientar seu curso em função dos problemas que ela encontra, pode ser considerada em geral uma "automudança". Do mesmo modo que existe identidade entre "atividade humana" e "automudança", existe identidade

---

46 Id., *La sainte famille*, p.156-8.
47 Ver os artigos "Vorwärtz", de 1844, e "Rheinische Jahrbücher zur gesellschftliche Reform", de 1846, em Hess, Catéchisme communiste par questions et réponses. In: Grandjonc, *Marx et les communistes allemands à Paris*.
48 Marx, *L'idéologie allemande*, p.70.

entre esse tipo de mudança particular das circunstâncias que constitui uma revolução e esse tipo de prática particular que é a "prática revolucionária".[49]

Com exceção da quinta tese, que retoma a crítica da concepção feuerbachiana da sensibilidade formulada na primeira tese, as teses quatro a sete nos levam de volta aos limites da crítica feuerbachiana da religião. A tese sete aplica a nova concepção da sensibilidade à "alma religiosa", isto é, à constelação de sentimentos e efeitos que se condensam na fé. Marx crítica Feuerbach por ter estabelecido essa alma religiosa fora da vida social, não vendo que ela emerge da prática e de seu condicionamento social e histórico. A tese quatro retoma as objeções desenvolvidas na "Introdução", reformulando-as no âmbito da problemática das relações da teoria e da prática: se a teoria emerge da prática, a crítica teórica deve ser acompanhada de uma crítica prática. Quanto à tese seis, ela volta aos elementos que os *Manuscritos de 1844* consideraram as conquistas fundamentais de Feuerbach. Neles, Marx afirmava em especial que "a grande ação de Feuerbach foi ter [...] fundado o verdadeiro materialismo e a ciência real, erigindo a relação social do 'homem com o homem' em princípio fundamental da teoria".[50] Na medida em que a relação social se reduz em Feuerbach à relação do "eu" e do "tu", temos aqui ou uma leitura muito complacente, ou um testemunho do caráter ainda indeterminado do conceito de "relação social" no Marx da época. Seja como for, o elogio agora se transforma em crítica: Feuerbach não só teria apresentado a essência humana numa forma a-histórica (como uma "universalidade inerte" e uma ligação apenas "natural") e dessocializada (não vendo que ela é "o conjunto das relações sociais"), como a teria reduzido a um "indivíduo humano abstrato – *isolado*".[51] Observamos

---

49 Para uma apresentação da prática revolucionária como "automudança", ver Ibid., p.37, p.207-8.
50 Id., *Manuscrits de 1844*, p.160.
51 Notamos de passagem que essa última formulação mostra claramente os limites de qualquer leitura literal dessas teses (limites que saltaram aos olhos de Engels, levando-o a modificá-las). Se queremos levar a sério essa crítica de Feuerbach e torná-la minimamente compatível com os méritos que lhe eram atribuídos um ano antes, sem dúvida devemos adotar um princípio de leitura complacente e ler "isolado *da vida social real*".

também que essa crítica de Feuerbach é acompanhada agora de uma crítica do próprio conceito de "gênero", conceito sobre o qual repousava todo o edifício dos *Manuscritos de 1844*: daqui em diante, ele parece totalmente solidário com essa dessocialização e esse a-historicismo. As teses oito a dez fincam pé no terreno da crítica do materialismo em geral. A tese oito explicita o segundo componente da filosofia da prática, pressuposto no fim da primeira tese e na terceira. Se até então o princípio da prática era argumentado, sobretudo, no plano de uma teoria pragmatista da ação e da verdade, aqui ele é formulado no plano de uma teoria social: "Toda vida social é essencialmente *prática*". Devemos entender que não só a consciência, as representações e as teorias, mas também as diferentes instituições que fazem o mundo social, "o conjunto das relações sociais" (tese seis), repousam sobre a prática. Mas o que entender por repousar sobre a prática se, de um lado, existe sempre uma relação de condicionamento recíproco entre a prática e as circunstâncias (tese três) e, de outro, entre essas circunstâncias, há tanto circunstâncias naturais (relativamente independentes da prática) quanto circunstâncias sociais (produzidas e reproduzidas pela prática)? Nada nos permite responder com precisão a essa pergunta, atendo-nos à análise dessas onze teses. A *ideologia alemã* oferece mais luz. A atividade prática dos homens deve ser definida, de um lado, pelas modalidades da interação com a natureza (pelo trabalho) e da interação com o outro, que é indissociável daquela ("o comércio entre os homens") e, de outro, pelas relações de propriedade que governam a atividade produtiva dos homens (as "relações sociais de produção"). Se a vida social é "essencialmente prática", é sem dúvida porque a atividade social, tal como se constitui na interação produtora dos homens, é a origem das modificações das diferentes instituições da vida social (instituições da sociedade civil e instituições do Estado), das reviravoltas das "relações sociais de produção" e também das transformações da natureza. Marx não entra aqui nas especificidades que em breve definiriam o conteúdo da "concepção materialista da História". Prefere retomar as consequências epistemológicas desse princípio de teoria social. Sugere que não só os problemas que as teorias filosóficas tentam resolver têm origem em problemas encontrados na atividade social, mas ainda que é em razão da ignorância dessa origem prática que elas só podem dar soluções ilusórias a esses problemas: as teorias filosóficas se perdem em questões puramente especulativas, mas ao mesmo tempo se dão um poder misterioso de ação sobre o mundo.

As teses nove e dez opõem o antigo e o novo materialismo, remetendo-os respectivamente aos pontos de vida da "sociedade civil" e da "sociedade humana". No contexto dos argumentos desenvolvidos anteriormente, é preciso compreender que o materialismo do século XVIII se contenta com a imagem de indivíduos isolados uns dos outros e reunidos por instituições sociais que se impõem a eles de modo mecânico (o reino do interesse particular e a existência das instituições como quadro exterior são característicos da "sociedade civil", segundo Hegel). Já o novo materialismo sustenta que a humanidade é essencialmente socializada e, ao mesmo tempo, que ela tem a capacidade de transformar as condições sociais para tornar a sociedade verdadeiramente humana.

Por seu radicalismo, a tese onze é uma espécie de conclusão, conclusão por exaustão, já que, depois do que afirma, parece inútil continuar fazendo observações sobre a filosofia. Essa tese é a mais famosa, e é difícil resistir à tentação de considerá-la tão profunda quanto original. Mas se reportada ao contexto do jovem-hegelianismo e à maneira como Marx passou por ele, ela é bastante banal. Os jovens-hegelianos estavam todos mais ou menos de acordo que Hegel era o "último" dos filósofos, e a maioria tentou identificar as características gerais do que a filosofia havia sido até então para introduzir uma demarcação. É com disposição semelhante que Marx sustenta que "é preciso" fazer diferente do que fizeram os filósofos no passado. Ora, esse tipo de declaração era incompatível tanto com um esforço de refundação da filosofia (a "filosofia do futuro" de Feuerbach) quanto com uma tentativa de transformação da filosofia (a "supressão realizante" da "Introdução") e com uma saída da filosofia (a "supressão" sem realização criticada nessa mesma introdução). De fato, a décima primeira tese pode ser interpretada de três maneiras: como a fundação de uma filosofia da prática; como uma transformação da filosofia em função da prática; ou como uma saída da filosofia em nome da prática. É possível decidir entre essas três interpretações?

A questão é difícil, na medida em que a oposição entre a "interpretação" e a "mudança" do mundo não é exclusiva. a) Opondo a "interpretação" à "conceitualização" da prática (tese oito), é possível defender a ideia de que se trata de fundar a atividade filosófica sobre um novo princípio a fim de mudar verdadeiramente o mundo – poderíamos relacionar essa primeira interpretação às tentativas de prolongar Marx na forma de uma "filosofia da *práxis*".[52] b) Opondo a "interpretação" à "crítica", é possível considerar que a filosofia repousa sobre uma negação de seu condicionamento prático e que é preciso, portanto, modificar radicalmente não só os princípios, mas também as práticas da filosofia, para que o exercício crítico do qual ela tradicionalmente se encarrega possa cumprir uma função prática – poderíamos relacionar essa segunda interpretação aos esforços para prolongar Marx na forma de uma "teoria crítica da sociedade", como fazem autores como Horkheimer, Marcuse ou Adorno. c) Também é possível sustentar que Marx considera a oposição entre "interpretação" e "mudança" como exclusiva, no sentido em que a filosofia poderia apenas adotar uma relação contemplativa com o mundo, de modo que toda contribuição da teoria para a mudança histórica suporia uma "saída" da filosofia no sentido de uma prática não filosófica da teoria – e, como Althusser, poderíamos considerar então que o conteúdo propriamente filosófico da obra marxiana se deve precisamente a sua ruptura com a filosofia e à fundação de uma ciência da História.[53]

A proximidade cronológica com *A ideologia alemã* (que propõe um "abandono da filosofia") intercede a favor da terceira interpretação. Portanto, o dispositivo argumentativo das teses

---

52 Podemos estabelecer a origem da interpretação do marxismo como filosofia da *práxis* em Labriola, *Essais sur la conception matérialiste de l'histoire*. Sartre, da *Crítica da razão dialética*, e Bloch, de *O princípio da esperança*, constituem outras fontes de inspiração para os autores que ainda hoje reivindicam uma filosofia da *práxis*. A noção de "filosofia da *práxis*" também pode ser entendida no sentido deflacionista de uma nova prática da filosofia, e é nesse sentido que Gramsci a utiliza em geral nos *Cadernos do cárcere*. Nesse caso, designa um programa que comporta numerosos pontos em comum com o que apresentamos aqui como a segunda interpretação possível da décima primeira tese.
53 Althusser et al., *Lire Le Capital*.

(no qual é a partir da superação das unilateralidades de filosofias opostas que se tenta definir o ponto de vista da crítica teórica), assim como o vocabulário ainda extremamente filosófico que elas empregam (ainda é questão de "autoalienação", "essência" da vida social, "sociedade humana" e "humanidade social"), levam a pensar que o posicionamento teórico de Marx ainda pertence inteiramente à filosofia. Sem dúvida, o ressurgimento da problemática específica dos *Anais Franco-Alemães* (por intermédio da retomada do tema da relação entre crítica do céu e crítica da terra e do projeto de articulação da crítica teórica e da crítica prática) torna a segunda interpretação mais plausível. Se, além disso, a ideia de novo materialismo designa apenas o princípio de uma crítica das pressuposições idealistas da filosofia (a crença na independência das ideias e na eficácia intrínseca das teorias que se encontram até nas filosofias materialistas) e não o princípio de uma nova doutrina filosófica ou de uma ciência materialista da prática, ela exclui a primeira interpretação e não pode mais definir outra coisa senão uma exigência de transformação da filosofia. É essa transformação que a décima primeira tese tenta caracterizar, sublinhando que a filosofia deverá não só procurar conceitualizar a prática, mas também participar da análise teórica das condições e das modalidades da transformação prática do mundo.

CAPÍTULO 3
CRÍTICA DA IDEOLOGIA E ABANDONO DA FILOSOFIA (*A IDEOLOGIA ALEMÃ*)

A *ideologia alemã*, escrita por Marx e Engels, marca o ponto final da evolução no interior do jovem-hegelianismo, cujas etapas principais reconstituímos aqui. Enquanto nos *Anais Franco-Alemães* se tratava de definir as modalidades da passagem da crítica da religião para a crítica da política, e enquanto nos *Manuscritos de 1844* se tratava de organizar a passagem da crítica da política para a crítica social, em *A ideologia alemã* trata-se de desenvolver uma concepção da História que permita romper com a Filosofia da História pressuposta pelo conjunto do movimento jovem-hegeliano (inclusive Feuerbach e Hess), com o intuito de se afastar definitivamente do jovem-hegelianismo e, de modo mais geral, "abandonar" a filosofia. O que leva a esse abandono? A uma "concepção materialista da História"[1] cujas principais vertentes são, de um lado, um estudo empírico dos determinantes econômicos da História e, de outro, uma crítica da ideologia.

Essa concepção acabou tão famosa quanto banal. Seus elementos foram incorporados a numerosas Ciências Sociais (da Psicologia Social à História, passando por diferentes ramos

---

1 A expressão vem do prefácio da segunda edição de *Anti-Dürhing*, escrito por Engels em 1885 (obra com que Marx colaborou, escrevendo um capítulo sobre a história das ideias econômicas).

da Sociologia) e ela impregnou o senso comum. Hoje, é tão difícil compreender que tipo de ruptura com os hábitos de pensamento da época ela representou quanto se desfazer da ideia de que ela consiste numa teoria dogmática que explica mecanicamente a História por fatores econômicos. A leitura de A ideologia alemã, introduzindo-nos no laboratório dessa concepção inédita da História, permite-nos avaliar a virulência das polêmicas iniciadas por sua elaboração e recuperar seu verdadeiro matiz: não o de um dogmatismo economicista, mas de um "fio condutor" para a pesquisa empírica[2] e um instrumento que permite ao movimento comunista refletir sobre as orientações de sua prática política por meio da reconstrução de seu contexto histórico de nascimento.[3]

A concepção materialista da História

O objetivo principal de A ideologia alemã é proceder à crítica das concepções idealistas da História que são características das filosofias da História e das representações que as classes dominantes têm espontaneamente de sua missão histórica. Observamos anteriormente que a noção de materialismo tem uma função, sobretudo, polêmica em Marx. Mais do que posição filosófica, designa uma crítica dos pressupostos idealistas da filosofia e

---

2 Marx, Préface de la Contribution à la critique de l'économie politique. In: *Philosophie*, p.488. Engels escreverá: "Nossa concepção da História é, antes de tudo, uma diretiva para o estudo" (Marx e Engels, lettre du 5 de âout 1890. In: *Correspondance*) e definirá assim o ponto de vista materialista: "Decidiu-se conceber o mundo real – a natureza e a história – tal como ele próprio se apresenta a quem quer que o aborde sem caprichos idealistas preconcebidos; decidiu-se sacrificar impiedosamente qualquer capricho idealista que não concordasse com os fatos [...]. E o materialismo não significa realmente nada mais que isso" (Engels, *Ludwig Feuerbach et la fin de la philosophie classique allemande*, p.81). Sem dúvida o tipo de apresentação do prefácio da *Contribuição à crítica da economia política*, em forma de "resultado geral" (mas resultado de uma evolução intelectual...), é o principal responsável pela reputação dogmática da concepção materialista da história (ver o primeiro capítulo da terceira parte). O estilo do *Manifesto* – o de um manifesto e não de uma exposição sistemática dos princípios de uma concepção da história – também teve seu papel.
3 Labriola, *Essais sur la conception matérialiste de l'histoire*, foi sem dúvida quem enfatizou melhor esses pontos.

uma inversão das relações estabelecidas pelo idealismo entre o pensamento e a atividade subjetiva, de um lado, suas condições reais e seus objetos, de outro (por isso Marx apresenta seu materialismo como uma inversão do idealismo).[4] É nesse sentido, e somente nele, que A ideologia alemã elabora os princípios de uma "concepção materialista da História".

Ao ler com atenção A ideologia alemã, percebemos que as referências aos fatores "materiais" da História conferem à ideia de matéria um sentido muito extensivo, que só se justifica por antítese e inversão: é material tudo que na História não se reduz a ideias, ou não deriva de ideias, ou explica a formação de ideias. A concepção materialista da História sem dúvida concede um papel determinante aos fatores econômicos, mas a "materialidade" da História não se reduz a eles (as ideias exprimem igualmente as instituições erguidas sobre a "base econômica") e o papel determinante dos fatores econômicos não tem absolutamente nada a ver com um reducionismo que autorizaria transformar a "base econômica" no princípio positivo de um materialismo. De modo mais claro ainda que o Manifesto e o prefácio da Contribuição à crítica da economia política, em que os princípios da "concepção materialista da História" encontram suas formulações clássicas, em A ideologia alemã permite compreender que a análise do condicionamento econômico da História é indissociável de uma historicização da economia e da tese de uma "ação recíproca" dos diferentes componentes do mundo histórico que são os processos econômicos, os atores sociais (as classes), os fenômenos políticos (o Estado e as lutas políticas) e as formas de consciência:

> Devemos começar pela constatação de que a primeira pressuposição da existência humana, e, portanto, de toda a História também, é que os homens devem estar em condições de viver para poder "fazer História". Mas viver significa essencialmente comer, beber, morar e vestir-se, entre outras coisas. O primeiro ato histórico é, portanto, a produção dos meios de satisfazer essas necessidades, a produção da própria vida material, e trata-se de

---

4 Ver os trechos citados na próxima seção: "Não é a consciência que determina a vida, mas a vida que determina a consciência". Ver também a ideia de "virar pelo avesso" a dialética hegeliana, comentada no fim deste capítulo.

um fato histórico fundamental, de uma condição fundamental para toda a História que hoje, como há séculos, os homens devem satisfazer dia a dia, hora a hora, a fim de poder ao menos subsistir [...] Em segundo lugar, a satisfação da primeira necessidade, a ação de satisfazê-la e o instrumento já adquirido que produziu essa satisfação levam a novas necessidades, e essa produção de necessidades é o segundo[5] fato histórico [...]. A terceira relação, que entra também de imediato no desenvolvimento histórico, é que os homens, que recomeçam sua própria vida a cada dia, começam a fazer outros homens e a se propagar [...]. A produção da vida, tanto a sua própria pelo trabalho quanto a do outro pela procriação, aparece já como uma dupla relação: de um lado, como uma relação natural; de outro, como uma relação social – social no sentido da cooperação de numerosos indivíduos, sejam quais forem as condições, a modalidade e o objetivo dessa cooperação. Daí resulta, de um lado, que um modo de produção ou um nível industrial determinado está sempre ligado a uma modalidade de cooperação determinada, ou a um nível social determinado, e essa modalidade de cooperação é ela própria uma "força produtiva"; de outro lado, que essa massa de forças produtivas disponíveis para os homens condiciona o estado [de desenvolvimento] social e "a história da humanidade" deve sempre ser estudada e elaborada em relação à história da indústria e das trocas.

As condições no interior das quais forças produtivas podem ser utilizadas são as condições da dominação por uma classe determinada da sociedade cuja potência social, procedendo de suas posses, encontra sua expressão prático-*idealista* na forma-Estado em vigor [...]. Essa concepção da História repousa, portanto, sobre o fato de que ela desenvolve o processo de produção real, partindo da produção material da vida imediata, e concebe a sociedade civil – isto é, esse modo de produção e a forma de troca que está em relação com ele e é produzida por ele – em seus diferentes níveis de desenvolvimento como a base de toda a História, e também a apresenta em sua ação enquanto Estado, do mesmo modo como explica a partir dela o conjunto das produções teóricas e das formas de consciência, religião, filosofia, moral etc., e apresenta o processo de desenvolvimento da sociedade civil a partir dessas

---

5 Nós corrigimos o texto alemão, que cita novamente um "primeiro ato histórico".

produções, ali onde ela pode expor as coisas em sua totalidade (e assim também a ação recíproca dos diferentes lados) [...]. Essa contradição entre as forças produtivas e a forma de troca, a qual, como vimos, ocorreu numerosas vezes na história passada [...] deve sempre estourar na forma de uma revolução, assumindo ao mesmo tempo diferentes formas anexas enquanto totalidade de conflitos, conflitos entre diferentes classes, contradição da consciência, conflitos de pensamento etc., luta política etc. [...]. Portanto, em nossa concepção, todos os conflitos na História tiveram sua origem na contradição entre as forças produtivas e as formas de troca.[6]

Enquanto os *Manuscritos de 1844* desejam uma fusão da filosofia e das ciências positivas numa ciência da natureza, *A ideologia alemã* declara reconhecer apenas "uma única ciência, a da História".[7] Se antes Marx concebia a História como uma História natural, agora ele sustenta que a própria natureza carrega a marca da História social,[8] de uma História que só começa quando as interações dos homens com a natureza por intermédio do trabalho produzem condições de vida artificiais, condições que induzem novas relações sociais, novas necessidades e novos instrumentos para tentar satisfazê-las. Em outras palavras, o campo da História é definido agora a partir das condições da ação social, a partir das condições tanto naturais quanto artificiais[9] que moldam a existência humana, ao mesmo tempo que são sempre suscetíveis de serem transformadas. É no âmbito de uma teoria da prática social, e não mais no âmbito de uma antropologia naturalista, que a nova concepção da História é elaborada.

---

6 Marx, *L'idéologie allemande*, p.26-8, 37-8, 59-60 [*Marx Engels Werke*, v.3, p.28-30, 69, 37-8, 74, 73].
7 Ibid., p.14.
8 Ibid., p.24-5.
9 Ibid., p.14-5: "As pressuposições das quais partimos não são arbitrárias, não são dogmas [...]. São os indivíduos reais, suas ações e suas condições de existência materiais, as que eles encontraram já prontas, como também aquelas que nasceram de sua própria ação [...]. Eles mesmos começam por se distinguir dos animais assim que começam a produzir seus meios de existência [...]. Produzindo seus meios de existência, os homens produzem indiretamente sua própria vida material".

O que devemos entender por prática, nesse contexto? O agir humano é introduzido como uma atividade cooperativa destinada a satisfazer as necessidades, e esta última se apresenta tanto como uma atividade de produção, ou um trabalho, quanto como uma interação com o outro. Para designar segunda dimensão, Marx emprega o termo "Verkher",[10] que ele traduz por "commerce [comércio]" ("entre os homens") numa carta escrita em francês,[11] mas que é difícil traduzir por outro termo que não seja "trocas", para dar a conotação de noções como "formas de trocas" (*Verkhersform*) e "relações de troca" (*Verkhersverhältnisse*), que possuem claramente um significado econômico. Nesse sentido, o termo *troca* designa a interação dos indivíduos em geral (as "trocas materiais", assim como as "trocas espirituais")[12] e ao mesmo tempo a maneira como a interação se realiza na atividade produtiva em forma de "cooperação" (*Zusammenwirken*) e na troca de produtos do trabalho. Notamos de passagem que o agir humano é captado de imediato *tanto* como uma relação instrumental com a natureza e com os produtos do trabalho (produção e trocas econômicas) *quanto* como uma relação com o outro (interação). Portanto, é contestável criticar Marx por reduzir a atividade social ao trabalho, sem levar em consideração a interação, ou pressupor unilateralmente um "paradigma da produção".[13] Ele procurou de preferência colocar o problema da relação da interação com suas condições materiais e com a História das formas de cooperação social.

Não se deve deduzir da definição do campo da História a partir da prática que a História é governada sem mediação pela ação social. De fato, a atividade de produção é submetida a uma dupla coerção técnica (a do surgimento progressivo de novos instrumentos de trabalho) e econômica (a dos progressos da divisão social do trabalho), cuja consequência é que o trabalho

---

10 Marx, *L'idéologie allemande*, p.15-6: "A produção 'pressupõe, de sua parte, trocas dos indivíduos entre eles. A forma dessas trocas é condicionada, por sua vez, pela produção'".
11 Id., lettre à Annenkov du 28 décembre de 1846.
12 Marx, *L'idéologie allemande*, p.20. (Texto citado na próxima seção.)
13 Essas objeções foram desenvolvidas por Habermas, *A técnica e a ciência como ideologia* (ver o capítulo "Trabalho e interação"), e por Baudrillard, *Le miroir de la production ou l'illusion critique du matérialisme historique*.

é submetido à lei de um desenvolvimento gradual das "forças produtivas" (isto é, da força produtiva do trabalho e dos meios de trabalho). Além do mais, a atividade de produção é sempre tomada em "formas de troca" que remetem às relações de propriedade e, portanto, também às relações entre classes, ou às "relações sociais". Portanto, na medida em que o conceito de "modo de produção" designa certo tipo de combinação entre um "nível de desenvolvimento" das forças produtivas e das "relações sociais" determinadas, a História é, antes de tudo, uma história dos modos de produção. É claro que, em *A ideologia alemã*, o termo "modo de produção" nem sempre tem o significado técnico que lhe seria atribuído em seguida, mas não há dúvida de que o conceito de modo de produção como tipo de correspondência entre forças produtivas e relações sociais já está estabelecido e já cumpre uma função arquitetônica.

A História ser a história dos modos de produção é uma tese aparentemente simples, que diz respeito, na realidade, tanto à teoria social quanto à análise da evolução histórica. A teoria social que é apresentada em *A ideologia alemã* foi resumida em termos célebres no prefácio da *Contribuição à crítica da economia política*:

> Na produção social de sua existência, os homens travam relações determinadas, necessárias, independentes de sua vontade. Essas relações de produção correspondem a um nível determinado do desenvolvimento de suas forças produtivas materiais: o conjunto dessas relações de produção constitui a estrutura [*Bau*] econômica da sociedade, a base [*Basis*] real sobre a qual se ergue uma superestrutura [*Überbau*] jurídica e política, à qual correspondem formas determinadas da consciência social.[14]

O leitor observará que essas formulações comportam uma complexidade e uma leveza que o par conceitual clássico (mas ausente nos textos de Marx) infraestrutura e superestrutura não dá mais a entender. Notamos para começar que os verbos (erguer-se, corresponder) que descrevem a relação entre o edifício das

---

14 Marx, *Philosophie*, p.488. [Ver o capítulo "O projeto e o método" da terceira parte.]

instituições sociais, seus prolongamentos na vida consciente e a base econômica não pertencem ao domínio do condicionamento mecânico. As teses mais provocadoras de A *ideologia alemã*, como a afirmação de que "as trocas materiais dos homens são uma emanação direta de suas relações materiais", não devem mais ser entendidas no sentido de uma causalidade mecânica, como indica, aliás, a frase imediatamente anterior a essa afirmação: "Em primeiro lugar, a produção das ideias, das representações, da consciência, está imediatamente misturada com a atividade material e com as trocas materiais dos homens".[15] Estamos às voltas aqui não com uma determinação unívoca, mas com um jogo de ação recíproca entre diferentes esferas sociais ("ação recíproca dos diferentes lados" de uma mesma "totalidade", segundo os termos utilizados no trecho citado anteriormente). Notamos também que a redução à base é apresentada por Marx como uma empreitada gradual. As formas da consciência social "correspondem" às relações jurídicas e políticas; estas "têm suas raízes nas condições materiais da vida" e "é na economia política que convém procurar a anatomia" dessas condições.[16] Assim como cada esfera social se vê reconhecida em sua independência relativa, as diferentes esferas não são condicionadas da mesma maneira.

Partindo dessa teoria social, Marx afirma que a evolução social se explica por uma contradição das forças produtivas e das relações sociais: quando as relações de propriedade se tornam um entrave ao desenvolvimento das forças produtivas, essa contradição na base econômica propaga-se para o conjunto da sociedade em forma de conflitos sociais, políticos e ideológicos, antes de produzir uma revolução, isto é, a substituição das antigas relações sociais por novas. Enquanto as concepções idealistas da História privilegiam o papel que as ideias desempenham nas lutas políticas, Marx explica que as lutas políticas são também a expressão de contradições econômicas. Mas como constatamos anteriormente, não há ação imediata da economia sobre a História. De um lado, de fato, existe um condicionamento recíproco entre base econômica e edifício social que implica que

---

15 Id., *L'idéologie allemande*, p.20. [Textos citados e comentados na terceira parte.]
16 Id., *Philosophie*, p.488.

uma mesma contradição econômica pode ter diferentes destinos sociais e políticos.[17] De outro, os verdadeiros atores da transição de um modo de produção para outro não são os processos econômicos, mas as classes sociais em luta. Os trechos citados na primeira parte indicam que um dos objetivos da concepção materialista da História é explicar que a superação do capitalismo se tornará possível pela emergência de uma massa proletarizada, por sua constituição como força política e pelo agravamento de seu conflito com a burguesia. Do mesmo modo que a História é introduzida a partir da análise da ação social, a luta das classes é o princípio da evolução social. O *Manifesto do Partido Comunista* começa assim: "A História de toda sociedade até os dias de hoje é a história das lutas das classes".[18]

Esterilidade da ideologia

Apesar de se tratar de um dos conceitos mais famosos de Marx, de ter influenciado fortemente as Ciências Sociais (em especial a Sociologia do Conhecimento) e hoje pertencer ao vocabulário político e à linguagem comum, podemos nos perguntar se Marx algum dia considerou a ideologia um conceito importante. Ele só se refere de modo significativo à ideologia durante um curto período. Depois de *A ideologia alemã*, o termo tendeu a desaparecer de seus textos.[19] Além disso, seu *status* em

---

17 No livro 3 de *O capital*, Marx especifica "que uma mesma base econômica (a mesma quanto a suas condições fundamentais, sob influência de incontáveis condições empíricas diferentes, condições naturais, relações sociais, influências históricas externas etc.) pode apresentar variações e nuances infinitas que apenas uma análise dessas condições poderá elucidar" (Marx, *Le capital*, livre troisème. In: *Oeuvres*, II, p.1401). É nesse sentido que Engels dirá que as condições econômicas são determinantes apenas "em última instância". Engels, letter to Joseph Bloch (September 21,1890).
18 Marx, *Philosophie*, p.399.
19 Talvez em virtude das tensões entre os diferentes temas associados a ele. Foi por isso que se pôde considerar que Marx havia abandonado seu conceito de ideologia em proveito de outras problemáticas, como, por exemplo, a do "fetichismo da mercadoria". A esse respeito, ver Balibar, La vacillation de l'idéologie dans le marxisme. In: *La crainte des masses*, p.167-280.

A *ideologia alemã* também é indeciso. Ao contrário da interpretação propalada, o termo ideologia não designa a maneira como uma classe dominante prolonga sua dominação social na forma de ideias, dando uma aparência universal a seus interesses particulares.[20] Mas ao contrário da interpretação oposta, que parte da constatação de que A *ideologia alemã* trata menos de "ideologia" que de "ideólogos", o termo "ideologia" não tem apenas função polêmica.[21] Na realidade, ele serve para analisar a gênese social do ponto de vista idealista que certos membros da classe dominante (os ideólogos ativos) adotam sobre as ideias da classe dominante.[22]

> Teremos de entrar nos pormenores da história humana, pois quase toda a ideologia se reduz a uma concepção desvirtuada dessa história ou a uma abstração completa da História. A própria ideologia é um lado da História [...].
> Em primeiro lugar, a produção das ideias, das representações, da consciência, está imediatamente misturada com a atividade material e com as trocas materiais dos homens, é a linguagem da vida real. O ato de representar na imaginação, de pensar, as trocas espirituais dos homens aparecem mais uma vez aqui como uma emanação direta de seu comportamento material. E isso vale também para a produção espiritual, tal como se apresenta na linguagem da política, das leis, da moral, de religião de um povo etc. Os homens são os produtores de suas representações, ideias etc., mas os homens reais, atuantes, tais como são condicionados por um desenvolvimento determinado de suas forças produtivas e pelas trocas que correspondem a elas até as últimas formações dessas trocas. A consciência [*das Bewusstsein*] não pode ser outra coisa senão o ser sabido [*das bewusste Sein*], e o ser dos homens é

---

20 Embora apresente o conceito de ideologia como um conceito particularmente sugestivo e fecundo, essa interpretação faz dele um conceito instável e aporético. Para uma análise do que aparece como aporia, ver Tort, *Marx et le problème de l'idéologie* e Capdevila, *Le concept d'idéologie*.
21 Segundo essa interpretação, o termo ideologia não teria outro objetivo além de zombar da maneira como a "ideologia alemã" (isto é, o idealismo alemão") tende a reduzir tudo a questões de ideias; ver Choe, *Idéologie*.
22 Ver Gayot, *L'idéologie chez Marx: concept politique ou notion polémique*?

seu processo vital real. Se, em toda a ideologia, os homens e suas relações parecem de cabeça para baixo, como numa *camera obscura*, esse fenômeno procede também de seu processo vital histórico, do mesmo modo que a inversão dos objetos em sua retina resulta imediatamente do processo de sua vida física.

Em oposição total com a filosofia alemã, que desce do céu à terra, aqui se sobe da terra ao céu. Isto é, não se parte do que os homens dizem, imaginam, representam em espírito, tanto quanto não se parte do que é dito, pensado, imaginado, representado dos homens, para chegar em seguida aos homens carnais; parte-se dos homens realmente ativos e de seu processo vital real para apresentar o desenvolvimento dos reflexos e dos ecos ideológicos desse processo. As brumas do espírito humano também são sublimes produtos de modo necessário por seu processo vital material, tal como este pode ser empiricamente constatado e tal como é ligado a pressuposições materiais. Portanto, a moral, a religião e o restante da ideologia, e as formas de consciência que lhes correspondem, não conservam mais sua aparência de autonomia. Elas não têm história, não têm desenvolvimento, mas os homens que desenvolvem sua produção material e suas trocas materiais também mudam, do mesmo modo que mudam sua realidade, seu pensamento e os produtos de seu pensamento. Não é a consciência que determina a vida, mas a vida que determina a consciência. Seguindo a primeira maneira de ver as coisas, parte-se da consciência enquanto indivíduo vivo. Seguindo a segunda, parte-se da vida real correspondente, dos indivíduos vivos reais, e considera-se a consciência apenas enquanto consciência *destes*. [...]

A divisão do trabalho só se torna realmente divisão do trabalho quando sobrevém a divisão do trabalho material e do trabalho espiritual (o que coincide com o primeiro tipo de ideólogos, os *sacerdotes*).[23] A partir desse momento, a consciência pode realmente imaginar ser outra que não a consciência da prática existente, pode realmente se representar alguma coisa sem se representar uma coisa real – a partir desse momento, a consciência está em condições de se emancipar do mundo para passar para a construção de "puras" teorias, teologias, filosofias, morais etc. Mas mesmo quando essas teorias, teologias, filosofias, morais etc. entram em

---

23 Indicação das margens. (N. T. F.)

contradição com as relações existentes, isso só ocorre em virtude do fato de que as relações sociais existentes entram em contradição com as forças de produção existentes. [...]

Os pensamentos da classe dominante são em todas as épocas os pensamentos dominantes, isto é, a classe que é a potência dominante da sociedade é ao mesmo tempo a potência espiritual dominante. A classe que tem a sua disposição os meios de produção dispõe, em razão disso, igualmente dos meios de produção espirituais, de tal modo que lhes são submetidos, em média, os pensamentos daqueles que são privados dos meios de produção espirituais. Os pensamentos dominantes nada mais são que a expressão ideal das relações materiais dominantes, as relações materiais dominantes tomadas como pensamentos e, portanto, as relações que fazem precisamente que uma classe seja dominante fazem igualmente as ideias de sua dominação. Os indivíduos que constituem a classe dominante têm também, entre outras coisas, uma consciência, portanto eles pensam. Assim, na medida em que dominam enquanto classe e determinam o conjunto de uma época, é evidente que determinam essa época em todos os domínios e, entre outras coisas, igualmente como pensadores, como produtores de pensamento que regulam a produção e a distribuição dos pensamentos. Portanto, é evidente que seus pensamentos são os pensamentos dominantes da época. Por exemplo, numa época em que, num país, a aristocracia e a burguesia estão em conflito pela posição dominante, a doutrina da divisão dos poderes afirma-se como pensamento dominante, que, além do mais, é apresentado como "lei eterna".

Ora, a divisão do trabalho, que, como constatamos anteriormente, constitui a principal potência da história passada, exprime-se também na classe dominante como divisão do trabalho material e ideal, de modo que, no interior dessa classe, uma parte se apresenta como os pensadores dessa classe (seus ideólogos ativos, cuja principal fonte de subsistência é a elaboração das ilusões que essa classe cria de si mesma), enquanto a outra se comporta de maneira mais passiva e receptiva em relação a esses pensamentos e ilusões, porque é constituída, na verdade, dos membros ativos dessa classe e estes têm menos tempo de sobra para produzir pensamentos e ilusões sobre si mesmos. Aliás, no interior dessa classe, essa cisão pode se desenvolver na forma de uma oposição e de uma hostilidade, que desaparece por si mesma, porém, a cada conflito

prático que ameace essa classe, o que faz desaparecer também a aparência de que esses pensamentos não seriam os pensamentos da classe dominante e disporiam de uma potência diferente da potência dessa classe. A existência de ideias revolucionárias numa época determinada pressupõe sempre já a existência de uma classe revolucionária, classe revolucionária cujas pressuposições foram analisadas anteriormente. [...]
Os "conceitos dominantes" terão uma forma tanto mais universal e abrangente na medida em que a classe dominante será obrigada a apresentar seus interesses como o interesse de todos os membros da sociedade. A própria classe dominante imagina em média que esses conceitos que são seus são os conceitos dominantes e distingue-os das representações dominantes das épocas precedentes somente na medida em que os apresenta como verdades eternas.[24]

As reflexões de Marx parecem seguir dois caminhos: o primeiro diz respeito a uma análise materialista das representações em geral e o segundo, a uma explicação da natureza e da origem dessas representações particulares que são as representações ideológicas. Esses dois caminhos são os da concepção materialista da História. Eles explicam o conteúdo e a forma das representações, partindo da prática tal como é sempre condicionada por um conjunto de circunstâncias naturais e históricas, e têm ambos a função de contestar o pressuposto fundamental das concepções idealistas da História, segundo o qual as ideias existiriam independentemente da prática e poderiam dirigir o desenvolvimento histórico por si mesmas. Mas esses dois caminhos fazem essa constatação por duas vias diferentes: a primeira, explicitando o fundamento prático, sócio-histórico, de toda representação; a segunda, analisando os processos que conduzem certos indivíduos a desenvolver uma concepção idealista da História, isto é, a conceber relações entre prática e representação que são tão invertidas quanto uma imagem numa câmara escura (*camera obscura*) ou na "retina".

---

24 Marx, *L'idéologie allemande*, p.14, nota (trecho riscado no manuscrito), p.20-1, 29-30, 44-5, 45, nota (trecho riscado no manuscrito) [*Marx Engels Werke*, v.3, p.18, 26-7, 31-2, 46-7].

A análise materialista das representações baseia-se em duas distinções: a da vida e da consciência, e a da consciência e da ideologia. Seu princípio é o seguinte: "Não é a consciência que determina a vida, mas a vida que determina a consciência". De fato, Marx se aplica a analisar a consciência a partir da prática, ou como uma "consciência prática". A consciência não é nada mais que a maneira como a realidade que encontramos na ação reflete-se quando devemos orientar nossa ação por meio de um saber. Daí a afirmação de que "a consciência [*das Bewusstsein*] não pode ser outra coisa senão o ser sabido [*das bewusste Sein*]". De fato, o que se reflete na consciência é uma dupla realidade: a do mundo material e a do outro. Na medida em que a ação humana é sempre tomada em interações (ou em "trocas" com o outro), não surpreende que Marx considere que são os problemas ligados à interação que sejam a origem da consciência. E na medida em que a interação com o outro é regulada conscientemente por meio de uma troca de significados partilhados, também não surpreende que a linguagem seja a forma primitiva da consciência (ou que a consciência seja definida como "a linguagem da vida real"):

> A linguagem é tão antiga quanto a consciência – a linguagem é a consciência real, prática, que existe também para outros homens, que existe então somente para mim mesmo também, e, assim como a consciência, a linguagem só aparece com a necessidade, a necessidade do comércio com outros homens.[25]

Seguindo essa linha argumentativa, Marx desenvolve temas que dizem respeito a uma "psicologia social", e constatamos que, pela gênese prática e intersubjetivista que propõe da consciência e da linguagem, ele estabelece princípios que são também os de George Hebert Mead, considerado algumas vezes o fundador da psicologia social.[26]

---

25 Id., *L'idéologie allemande*, p.28-9.
26 Ainda que a psicologia social de Mead (ver sua obra principal, *L'esprit, le soi, la société* [*Mind, Self and Society*]) não tenha sido desenvolvida em referência a Marx, certos autores tentaram transformá-la no princípio de uma reconstrução do materialismo histórico (ver Joas, *George Herbert Mead: une réévaluation contemporaine de sa pensée* [*Praktische Intersubjektivität*]).

Mas a interação com o outro, as trocas materiais e espirituais com ele, são sempre enquadradas e condicionais por relações sociais, em outras palavras, por relações entre classes. Essas classes se definem antes de tudo pelas relações econômicas desiguais que elas mantêm entre si: pelas relações de propriedade e pela posse dos meios de produção (assim a propriedade privada dos meios de produção força os indivíduos que não possuem meios de produção a sua disposição a vender sua força de trabalho em troca de um salário). Mas definem-se também por interesses divergentes e formas de consciência do mundo social diferentes. A consciência das classes dominantes é marcada por uma característica dupla: a adequação de seus interesses aos princípios de organização da sociedade existente e a necessidade de justificar essa organização perante os que a contestam. Para justificá-la, os membros das classes dominantes tendem espontaneamente a dar a seus interesses particulares uma forma universal (assim a propriedade privada é apresentada como um direito que é do interesse de todos respeitar, ou como um direito universal). A existência de interesses e de processos de justificação específicos que levam a forma de consciência própria das classes dominantes a assumir um conteúdo determinado é o que Marx designa ao se referir às "ideias da classe dominante". Na medida em que justificam sua dominação social, essas ideias também podem ser consideradas as "ideias de sua dominação". Marx acrescenta que as ideias da classe dominante, em todas as épocas, tendem a ser as ideias dominantes, no sentido das ideias geralmente aceitas. Dessa última afirmação, duas explicações são propostas: de um lado, essas ideias dispõem espontaneamente de uma potência social particular, que se deve ao fato de que elas "exprimem" as relações sociais dominantes; de outro, elas podem ser impostas ao resto da sociedade pela classe dominante, que possui os "meios de produção espirituais". A primeira explicação conduz à ideia

---

O primeiro marxista a destacar que a concepção materialista da história contém uma psicologia social foi, sem dúvida, Labriola, *Essais sur la conception matérialiste de l'histoire*, p.120-3). Outros autores tentaram elaborar em seguida uma psicologia de inspiração marxista, como, por exemplo, Vygotsky, *Pensamento e linguagem* e *Conscience, inconscient, émotions* e Politzer, *Écrits*.

de que as representações que exprimem princípios de ação institucionalizados tendem a adquirir validade social de maneira quase automática. A segunda remete antes à ideia de que as representações somente se impõem a uma época determinada se são ativamente impostas ao restante da sociedade, pela intermediação do controle de instituições como a escola, as instâncias legisladoras e judiciárias ou a religião. Essas duas ideias teriam uma longa posteridade na sociologia das classes sociais, da religião e do conhecimento. Seriam ambas desenvolvidas de diferentes formas por autores como Weber, Bourdieu e Althusser.[27]

O tipo de consciência própria das classes dominadas é muito diferente. Ainda que elas sejam estruturalmente submetidas às ideias da classe dominante, os interesses específicos de seus membros levam-nos a desejar a transformação das relações sociais existentes (eventualmente em uma forma revolucionária), do mesmo modo que as circunstâncias em que vivem os levam a adotar um ponto de vista crítico sobre as ideias que justificam essas circunstâncias.[28] O fato de as classes sociais não terem todas a mesma disposição em relação às justificações sociais dominantes porque não ocupam as mesmas posições sociais e, portanto, não podem ter a mesma percepção do mundo social é um ponto fundamental para a justificação epistemológica da crítica social e do discurso teórico desenvolvidos por Marx. Nos *Manuscritos de 1844*, ele já referia sua própria interpretação da economia política ao ponto de vista do proletário no processo de produção:

> O sentido que a produção tem para os ricos aparece claramente no sentido que ela tem para os pobres. O significado de produção

---

27 Weber explica que uma ética pode acabar se impondo de maneira quase mecânica (ver o tema da "jaula de ferro" em Weber, *L'éthique protestante et l'esprit du capitalisme*, p.249-254), ainda que primeiro seja preciso que um grupo social a imponha aos outros (Ibid., p.29). Bourdieu sublinha que cada classe social tenta melhorar sua posição na sociedade, impondo sua visão do mundo aos outros (Bourdieu, *Méditations pascaliennes*, p.111-228). Quanto a Althusser, ele analisa o papel decisivo das instituições de Estado na produção e na produção das ideias dominantes. Althusser, Idéologie et appareils idéologiques d'État. In: *Positions*).

28 Marx, *L'idéologie allemande*, p.41: "Se jamais [o proletariado] teve alguma representação teórica tal como a religião, há muito elas foram destruídas pelas circunstâncias".

para os de cima exprime-se sempre de maneira sutil, disfarçada, ambígua: é a aparência. Para os de baixo, esse significado se exprime de maneira rude, direta, sincera: é a essência.[29]

Ainda que em forma mais sofisticada, encontramos a mesma ideia no posfácio de *O capital*, em que Marx diz que a crítica da economia política "representa" o proletariado e só a adoção do ponto de vista do proletariado permite o progresso da economia política científica.[30] Dissemos no primeiro capítulo desta segunda parte que Marx adotava um modelo de crítica social imanente, partindo dos interesses e das representações dos destinatários da crítica, agora vemos que é preciso distinguir esse modelo de uma crítica interna, que partiria das justificações sociais dominantes. Trata-se, acima de tudo, de partir das experiências e das formas de consciência que põem em questão as justificações sociais (procedimento que diferentes autores desenvolveram, de Adorno a Foucault e aos *Subaltern Studies*, apoiando-se quer em experiências sociais negativas,[31] quer em formas de consciência desqualificadas).[32]

O leitor certamente terá notado que Marx nunca se refere ao conceito de ideologia quando desenvolve os diferentes argumentos dessa análise materialista das representações. O conceito de ideologia designa apenas o efeito específico da divisão do trabalho sobre a consciência. Desconsideradas a observação inicial – e absolutamente geral – segundo a qual a ideologia é um produto histórico, e a observação evidente segundo a qual os ideólogos (como teóricos idealistas da História) invertem a ordem real de causalidade, é exatamente por ocasião da análise

---

29 Id., *Manuscrits de 1844*, p.192-3.
30 Desenvolvi esse ponto em Renault, *Marx et l'idée de critique*, p.107-20.
31 Para uma ilustração de um tipo de crítica social que adota sistematicamente o ponto de vista das "experiências negativas", ver Adorno, *Minima moralia*.
32 Para uma crítica social que adota o ponto de vista das formas de consciência socialmente desqualificadas, ver em especial o tema da "insurreição dos saberes subjugados" em Foucault, *Il faut défendre la société*, p.7-10 e o tema da subalternidade como tomada de palavra impossível em Spivak, *Les subalternes peuvent-ils prendre la parole*. In: Diouf, *L'historiographie indienne en débat*.

da divisão do trabalho que se trata pela primeira vez de ideologia, e é ainda nessa ocasião que se trata dela em termos teóricos, e não apenas polêmicos.

Ao contrário da interpretação geralmente aceita, o que Marx entende por ideologia não é a maneira como os interesses sociais se exprimem e justificam em ideias, mas a maneira como a consciência vem a se descolar dos imperativos da prática e a dar uma nova forma às justificações sociais. Esse descolamento depende duplamente da divisão social do trabalho. De um lado, de fato, é a divisão social do trabalho manual e intelectual que leva a libertar a consciência de sua função específica, ou seja, a resolução dos problemas práticos, e a considerar as representações por si mesmas e não mais como instrumentos de resoluções desses problemas práticos. Ao mesmo tempo que dissimula assim sua função e sua origem, a divisão social do trabalho leva a consciência para o caminho das teorizações "puras". O leitor observará a esse respeito que as enumerações das figuras típicas da ideologia não se referem a representações, mas a formas de teorização das representações, como a filosofia e a teologia (a teologia, e não a religião).[33] A crítica da moral desenvolvida em seguida na forma de crítica da ideologia indica também que o que Marx entende por moral são teorias prescritivas de pretensão universal, e não a consciência espontânea que os indivíduos têm do bem ou do mal. Aliás, essa crítica da moral leva a opor a moral à "consciência imanente",[34] o que significa exigir, também para as questões relativas ao dever-ser, confiar nas dinâmicas reflexivas pelas quais a consciência prática tenta encontrar para os problemas que surgem na ação soluções compatíveis com os interesses que animam essa ação, em vez de dirigi-la de fora, a partir de princípios *a priori*.

Por outro lado, a análise da ideologia deve levar em conta o fato de que o trabalho intelectual é reservado a certos membros das classes dominantes. A divisão do trabalho manual e intelectual implica uma clivagem na classe dominante entre indivíduos que contribuem para a reformulação da consciência

---

33 Os sacerdotes são considerados os primeiros ideólogos, porém mais como especialistas dos problemas religiosos do que como crentes e praticantes e, assim, como primeiros teólogos.
34 Marx, *L'idéologie allemande*, p.243-54, 461-2.

espontânea dessa classe ("ideólogos ativos") e indivíduos imersos nos imperativos da gestão cotidiana da dominação política e social. Dois pontos em particular merecem ser sublinhados. Em primeiro lugar, os ideólogos ativos não produzem o tipo de consciência próprio da burguesia, mas produzem uma reformulação reflexiva dessa consciência, considerando por elas mesmas as ideias dominantes e tentando racionalizar, ou absolutizar, as justificações sociais que elas contêm. É o que os leva, em especial, a não se contentar mais em apenas considerar verdades os princípios dessa justificação, mas a explicar por que elas são verdades eternas (por exemplo, transformando o direito de propriedade em um "direito do homem"), ou mesmo a explicar a História pela influência dessas ideias (o que aparece em *A ideologia alemã* como uma característica específica da concepção da História dos "ideólogos"). O fato de a ideologia ser definida por Marx fundamentalmente com base nos "ideólogos ativos" significa em especial que a teoria da ideologia diz respeito não tanto a uma sociologia do conhecimento, mas a uma sociologia dos intelectuais.[35] Em segundo lugar, observamos que os destinatários da ideologia são apresentados como os outros membros da classe dominante (por essa razão, sua consciência se encontra impregnada de ideologia e são, portanto, ideólogos "passivos ou receptivos"), e não as classes dominadas – mais uma confirmação do fato de que o conceito de ideologia deve ser distinguido do conceito de ideias dominantes no sentido de vetores ideais de uma dominação. Se acrescentarmos que Marx toma o cuidado de sublinhar que a ideologia não tem eficácia nem mesmo sobre os ideólogos passivos da classe burguesa, torna-se bastante claro que sua intenção não é produzir uma teoria da importância da função ideológica, mas, ao contrário, ressaltar a esterilidade (ela se contenta em reformular as ideias dominantes) e a ineficácia da ideologia (ela não consegue convencer nem mesmo os outros membros da classe dominante) para denunciar da maneira mais radical possível (recuando ao próprio processo de produção dos discursos) a intenção dos ideólogos de influir no curso da História num sentido progressista. Sendo assim, não surpreende que Marx

---

35 Uma das origens da sociologia do conhecimento é a reformulação da análise marxiana da ideologia em Mannheim, *Ideologia e utopia*.

tenha quase abandonado o uso desse conceito depois de liquidada a querela com os jovens-hegelianos. Que em seguida ele tenha alcançado a posteridade que todos conhecemos, e fazemos votos que essa posteridade tenha novos desdobramentos,[36] é um dos muitos mistérios que no marxismo esgota sua fonte na literalidade incerta dos textos de Marx.

Da saída da filosofia à crítica da economia política

Em *A ideologia alemã*, a elaboração da concepção materialista da História tem como contexto uma polêmica com as filosofias idealistas da História e, mais em geral, um questionamento da filosofia. Desde essa época, Marx estava convencido de que o privilégio concedido pela filosofia aos raciocínios gerais era inadequado para o estudo do desenrolar efetivo da História. Esta supõe, ao contrário, uma primazia da observação e uma análise das formas sempre específicas da ação recíproca das diferentes esferas da vida social. Enquanto o jovem-hegelianismo pensava sua função crítica do ponto de vista tipicamente ideológico da Filosofia da História, Marx explicava que é preciso passar da Filosofia da História para a investigação empírica. É nesse contexto que ele evoca um "abandono da filosofia", dizendo que é preciso "abandoná-la sem mais e começar a estudar o mundo real",[37] um abandono concebido como uma passagem da ideologia para a ciência. Contudo, a partir de *A ideologia alemã*, a troca da filosofia pela investigação empírica deixa aberta a questão de uma eventual *reconstrução* da filosofia conforme os princípios da concepção materialista da História. E esse problema virá novamente à baila quando se verificar, alguns anos depois, que o estudo empírico da História deve ser auxiliado por uma crítica da economia política que parece atribuir a um discurso com pretensões científicas a função crítica antes reservada à filosofia. Vejamos como essa reconstrução é cogitada em *A ideologia alemã*:

---

36 Sobre a atualidade do conceito de ideologia, ver *Actuel Marx*: critiques de l'idéologie, n.43, 2008.
37 Marx, *L'idéologie allemande*, p.234.

Onde cessa a especulação, na vida real, começa a ciência real, positiva, a apresentação da ativação prática dos homens, de seu processo de desenvolvimento prático. A fraseologia deve ser substituída pela ciência real. Com a exposição da realidade, a filosofia autônoma perde seu ambiente de existência. Na melhor das hipóteses, pode ser substituída por um resumo dos resultados gerais que podem ser extraídos por abstração do exame do desenvolvimento histórico dos homens. Por si mesmas, separadas da história real, essas abstrações não têm absolutamente nenhum valor. Podem servir apenas para esclarecer a ordem dos materiais históricos e fornecer indicações sobre a sucessão dos estratos singulares da História. Ao contrário da filosofia, não fornecem receita ou esquema para pôr em ordem as épocas históricas. A dificuldade começa, ao contrário, quando nos dedicamos a considerar e ordenar o material, seja o da época passada, seja o do presente, quando nos aplicamos em sua exposição real. Para vencer essas dificuldades, é necessária uma série de pressuposições que não podem ser examinadas aqui, já que dependem do estudo do processo vital real e da ação dos indivíduos de cada época. Retemos aqui algumas dessas abstrações que utilizamos contra a ideologia e as quais esclarecemos à luz de exemplos históricos.[38]

A ideia de abandono da filosofia apresenta-se aqui com sua dupla face de crítica e reconstrução. A primeira face é a de uma crítica da ideologia que leva à troca da especulação pelo estudo empírico da História, ou "ciência positiva" da História. Nesse sentido, "abandonar" significa substituir: o objeto dessa substituição é o conhecimento da História que deve deixar não só as ilusões ideológicas (a onipotência das ideias na História), mas de modo mais geral o modelo metodológico da especulação (da reconstrução do empírico a partir de princípios abstratos) e adotar o das ciências empíricas. A natureza do modelo metodológico de substituição não é realmente explicitada. Contudo, parece que Marx concebe esse modelo como um "exame" e uma "classificação" do material empírico à luz de "princípios gerais" obtidos por indução ("abstração") e confirmados empiricamente, princípios que têm função apenas heurística (consistem apenas em "indi-

---

38 Ibid., p.21 [*Marx Engels Werke*, v.3, p.27].

cações") e cuja aplicação deve ser guiada pela exigência de uma organização completa ("exposição real") do material empírico.

A ideia de saída da filosofia está ligada também ao projeto de uma reconstrução da filosofia à luz dos princípios da concepção materialista da História. Como constatamos anteriormente, Marx identifica seu próprio discurso, tal como desenvolvido em *A ideologia alemã*, com um discurso filosófico. E esse discurso parece comportar duas funções: uma função de generalização e uma função terapêutica. Marx se refere à primeira quando diz que cabe à filosofia efetuar uma síntese dos resultados mais gerais da investigação histórica e assim explicitar os princípios da concepção materialista da História. O leitor observará que esses princípios não são produzidos pela filosofia, mas ao longo da própria investigação empírica, e a filosofia intervém apenas num segundo momento, para dar a esses princípios suas formulações mais gerais, deslocando-os para o campo da teoria geral da História (campo em que Marx se situa com mais frequência em *A ideologia alemã*) e da metodologia do conhecimento histórico (campo em que Marx se situa no trecho anterior). O ponto decisivo é que esses princípios não têm nenhum valor positivo independentemente da investigação histórica da qual são abstraídos (daí a necessidade de sempre ilustrá-los historicamente para manter seu sentido). Mas pela leitura do conjunto da polêmica com as concepções idealistas da História compreende-se que esses princípios têm também uma função negativa, ou terapêutica: visam denunciar as ilusões a que sucumbem as filosofias da História e ao mesmo tempo prevenir sua reprodução em outras formas ideológicas.

Exigir que a filosofia se reduza a uma generalização dos resultados obtidos pela ciência empírica da História só é possível se duas condições – problemáticas já em *A ideologia alemã* – forem satisfeitas. A primeira é que, como afirma o trecho já citado, "existe apenas uma única ciência", "a da História".[39] A segunda é que a filosofia não instrui a investigação histórica, mas apenas é instruída por ela. De fato, é preciso que essa ciência da História já esteja constituída para que a filosofia seja reduzida a uma reflexão sobre seus princípios e a uma terapêutica. E, no entanto, tudo parece indicar que *em A ideologia alemã* se apresenta, sobretudo,

---

39 Ibid., p.14.

como uma empreitada que visa fundar e desenvolver essa ciência da História.

Posteriormente Marx procurou desenvolver a teoria materialista da História de diferentes maneiras: análises da revolução de 1848 (*As lutas de classes na França, 1848-50*), do golpe de Estado de Napoleão III (*O dezoito de brumário de Luís Bonaparte*), da Comuna (*A guerra civil na França*), do desenvolvimento da legislação a respeito do tempo de trabalho, do período de transição para o capitalismo (*O capital*) etc. Ele também tomou consciência do fato de que a investigação empírica relativa à base econômica da História não pode ser empreendida a sério sem um exame crítico profundo da corrente científica da economia política, a economia política clássica. A crítica da economia política será a parte principal de sua atividade teórica a partir de 1848, e trará com ela o problema do *status* da filosofia, levando a colocar de outra forma o problema jovem-hegeliano da filosofia como crítica. Qual é exatamente o *status* da crítica como operador teórico da crítica da economia política? Para simplificar, distinguimos três maneiras de responder a essa pergunta: pelo "método" da economia política, pela "dialética" e pela crítica imanente.

Nos *Fundamentos da economia política (Grundrisse)*, de 1857-58, Marx achou que devia preceder a crítica da economia de um capítulo de generalidades ("Introdução geral") que enunciasse tanto os princípios da concepção materialista da História quanto o método da crítica da economia política. Esta última se baseava, sobretudo, na exigência de uma historicização e de uma totalização dos princípios da economia política clássica. A primeira preconização metodológica, a determinação das abstrações por historicização especificativa, criou a imagem de um Marx kantiano, que afirmava que o significado verdadeiro dos pensamentos é determinado pelo conteúdo empírico singular que decide o valor de verdade desses pensamentos.[40] Já a segunda, a reconstrução do concreto como totalidade de determinações de pensamento, permitiu interpretar Marx como um autor que seguia a tese de Hegel de que o real é em verdade totalidade.[41] Os limites dessas

---

40 A esse respeito, ver Volpe, *La logique comme science historique*.
41 Ver Lukács, Qu'est-ce que le marxisme orthodoxe. In: *Histoire et conscience de classe*.

interpretações devem-se em especial ao fato, também ele filosoficamente significativo, de que dois anos depois, em 1859, o prefácio da *Contribuição à crítica da economia política* ratificou o abandono dessa introdução,[42] ao reformular esta tese já apresentada em *A ideologia alemã*: os princípios gerais e as preconizações metodológicas somente têm valor na medida em que são extraídos de uma investigação científica que em hipótese alguma pode ser orientada por um quadro predefinido, e somente podem manter seu sentido quando ilustrados pelos resultados dessa investigação científica.

Na época dos *Grundrisse*, Marx parecia considerar que a ideia de dialética permitiria explicitar a forma de sua crítica da economia política. Profundamente influenciado por uma releitura da *Ciência da Lógica*, de Hegel, quando ainda redigia esse trabalho preparatório, ele até planejou escrever uma crítica da dialética hegeliana:

> Se algum dia tiver tempo de novo para esse tipo de trabalho, teria muita vontade de, em dois ou três granéis, tornar acessível aos homens de bom-senso a base racional do método que Hegel descobriu, mas ao mesmo tempo mistificou.[43]

Encontramos ecos desse projeto no posfácio do *O capital*, em que Marx apresenta seu próprio uso da dialética como o resultado de um "virar do avesso" e da extração de um "núcleo":

> O modo de exposição deve distinguir-se formalmente do modo de investigação. [...] Em seu fundamento, meu método dialético não é apenas diferente do de Hegel, é seu exato contrário. Para Hegel, o processo de pensamento – que com o nome de ideia ele transformará em sujeito autônomo – é o demiurgo do real, o qual é apenas a manifestação exterior do processo de pensamento. Para mim, ao contrário, o ideal nada mais é que o material transposto e traduzido na cabeça do homem. [...]

---

42 Marx, *Philosophie*, p.486: "Rascunhei uma introdução geral, mas suprimi-a. Após refletir, vi que seria embaraçoso antecipar resultados ainda não estabelecidos. Será preciso que o leitor, se quiser me seguir, decida-se a ascender do particular ao geral".
43 Carta de Marx a Engels, de 14 de janeiro de 1858.

A mistificação que a dialética sofre nas mãos de Hegel não impede de modo algum que ele tenha sido o primeiro a expor suas formas gerais de movimento de maneira abrangente e consciente. É necessário virá-la pelo avesso para descobrir o núcleo racional sob o invólucro místico. Em sua forma mistificada, a dialética tornou-se uma moda alemã, porque parecia glorificar o estado de coisas existente. Em sua configuração racional, é um escândalo e uma abominação para os burgueses e seus porta-vozes doutrinários, porque, na inteligência positiva do estado de coisas existente, ela inclui de uma só vez a inteligência de sua negação, de sua destruição necessária, porque ela capta toda forma pronta no fluxo do movimento e, portanto, em sua forma perecível, porque nada pode se lhe impor, porque ela é, em sua essência, crítica e revolucionária.

É nas vicissitudes do ciclo periódico cumprido pela indústria moderna que o senso prático do burguês percebe da maneira mais marcante que o movimento da sociedade capitalista é cheio de contradições – e no apogeu desse ciclo: a crise geral. Percebemos apenas seus pródromos, mas ela se aproxima mais uma vez, e pela universalidade do palco em que se desenrola, e pela intensidade de seus efeitos, ela fará a dialética entrar nas cabeças, até e inclusive nas dos queridinhos do novo Sacro Império Romano-germânico.[44]

Com base nesse texto, considerou-se algumas vezes que a ideia de "dialética" em Marx designava apenas uma versão (materialista) da dialética hegeliana (ao invés de uma mudança completa do próprio sentido da ideia de dialética). Era assim que Engels via as coisas quando fundamentou a "dialética materialista" em "leis dialéticas" que ele interpretou como leis da matéria.[45] Uma vez aceita essa interpretação, foi possível interpretar *O capital* como a "aplicação" do "método dialético" "aos fatos de uma ciência empírica, a economia política".[46] Essa apresentação é duplamente

---

44 Marx, *Le capital*, livre premier, p.17-8. Essas metáforas podem ser comparadas com as fórmulas da carta de Marx a Kugelmann de 6 de março de 1868: "Meu método não é o de Hegel, visto que sou materialista e Hegel é idealista. A dialética de Hegel é a forma fundamental de toda dialética, mas só depois que tiver sido desimpedida de sua forma mística".
45 Engels, *Dialectique de la nature*, p.69-74.
46 Ibid., p.53.

contestável. De um lado, observamos anteriormente que Marx rejeita os métodos estabelecidos *a priori*. Desde a juventude, ele objetava a Hegel que as formas de pensamento não devem ser impostas de fora à matéria estudada, mas submeter-se "à lógica específica do objeto específico".[47] Com isso, voltava contra o próprio Hegel sua crítica do formalismo, e podemos considerar que essa rejeição marxiana dos métodos revela uma maior fidelidade a Hegel do que a adoção de um pretenso "método dialético". Ainda que, de maneira hegeliana, o posfácio de *O capital* entenda por "dialética" um procedimento que ultrapassa qualquer formalismo e procura fiar-se no movimento do objeto estudado, ele vai mais longe que essa desconfiança contra todos os formalismos, distinguindo o "método de exposição" dialético de *O capital* de seu método de investigação não dialético.

Por outro lado, vemos nesse trecho que Marx entende a ideia de dialética em sentido amplo e relativamente indeterminado: no sentido de um pensamento atento não só ao papel do negativo, das contradições e da totalidade, mas também ao "fluxo do movimento" e às transformações do real. O papel das contradições e da totalidade é sem dúvida um ponto que Marx sempre considerou fundamental, e que pode ser relacionado à ideia de dialética no sentido hegeliano do termo, mas o tema do "fluxo do movimento", das "tendências", das "metamorfoses", das "transições" é igualmente importante em *O capital* e remete mais propriamente a um pensamento dinamista do que a um pensamento dialético. É inegável que Marx elabora sua crítica da economia política baseando-se algumas vezes numa linguagem e em formas de pensamento hegelianos, mas recorre também a muitas outras linguagens e formas de pensamento que não têm nada a ver com Hegel e tudo a ver com a economia política e com as ciências da natureza da época – o que leva o prefácio da primeira edição do *O capital* a tomar como modelo epistemológico a Física, a Química e a Biologia.

As passagens da *Miséria da filosofia* dedicadas ao uso que Proudhon faz do método dialético, assim como o trecho citado anteriormente, sugerem que a ideia de "dialética materialista" designa, sobretudo, o princípio de uma crítica materialista da

---

47 Marx, *Critique du droit politique hégélien*, p.149.

dialética especulativa. Sobre esse ponto também, o sentido do materialismo parece estar ligado a uma crítica das ilusões idealistas, nesse caso a ilusão de que as leis dialéticas da exposição do saber possam ser também as das conexões do real. Ao contrário do que Engels sustentava,[48] o "virar pelo avesso" materialista da dialética não significa em Marx que a exposição do saber deve ser fundada nas leis dialéticas do real, mas, ao contrário, que as leis do pensamento e as do real não são as mesmas. Embora o posfácio se refira à ideia de dialética tanto no sentido de um "método de exposição" quanto no de um "movimento" do real, nada prova que Marx tenha querido estabelecer uma ligação unívoca entre um e outro.

Em definitivo, a crítica posta em prática na crítica da economia política não admite nem método estrito predeterminado (passível de figurar num capítulo de generalidades) nem esquema lógico organizador (como a dialética), mas faz uso dos diferentes operadores teóricos exigidos pelo desenvolvimento de uma investigação cuja cientificidade Marx acredita que depende precisamente de sua adaptação a problemas específicos, e não a preconizações ou métodos filosóficos estabelecidos *a priori*. Do mesmo modo, os operadores críticos mobilizados são de diferentes naturezas, conforme se trate de contestar a tese ideológica da eternidade das leis que governam a economia capitalista, as ilusões imanentes à prática que se reproduzem na economia política (como o "fetichismo da mercadoria") ou a instrumentalização da economia política nos conflitos relativos à duração do tempo de trabalho e ao salário. É por essas diferentes razões que podemos falar de uma crítica imanente da economia política.

Marx certamente poderia ter feito considerações metodológicas a respeito das diferentes operações intelectuais que constituem a verdadeira cientificidade, assim como poderia ter apresentado por si mesmos, na forma de tratado resumido, os princípios do materialismo histórico ou do tipo de crítica social que

---

48 Engels, *Ludwig Feuerbach et la fin de la philosophie allemande*, p.85-7: "A dialética do conceito torna-se ela própria simples reflexo do movimento dialético do mundo real e, com isso, a dialética de Hegel ficou sem pé nem cabeça ou, ao contrário, estava de cabeça para baixo, tornou a ficar de pé".

julgava mais apropriado. Não tendo abandonado a concepção que tinha da filosofia em A *ideologia alemã*, desde então nunca mais considerou que tais objetivos fossem prioridades e preferiu utilizar os recursos críticos da filosofia no âmbito de uma reflexão sobre as origens sociais, o conteúdo político e o valor científico da economia política. Em vez de reconstruir uma filosofia, enveredou pelo caminho de uma outra prática da filosofia, em que o exercício da racionalidade filosófica é remoldado pelas limitações específicas de projetos políticos (o comunismo) e teóricos (a economia política) que existem independentemente do discurso filosófico. Perseguiu assim a pergunta fundamental de sua fase jovem-hegeliana: como a filosofia poderia se tornar um instrumento a serviço dos esforços práticos rumo à emancipação? Mas no momento em que começou a buscar uma resposta numa concepção inflacionista da filosofia, considerando que a filosofia é a forma de racionalidade mais elevada e a Filosofia da História permite captar até as questões políticas mais específicas, optou afinal por uma concepção deflacionista, que guarda da filosofia apenas o que permanece sustentável à luz do progresso das ciências positivas e das reviravoltas sociais.

TERCEIRA PARTE
ECONOMIA

Marx foi um "crítico da economia política" ou economista? O conteúdo que ele próprio deu ao conceito de "crítica" é pouco claro. Quando publicou o volume 1 de *O capital*, em 1867, a obra tinha como subtítulo "Crítica da economia política", que Marx entendia tanto como uma crítica dos sistemas teóricos econômicos contemporâneos quanto uma crítica da produção capitalista. O epíteto "política" marca a referência à "cidade", em oposição à economia "doméstica", segundo o costume da época.

Os teóricos que seguem o pensamento de Marx atribuem naturalmente uma mensagem política particular à expressão "crítica da economia política". Os dois termos, "crítica" e "política", são reforçados na estigmatização do *economismo*, uma leitura das estruturas e dinâmicas sociais que as priva de seus aspectos especificamente políticos e revolucionários. O economismo trata a economia como um mecanismo, abstraídas as relações sociais, as instituições, as hierarquias e as dominações de classe ou imperialistas. Assim a expressão "economia política" é utilizada hoje para designar uma disciplina contestatória da ordem e das teorias estabelecidas, por oposição à "ciência", pretensamente neutra, da qual se vale a teoria econômica dominante.

Marx é um economista crítico da sociedade e das teorias dominantes, e sua economia é, sem dúvida nenhuma, política.

Isso não muda o fato de que ele age como *construtor* e manifesta pretensões científicas, em refutação à economia, que ele classifica de "vulgar". Ele elabora um sistema de conceitos e leis e empreende a análise de mecanismos como a concorrência ou a crise, com frequência de modo extremamente técnico. Falta o modelo apenas.

A verdadeira crítica do economismo não se situa na negação da existência possível de uma *economia* como ciência, mas na denúncia de práticas analíticas que pretendem dar conta da realidade com base apenas nos conceitos dessa ciência, como valor, preço, capital... e em mecanismos puramente econômicos, como a concorrência nos mercados capitalistas. Não há dúvida de que essas problemáticas, tais como colocadas em prática, tendem com frequência a ultrapassar seu valor explicativo. Na economia dominante, tanto hoje quanto no passado, tudo é questão de mercado, e vemos Marx insurgir-se regularmente contra tais pretensões analíticas, recorrendo de modo explícito a fórmulas como "não há lei que determine..."; ele esclarece então que o que decide, em tais situações, é a força, no sentido do confronto entre diversos grupos, em geral classes sociais.

Quando se lançou no estudo da economia política da época, Marx acreditava que avançaria rapidamente. Sabemos que sua vida foi curta para tanto e que ele passou boa parte de seus últimos anos reescrevendo os manuscritos que compõem o livro 2 de *O capital*, depois de ter abandonado os do livro 3 muito tempo antes. Foi Friedrich Engels quem juntou esse material para transformá-lo nos livros 2 e 3, tais como os conhecemos hoje. Mas devemos mencionar aqui outros manuscritos que poderiam ter composto um livro 4.

Ninguém que se lance na leitura dos escritos econômicos de Marx pode ficar indiferente aos problemas de uma vida. É sabido que várias edições alemãs do livro 1 foram publicadas enquanto Marx ainda estava vivo, e que ele leu uma tradução francesa que ele próprio indicou como versão de referência. O livro 1 forma um todo muito organizado, de arquitetura grandiosa. Contudo, estudando os outros volumes, podemos perceber nitidamente que não estavam prontos no momento da publicação desse primeiro volume, sobretudo nas últimas partes. Marx quer passar uma mensagem política forte, num quadro teórico em que a dinâmica histórica do modo de produção capitalista está em jogo, mas essa dinâmica é exposta apenas em parte no livro 1. O livro 2 é muito mais técnico. Nele, Marx mostra uma ambição analítica extraordinária, antecipando relações das quais até hoje é difícil para as contabilidades nacionais se esquivar. É evidente que ele não vai até o fim da empreitada. O livro 3 é composto de um conjunto de manuscritos bastante diversos que, com frequência, exigiriam uma reescritura. Engels fez o que pôde. Devemos abordar esses textos, portanto, com um espírito muito diferente daquele com que abordamos o livro 1. Mas devemos ter cuidado, pois Marx não é só o autor do livro 1; ele não é só o autor dos primeiros capítulos do livro 1...

O objetivo dessas considerações não é desencorajar o leitor potencial da obra econômica de Marx, mas adverti-lo. O Marx economista não é lido na ordem em que os textos foram redigidos. É altamente aconselhável que se tente adquirir uma primeira inteligência de seu pensamento em sua forma mais madura, mais elaborada, para em seguida percorrer o caminho desse amadurecimento, em especial como é apreendido nos manuscritos chamados *Grundrisse der Kritik der politischen Ökonomie* [Elementos fundamentais para uma crítica da economia política], de 1857-58. Mas devemos ressaltar também que nesses textos mais antigos, publicados ou não, existe certo número de elementos que Marx não retoma mais, do qual não faz exposições sistemáticas posteriores. Marx era um pensador ambicioso. Ele se impunha um rigoroso padrão de qualidade na produção de seus textos antes de entregá-los ao editor. Por exemplo, por que nunca publicou as poucas passagens que dedicou a seu "método"? É difícil responder a essa pergunta. Paradoxalmente a explicação mais verossímil parece ser: porque ele sabia que era brilhante em seu método, porque esses parágrafos, por mais geniais que fossem considerados retrospectivamente, não estavam à altura do que ele queria deixar para a posteridade sobre o assunto. É uma pena.

A parte econômica desta obra compõe-se de onze seções, divididas em três capítulos.[1] O primeiro capítulo possui caráter

---

1 A edição [francesa] citada do livro 1 de *O capital* é a tradução da terceira edição alemã, sob a coordenação de J.-P. Lefebvre (Paris: PUF, 1993; a última edição é de 2006). No entanto, será útil também reportar-se à

preliminar. Tem três funções: reinserir a análise econômica de Marx no quadro mais amplo de sua interpretação da História; apresentar os poucos parágrafos que Marx dedicou ao método da economia política; expor o plano de O capital. O segundo capítulo trata, em primeiro lugar, dos conceitos fundamentais: mercadoria, dinheiro, capital (a valorização e a circulação do capital). Refere-se essencialmente aos livros 1 e 2, mas estende-se aos desenvolvimentos que compõem a parte central do livro 3. Neste último, Marx trata das formas institucionais do capitalismo mais avançado a que assistiu, as que definem as grandes sociedades por ações e as instituições financeiras. Por causa das dificuldades de redação mencionadas anteriormente, o terceiro capítulo obedece apenas em parte a plano do livro 3. Dedica-se às teorias da concorrência, da acumulação, das tendências da técnica e da distribuição, das crises e dos mecanismos financeiros. Esses temas são bem delimitados no livro 3, mas com frequência transversais. São temas importantes, contudo.

Gérard Duménil

---

tradução francesa de Joseph Roy, revisada por Marx (designada a seguir como "edição Roy"). As citações dos livros 2 e 3, traduzidas do alemão por Emmanuel Renault, são dos tomos da edição *Marx Engels Werke*, da Dietz Verlag. Remetemos igualmente o leitor à tradução das Éditions Sociales, em vários volumes (Paris: Éditions Sociales, 1974), ou à tradução proposta na coleção "La Pléiade" (Paris: Gallimard, 1968). A edição da Gallimard é acompanhada de notas muito úteis de Maximilien Rubel, mas a tradução do material dos livros 2 e 3 da não obedece à ordem dos manuscritos que Engels estabeleceu, o que cria certa complexidade no confronto dos textos. As seções dessa obra empregam o termo "*survaleur* [sobrevalor]", introduzido na tradução coordenada por J.-P. Lefebvre, em vez e em substituição a "*plus-value* [mais-valia]" (para *Mehwert*). Os trechos retraduzidos da edição alemã utilizam "*procès* [processo]", de acordo com as traduções do livro 1. Marx preferiu esse termo a "*processus* [processo]", considerado pedante na época. O comentário dos trechos utiliza esse último termo, atualmente mais simples que "*procès*". Nas páginas seguintes, não se faz diferença em geral entre "*entreprises* [empresas]" e "*capitalistes* [capitalistas]". No estudo de numerosos mecanismos, Marx se refere a empresas cuja propriedade e gestão são atributos do capitalista. Mas nem sempre é o caso, como no estudo sobre a concorrência ou as sociedades. Nesse caso, faz-se menção explícita a essa diferença.

CAPÍTULO 1
O PROJETO E O MÉTODO

História. Ativar seu curso

No centro da análise de Marx, quando ele escreveu o *Manifesto Comunista*, em 1848, encontra-se uma interpretação da História. Esta constitui o fundamento teórico de sua ação política. A mensagem principal dessa interpretação é que a necessidade de superação do capitalismo está inserida nas próprias engrenagens dessa época da história humana e elas a definem como uma etapa transitória: a revolução está programada e levará ao estabelecimento de uma sociedade sem classes. Esse destino não é apenas efeito de uma tomada de consciência coletiva, de uma aspiração humana à emancipação. Marx julga detectar as raízes dessa revolução numa grande dinâmica histórica, da qual a produção capitalista é a última mutação e na qual os mecanismos econômicos têm um papel fundamental.

Essa visão do devir histórico justifica o enorme investimento intelectual que Marx fez no estudo da economia política ao longo de sua vida. Ele estava convencido de que apenas a economia poderia lhe fornecer as chaves do funcionamento e da transformação das sociedades humanas. Quando o *Manifesto* foi publicado, em 1848, ele já havia arregaçado as mangas havia alguns anos, mas ainda estava longe do elaborado sistema do O *capital*, cujo primeiro volume só seria publicado em 1867.

Antes de passar ao *Manifesto*, seria útil ler a narrativa de Marx a respeito do modo como ele procedeu, tal como o resumiu posteriormente no prefácio da *Para a crítica da economia política*, seu primeiro grande texto econômico, publicado em 1859 (na verdade, a primeira versão do início do O *capital*). Ele explica como, partindo do estudo do Direito (jurisprudência), acabou na economia: "É na economia política que convém procurar a anatomia da sociedade civil".[1] Esse texto é precioso, sobretudo, pela apresentação resumida que Marx faz de sua teoria da História (trechos 1 a 6):

1) O resultado geral a que fui conduzido e que, uma vez adquirido, serviu de fio condutor em meus trabalhos, pode ser resumido da seguinte maneira: na produção social de sua existência, os homens engajam-se em relações determinadas, necessárias, independentes de sua vontade, que correspondem a um nível de desenvolvimento determinado de suas forças produtivas materiais.

2) O conjunto dessas relações de produção constitui a estrutura econômica da sociedade, a base real sobre a qual se ergue uma superestrutura jurídica e política, e à qual correspondem certas formas de consciência social determinadas. O modo de produção da vida material condiciona o processo vital social, político e espiritual em geral. Não é a consciência dos homens que determina seu ser, mas, ao contrário, é seu ser social que determina sua consciência.

3) Num certo nível de desenvolvimento, as forças produtivas materiais da sociedade entram em contradição com as relações de produção existentes, ou ainda – e isto é apenas sua expressão jurídica – as forças produtivas entram em contradição com as relações de propriedade nas quais elas haviam se movido até então. De formas de desenvolvimento, essas relações passam então a entraves. Entra-se assim numa época de revolução social. Com a transformação do fundamento econômico, é uma reviravolta mais ou menos lenta ou rápida de toda essa enorme superestrutura que começa.

---

1 Marx, *Philosophie*, p.488.

4) Quando se consideram essas reviravoltas, é preciso distinguir sempre, de um lado, a reviravolta material das condições econômicas de produção da qual é necessário prestar contas com a mesma fidelidade com que o fazem as ciências da natureza e, de outro, as formas jurídicas, políticas, religiosas, artísticas ou filosóficas, em resumo, as formas ideológicas, nas quais os homens tomam consciência desse conflito e fazem-no estourar. Não se julga um homem pela ideia que ele tem de si mesmo tanto quanto não se julga uma época de reviravolta por sua própria consciência; de preferência, deve-se explicar a consciência a partir das contradições da vida material, dos conflitos existentes entre forças produtivas sociais e relações sociais de produção.

5) Uma formação social nunca desaparece antes que todas as forças produtivas que ela é capaz de conter sejam desenvolvidas, e as relações de produção novas, superiores, nunca podem substituir as antigas antes que suas condições de existência materiais tenham brotado no próprio interior da sociedade antiga. É por isso que a humanidade só se determina tarefas que ela pode realizar, pois sempre se encontrará, se se consideram precisamente as coisas, que as tarefas só surgem quando as condições de sua realização já estão presentes ou, ao menos, já entraram em seu processo de formação.

6) Os modos de produção asiático, antigo, feudal e burguês moderno podem ser caracterizados em grandes linhas como as épocas progressivas da formação social econômica. As relações de produção burguesas são a última forma antagônica do processo de produção – não antagônica no sentido de um antagonismo individual, mas de um antagonismo que nasce das condições sociais da vida dos indivíduos –, mas, no interior da sociedade burguesa, as forças produtivas que se desenvolvem criam ao mesmo tempo as condições materiais para a resolução desse antagonismo. Com essa formação social, portanto, a pré-história da sociedade humana se conclui.[2]

---

2 Marx, *Philosophie*, p.488-9 [*Marx Engels Werke*, v.13, p.9].

O ponto de partida é a grande dialética histórica entre *forças produtivas* e *relações de produção* (trecho 1). Numa definição simples dessas noções, força produtiva remete a conjuntos de recursos naturais, meios de produção, formas de organização e *know how*; relação de produção designa relações sociais, isto é, relações entre grupos humanos, como aquelas em que se manifesta a propriedade desses meios de produção. Estão em jogo aqui hierarquias que permitem a certos grupos sociais impor cargas de trabalho e usufruir de uma parte do produto. Às vezes, é difícil estabelecer o limite entre forças produtivas e relações de produção, porque as forças produtivas não teriam nenhum suporte social, portanto, não teriam existência (a menos que sejam reduzidas a simples potências naturais) fora dessas relações sociais. Por isso a ideia central encontra-se na combinação dessas duas noções; elas não são dinâmicas paralelas, autônomas. Marx introduz a ideia de uma "correspondência" entre os níveis de desenvolvimento das forças produtivas e das relações de produção, já presente no trecho 1. A certo grau de progresso das forças produtivas corresponde uma configuração das relações de produção. O desenvolvimento das forças produtivas estimula a transformação das relações de produção. Mas o efeito é recíproco, e as relações de produção podem alternadamente promover ou travar o desenvolvimento das forças produtivas. É o que mostra o trecho 3. Por exemplo, a pequena propriedade capitalista individual é incompatível com a grande indústria, altamente mecanizada, e o avanço das sociedades por ações, uma forma mais avançada de propriedade dos meios de produção, permite o surgimento e a ampliação da indústria moderna.

Nesses textos, Marx enfatiza a relação das forças produtivas e das relações de produção (a estrutura econômica da sociedade) em sua interação, com o que ele chama de "superestrutura jurídica e política" (o que remete a instituições como o direito e a religião) e com a "consciência" que seus atores, consciências individuais, ligadas às práticas, têm dessas instituições e tais como são expressas pelos pensadores de uma época (trechos 2 e 3). No trecho 4, ele utiliza a expressão "formas ideológicas" em referência a esses elementos superestruturais. Marx sente necessidade de refutar, de passagem, um procedimento idealista (em oposição a "materialista") que vê a transformação da produção e das relações sociais como resultado de um processo em que o pensamento humano desempenharia um papel diretivo.

O discurso político torna imediatamente a ser dominante quando Marx afirma que, em certos níveis de desenvolvimento das forças produtivas, as relações de produção entram em contradição com a progressão das forças produtivas (trechos 3 e 5). Vemos aparecer aqui a ideia de que a necessidade de mudança social está inserida na dinâmica das forças produtivas e das relações de produção. As contradições dessa mudança são reunidas em certas conjunturas históricas. Essas situações assinalam o surgimento de períodos revolucionários. O objetivo da revolução é a transformação das relações de produção, da qual um dos componentes é a mudança da superestrutura jurídica. Num resumo tão sucinto, esses processos são apresentados de maneira bastante mecanicista, mas devemos entender esses desenvolvimentos em sua intenção, sabendo que se trata de ser compreendido.

Enfim, no trecho 6, encontramos uma lista simples de quatro "modos de produção": asiático (típico também do México e do Peru pré-colombianos), antigo, feudal e burguês moderno (ou capitalista). Ainda que Marx não dê uma definição formal deles, podemos compreender que ele entende os "modos de produção" como fases históricas de desenvolvimento das sociedades humanas, em correspondência com configurações particulares da relação recíproca entre as forças produtivas e as relações de produção.

Essa visão da História das sociedades dá suporte à concepção própria de Marx a respeito da "exploração", que é comum a todas as sociedades de classe e as define enquanto tais. Assim os modos de produção são associados às configurações de classe. O déspota asiático e a classe de notáveis que o cerca exploram os camponeses cujo trabalho e cuja vida são regulamentados por essas classes; o mestre explora o escravo; o senhor explora o servo. A relação com o artesão pode ser mais complexa do que a que predomina com o trabalhador da terra, mas a exploração é analisada em todos esses modos pré-capitalistas como a apropriação do trabalho (ou do produto do trabalho) de uma classe dominada por uma classe dominante (ou de classes dominadas por classes dominantes). Em cada caso, esse trabalho apropriado é limitado pelo trabalho exigido, no mínimo, pela sobrevivência e reprodução das classes dominadas, daí a noção de apropriação de um "sobretrabalho".

Com sua análise do modo de produção capitalista, Marx quer mostrar que esse modo de produção repousa também sobre esse mecanismo, o que faz dele uma sociedade de classe.

Se o resumo do prefácio da *Para a crítica da economia política* deixa a impressão de que atribui o papel principal ao confronto entre "forças" e "relações", o mesmo não acontece no texto do *Manifesto*, cujo objetivo é, antes de mais nada, político. O primeiro capítulo do *Manifesto* começa com esta afirmação inequívoca: "A História de toda sociedade até os dias de hoje é a história das lutas das classes".[3] Mas, excluída a posição privilegiada que dá à luta de classes, o prefácio da *Para a crítica da economia política* recupera, num nível mais alto de generalidade, a demonstração do *Manifesto*.

7) No intervalo de apenas um século, o da dominação de classe da burguesia, ela [esta] criou forças produtivas mais maciças e colossais que todas as gerações passadas juntas [...].

8) Vimos, portanto, que os meios de produção e de troca sobre os quais a burguesia se edificou foram produzidos pela sociedade feudal. Num certo nível de desenvolvimento dos meios de produção e de troca, as relações no interior das quais a sociedade feudal produz e troca, [ou seja,] a organização feudal da agricultura e da manufatura, em resumo, as relações feudais de propriedade, não corresponderam mais às forças produtivas já em desenvolvimento. Elas travaram a produção ao invés de favorecê-la. Transformaram-se em correntes. Era preciso quebrá-las; elas foram quebradas. Foram substituídas pela livre concorrência, acompanhada da constituição social e política que lhe era apropriada, e pela dominação econômica e política da classe burguesa.

9) Um movimento semelhante ocorre diante de nossos olhos. As relações de produção e de troca burguesas, as relações de propriedade burguesas, a sociedade moderna, que liberaram de meios de produção e de troca tão poderosos, são como o mágico que não consegue mais controlar

---

3 Id., *Philosophie*, p.399.

as potências infernais que invocou. Há décadas, a história da indústria e do comércio nada mais é que a história da revolta das forças produtivas modernas contra as relações de produção modernas, contra as relações de propriedade modernas que constituem as condições vitais da burguesia e de sua dominação. Basta mencionar as crises comerciais que, em seus retornos periódicos, põe cada vez mais em perigo a própria existência da sociedade burguesa em seu conjunto. As crises comerciais destroem regularmente não só uma parte dos produtos disponíveis, mas também as forças produtivas já constituídas. Uma epidemia social se declara nas crises, uma epidemia que seria vista como um absurdo nas épocas passadas: a epidemia da superprodução. De repente a sociedade se vê levada de volta a um estado de barbárie; parece que uma fome ou uma guerra de extermínio tiraram dela todos os seus meios de subsistência; parece que a indústria e o comércio estão destruídos; e por quê? Porque ela possui civilização demais, meios de subsistência demais, indústria demais, comércio demais. As forças produtivas que estão a sua disposição não favorecem mais as relações de propriedade burguesas, ao contrário, tornaram-se poderosas demais para essas relações, são travadas por elas. E assim que conseguem vencer esses obstáculos, desordenam o conjunto da sociedade burguesa e ameaçam a existência da propriedade burguesa. As relações burguesas se tornaram estreitas demais para conter a riqueza que criaram.

10) Como a burguesia supera as crises? De um lado, pela destruição forçada de uma grande quantidade de forças produtivas; de outro, pela abertura de novos mercados e por uma exploração mais profunda dos antigos mercados. Como então? Por aí ela prepara crises mais gerais e mais violentas e enfraquece os meios de preveni-las. As armas de que a burguesia se serve para derrubar o regime feudal se voltam contra a própria burguesia.

11) Mas a burguesia não forjou apenas as armas que lhe darão a morte; ela produziu também os homens que utilizarão essas armas: os trabalhadores modernos, os *proletários*.[4]

---

4 Id., *Philosophie*, p.405-7 [*Marx Engels Werke*, v.4, p.467-8].

Além da declaração preliminar a respeito da luta de classes, o ponto de partida do *Manifesto* é o progresso das forças produtivas. De maneira geral, a dominação da burguesia não é um obstáculo ao progresso dessas forças. Muito pelo contrário: no momento certo, essa classe foi o motor de um desenvolvimento impetuoso das forças produtivas (trecho 7). As relações de produção capitalistas se construíram pouco a pouco no interior da sociedade feudal (trecho 8). Marx faz referência mais uma vez, explicitamente, aos aspectos superestruturais dessa ordem burguesa, em sua relação direta com os fundamentos econômicos. Estabelece uma correspondência entre a "livre concorrência" e uma "constituição social e política" que ele qualifica de "apropriada". Privilegia o caráter determinante da "estrutura econômica". Apesar da brevidade de suas palavras, podemos perceber a complexidade da relação entre infraestruturas e superestruturas. A constituição social e política é qualificada de "apropriada" porque é a garantia da manutenção das relações de produção. A infraestrutura determina o conteúdo dessa constituição social e política porque estabelece os aspectos que a tornam apta para a função de manutenção das relações de produção. Portanto, não há nada de unilateral nesses mecanismos sociais.

Então Marx aborda o tema central do *Manifesto*, o da burguesia "aprendiz de feiticeiro" que, tendo gerado um desenvolvimento sem precedente das forças produtivas, torna-se incapaz de controlá-las (trecho 9). Ele vê a manifestação disso na natureza das crises capitalistas, nas quais não se trata mais de penúria, mas de superabundância: "crises de superprodução". O termo ressalta o fato de que, nos primeiros estágios de uma retração da produção (o que a economia chama de "recessão"), as empresas esbarram numa limitação dos mercados que se manifesta num inchaço dos estoques de mercadorias não vendidas.

A História se repete, à medida que um modo de produção sucede ao outro. As relações de produção capitalistas não contêm mais o desenvolvimento potencial das forças produtivas: tornam-se obstáculos a esse desenvolvimento, como foi o caso das relações feudais. Marx tem consciência do fato de que a burguesia é capaz de superar essas crises, mas, fiel à imagem do aprendiz de feiticeiro, acredita que a produção capitalista só vence essas crises pela *ampliação* de sua dominação. O alcance das crises futuras crescerá com ela (trecho 10).

Nessa visão "catastrofista" da história do capitalismo, Marx nunca considera a opção de um "reformismo", de uma capacidade do capitalismo de superar suas contradições, mesmo à custa de uma repetição das crises. A razão é que, se o capitalismo gera as condições econômicas de sua própria eliminação, ele produz ao mesmo tempo a condição política para isso: a formação da classe operária que, de armas em punho, porá fim a essa dominação (trecho 11).

Entendemos que, a partir desse procedimento, Marx vê a análise do modo de produção capitalista constituir-se como objeto privilegiado de sua pesquisa. Ele precisava compreender a produção capitalista. Põe mãos à obra. Para isso, utiliza os conceitos da economia dominante de sua época, em especial os de Adam Smith e David Ricardo, os dois grandes "clássicos" ingleses que ele respeita[5] (ao contrário dos economistas "vulgares"). Sua atitude será tanto de um crítico quanto de um construtor. Ele refaz o trabalho e, melhor ainda, produz conceitos e leis. Nessa empreitada, ele tem dois objetivos principais: demonstrar a natureza de classe da produção capitalista e revelar as raízes de seu caráter historicamente limitado.

Demonstrar a natureza de classe da sociedade capitalista. Isso significa estabelecer que a produção capitalista é um campo de exploração de natureza similar à que predominava nos modos de produção anteriores. As formas e os mecanismos dessa exploração são distintos, mas também mais sutis, porque a sociedade moderna, ao contrário da ordem feudal, proclama a igualdade dos indivíduos que se enfrentam nos "mercados". Marx acredita que uma economia política retificada permite estabelecer essa demonstração sobre bases que ele considera científicas. Essa economia política seria uma arma nas mãos do proletariado.

Esclarecer as contradições do modo de produção capitalista. Essas contradições determinam a "historicidade" do modo de produção capitalista, isto é, designam-no como um estado transitório do desenvolvimento das sociedades e não como um estado último,

---

[5] Smith, *A riqueza das nações*, de 1776, e Ricardo, *Princípios de economia política e tributação*, de 1817.

intransponível. A intenção de Marx, portanto, é estabelecer a teoria das tendências históricas desse modo de produção, ver como esse modo de produção prepara as formas organizacionais e técnicas de sua superação, compreender as engrenagens dessas crises periódicas que, segundo ele, devem criar as condições para sua queda. Ele constrói a teoria com o intuito de contribuir para a destruição de uma ordem social, por intermédio do instrumento teórico com que quer dotar a classe proletária.

Uma vida não é suficiente.[6]

Os caminhos da teoria: o concreto de pensamento

Ao partir do rastro dos economistas e ao começar ele próprio a escrever, Marx teve de se confrontar com a questão do "método". Por onde começar? Como encaminhar? Apesar do caráter inacabado de O capital, a arquitetura geral do livro revela o cuidado extraordinário que ele teve com a organização de suas ideias: uma consciência excepcional do método. No entanto, poucos textos são dedicados deliberadamente ao assunto. Exceção importante é uma das seções de um texto abandonado, a longa introdução que Marx queria escrever para a Para a crítica da economia política; apenas seu trecho inicial seria publicado, em 1859. No prefácio dessa crítica, utilizado na seção anterior, Marx chama a atenção para a exclusão desse texto, conhecido atualmente como "Introdução de 1857". O título dessa terceira seção é "O método da economia política". Esse é o nosso objeto.

1) Quando consideramos um dado país do ponto de vista da economia política, começamos por sua população, sua distribuição em classes, cidades, interior e litoral, pelos

---

6 Leituras complementares: nos manuscritos de 1857-58, conhecidos como "Princípios" ou "Fundamentos da crítica da economia política" (*Grundrisse*, em alemão), há um conjunto de desenvolvimentos relativos às formas pré-capitalistas da produção. Nesses textos, Marx fala do despotismo oriental, da Antiguidade romana, da propriedade germânica... Eles corrigem a rudeza da lista citada nesta seção. Ver Marx, *Oeuvres*, II, p.312-59.

diferentes ramos da produção, exportação e importação, produção e consumo anuais, preço das mercadorias etc.

2) Parece correto começar pelo real e concreto, pelas pressuposições reais, como, por exemplo, em economia política, pela população, que é o fundamento e o sujeito do conjunto do ato social de produção. No entanto, se olharmos mais de perto, isso se revela errado. A população é uma abstração, se não levarmos em conta, por exemplo, as classes que a compõem. Essas classes, por sua vez, são apenas termos vazios, se não conhecermos os elementos sobre os quais elas repousam, como, por exemplo, o trabalho assalariado, o capital etc. Estes dependem da troca, da divisão do trabalho etc. O capital, por exemplo, não é nada sem trabalho assalariado, sem valor, sem dinheiro, sem preço etc.

3) Portanto, se eu começasse pela população, teria uma representação caótica do conjunto e, por determinação progressiva, acabaria analiticamente em conceitos cada vez mais simples; se eu partisse do concreto representado, acabaria em abstrações cada vez mais tênues, até obter as mais simples determinações. A partir daí, teria de voltar para trás, até obter novamente a população, dessa vez não mais como uma representação caótica do conjunto, mas antes como uma totalidade rica em determinações e relações.

4) O primeiro caminho foi o tomado historicamente pela economia na época de seu surgimento. Os economistas do século XVII começaram imediatamente com o conjunto vivo, a população, a nação, o Estado, a pluralidade dos Estados etc., mas sempre chegaram a certas abstrações determinantes, certas relações abstratas, como a divisão do trabalho, o dinheiro, o valor etc., obtidas por análise. Quando esses momentos singulares foram mais ou menos elaborados por abstração e fixados, sistemas econômicos começaram a surgir de determinações simples como o trabalho, a divisão do trabalho, as necessidades, o valor de troca, até o Estado, a troca entre nações e o mercado mundial.

5) O último caminho é manifestamente o método científico correto. O concreto é concreto porque é a síntese de determinações múltiplas, assim, unidade da diversidade. Portanto, aparece no pensamento como um processo de sín-

tese, como um resultado, e não como um ponto de partida, embora constitua o verdadeiro ponto de partida e, portanto, também o ponto de partida da intuição e da representação. Pelo primeiro caminho, a plenitude da representação volatilizou-se numa determinação abstrata; pelo segundo, as determinações abstratas conduzem à reprodução do concreto por intermédio do pensamento.

6) É por isso que Hegel sucumbiu à ilusão segundo a qual o real seria o resultado do pensamento que sintetiza a si mesmo, aprofunda-se em si mesmo e move-se por si mesmo, ao passo que o método que consiste em ir do abstrato ao concreto é apenas uma maneira de o pensamento se apropriar do concreto, de reproduzi-lo como um concreto espiritual. Mas esse não é de modo algum o processo da gênese do concreto. Por exemplo, a categoria econômica mais simples, digamos, o valor de troca, depende da população, de uma população produzindo dentro de relações determinadas; depende igualmente de certa espécie de família – ou comunidade – ou Estado etc. Não pode nunca existir de outro modo senão como relação abstrata, *unilateral* de um conjunto concreto, vivo e já dado. Como categoria, no entanto, o valor de troca leva uma vida antediluviana. É por isso que, para a consciência – e é isso que determina a consciência filosófica –, para a qual o pensamento gerador é o homem real e, por seguinte, para a qual o mundo concebido é o único real, o movimento das categorias aparece como o verdadeiro ato de produção – que infelizmente não conserva nada do que existe fora a não ser o choque[7] – cujo resultado é o mundo; e é correto na medida em que – mas isso é uma tautologia – a totalidade concreta enquanto totalidade de pensamento, enquanto concreto de pensamento, é efetivamente um produto do pensamento, do conceber; não é em hipótese alguma o produto do conceito que se geraria e pensaria fora ou acima da intuição e da representação, mas a reelaboração da intuição e da representação em conceitos.

---

7 Marx refere-se ironicamente à filosofia idealista de Fichte, que fundamentava a objetividade do conhecimento no "choque" (*Anstoss*) pelo qual o sujeito descobre o mundo exterior.

7) O todo, tal como aparece no cérebro enquanto todo de pensamento, é um produto do cérebro pensante que se apropria do mundo da única maneira possível para ele, uma maneira que difere da apropriação artística, religiosa ou prática espiritual do mundo. O sujeito real subsiste tanto antes como depois fora do cérebro, mais precisamente, enquanto o cérebro se comportar de maneira apenas especulativa, apenas teórica. É por isso que, também no método teórico, o sujeito, a sociedade deve permanecer constantemente presente como pressuposição [...].

8) Assim, ainda que a categoria mais simples possa muito bem ter existido historicamente antes da mais concreta, ela pode pertencer precisamente, em todo o seu desenvolvimento intensivo e extensivo, a uma formação social complexa, ao passo que a mais concreta se encontrava mais completamente desenvolvida numa formação social menos desenvolvida.[8]

Nos trabalhos econômicos que estudou, Marx distingue as obras datadas do século XVII dos escritos posteriores (como indica no trecho 4). A principal característica daquelas é o fato de começarem, de maneira descritiva, pela análise de observações relacionadas à economia: a população, os países, os Estados, os recursos etc. Marx qualifica esses dados de "concretos". Sobre tais bases, esses tratados acabam na análise de noções "abstratas", como mercadoria, capital, valor etc. Não se trata mais da descrição dos conjuntos de mercadorias fabricadas em dado país, das máquinas e procedimentos empregados para sua produção, do *know how* dos produtores ou da propriedade, mas da análise de noções: o que é uma mercadoria, o capital ou o valor.

Podemos descrever o objeto dessa pesquisa em termos de "definições", de conteúdos específicos dados a essas noções. No entanto, o fato de atrelar umas às outras faz surgir a questão fundamental de suas inter-relações. Por exemplo, podemos definir a mercadoria e o capital de forma independente um do outro? A resposta é negativa, evidentemente. Essas noções formam um "sistema", e é esse termo que o próprio Marx utiliza quando

---

8 Marx, *Philosophie*, p.469-73 [*Marx Engels Werke*, v.13, p.632-4].

se refere aos grandes "sistemas econômicos". Um teórico digno do nome preocupa-se com os diversos conteúdos, mas tem consciência ao mesmo tempo de suas interdependências, isto é, controla deliberadamente as inter-relações. No processo da pesquisa, esse procedimento implica que se façam recuos constantes, que se retorne a elementos que antecedem logicamente a outros. Contudo, no enunciado dos resultados, é preciso que tudo pareça se encaixar de maneira natural. A partir do momento que a exposição assume esse caráter "sistemático", é preferível falar de "conceitos", em vez de "noções", e de "análise e exposição do conceito", em vez de "definição", e o sistema torna-se teoria, propriamente dizendo. E, nesse campo, Marx é especialista.

Devemos nos perguntar então por que dar esse ou aquele conteúdo a um conceito, dadas as interdependências citadas anteriormente. Porque esse não é um exercício especulativo. O objetivo é criar ferramentas cuja utilidade que se procura é a análise da realidade. Esses conceitos devem demonstrar sua eficácia como ferramentas de análise, isto é, provar seu "poder explicativo".

Assim, o circuito completo do conhecimento científico divide-se em dois processos elementares. O primeiro é a produção das ferramentas, os conceitos; ele parte da realidade, mas desprende-se dela, e seu resultado é o sistema teórico. O segundo é a utilização dessas ferramentas, a análise da realidade. A chave do primeiro, a produção dos conceitos, é a seleção, a eliminação de determinações que não pertencem ao poder explicativo do conceito tomado isoladamente, e por isso podemos descrevê-lo como um processo de "abstração". O objeto do segundo é a combinação desses valores explicativos e, como tal, podemos chamá-lo de análise "concreta", análise que vai ao encontro dos múltiplos aspectos da realidade. O estudo desses mecanismos cognitivos no campo da teoria marxista foi o centro da escola althusseriana nos anos 1960 e 1970.[9]

As citações de Marx feitas nesta seção são uma exposição desses princípios. A dificuldade para compreendê-los é com frequência terminológica. De um lado, Marx enuncia um princípio

---

9 Ver em especial Althusser, Sur la dialectique matérialiste: de l'inégalité des origines. In: *Pour Marx*, e Macherey, À propos du procès d'exposition du Capital (Le travail des concepts). In: Althusser et al., *Lire Le Capital*.

de conhecimento muito sofisticado, e toda a sua obra econômica é uma aplicação desse princípio. De outro, ele utiliza um vocabulário que, às vezes, não está à altura do discurso, como, por exemplo, "termos vazios". Mesmo as palavras aparentemente mais simples, como "realidade", "concreto" ou "abstrato", causam problemas consideráveis quando se quer justificá-las de forma rigorosa. Elas próprias não formam sistema (científico). A empreitada é difícil. Como se fazer compreender em relação a essas questões?

Marx analisa uma economia política de formato tradicional, cujo ponto de partida seriam certos aspectos descritivos da realidade estudada, digamos, para simplificar, a população, o primeiro elemento enunciado por ele (trecho 1). A população parece um ponto de partida apropriado, já que é o agente da produção (trecho 2). Mas então Marx declara que a população é uma abstração, se considerada sem sua divisão em classes. "Abstração" deve ser entendida aqui no sentido mencionado anteriormente, isto é, de "extração" de um elemento de um conjunto mais amplo ou, nesse caso, de valer-se de uma noção geral para referir-se a um objeto social cujas modalidades (certas modalidades e não outras) são essenciais para a análise. Seguindo o raciocínio de Marx, a apreensão das relações sociais supõe a referência às classes e não a um corpo social não organizado, a "população". Ele introduz então o segundo processo elementar do conhecimento, o que vai dos conceitos à "realidade", coisa originalmente obscura que é esclarecida pela teoria (trecho 3).

A análise é muito densa. Depois de citar os sistemas econômicos do século XVII (trecho 4), Marx enuncia o duplo processo do conhecimento (trecho 5): a produção teórica e a análise concreta, ou seja, a utilização das ferramentas teóricas. Então aparece a formulação: a "reprodução do concreto por intermédio do pensamento", uma formulação concisa e notável que, no entanto, é marcada por diversas ambiguidades; a ideia de "reprodução", em especial, provocou muita confusão. Trata-se da análise da realidade com o auxílio das ferramentas que a elaboração teórica produziu. No trecho 6, Marx critica o procedimento idealista de Hegel e introduz a célebre expressão: "concreto de pensamento". O trecho 7 oferece uma formulação particularmente concisa do processo do conhecimento como produção, um ato do cérebro humano. O trecho 8 repete a refutação do procedimento idealista, separando radicalmente a questão da posição dos conceitos no enunciado da teoria (conceitos que se situam mais ou menos acima ou abaixo no edifício teórico) e a questão da cronologia dos fatos que atestam melhor o valor explicativo desses conceitos. O valor explicativo de um conceito teoricamente primário só pode aparecer claramente num estágio de desenvolvimento histórico avançado.

Uma obra como *O capital* é inteiramente permeada por essas lógicas. Encontramos simultaneamente os dois procedimentos: a produção dos conceitos e sua utilização. Como a compreensão desses mecanismos condiciona a compreensão da obra, devemos considerá-los por alguns instantes.

i) *O capital* é, antes de mais nada, o lugar onde são expostos os conceitos da economia política, o que se assemelha formalmente à introdução de definições, só que muito mais ambicioso. A análise de um conceito conduz à introdução de um conjunto de conceitos elementares do qual ele expressa a totalidade organizada, por exemplo, os conceitos de capital constante e variável em relação ao capital em geral (é mais cômodo falar de "categorias" para designar esses conceitos elementares). O cuidado que ele tem com a coerência dos conceitos uns em relação aos outros, como, por exemplo, mercadoria e capital, é a característica principal da análise científica. Essa preocupação com a articulação pode nos levar a pensar que o mais recente foi "deduzido" do anterior, mas isso é ilusão. Cada novo conceito é "colocado", isto é, introduzido como tal. Por exemplo, veremos que, no início de *O capital*, Marx introduz o conceito de mercadoria, cujo conceito elementar é o valor. Em seguida, ele considera o conceito de capital sobre essa base (do valor em movimento), mas não *deduz* o capital da teoria do valor.

ii) *O capital* é também o lugar onde esse conjunto de ferramentas conceituais é posto em prática na análise da "realidade". Sendo assim, as modalidades da exposição mudam radicalmente. Veremos, por exemplo, que Marx acredita que as taxas de lucro (que mede a rentabilidade do capital) tende a atravessar fases durante as quais seu valor diminui gradualmente. Não se trata mais de exposição de um conceito, mas de análise de um mecanismo: se tal variável aumenta, por uma ou outra razão, enquanto o crescimento de uma segunda é bloqueado, uma terceira aumenta ou diminui. O discurso adquire a forma de uma paráfrase de modelação. A intenção de Marx nesses campos teóricos não é estudar precisamente um mecanismo em tal lugar, em tal ou tal época, mas apreender aquilo que chamou, nos trechos citados nesta seção, de "concreto", *num certo nível de generalidade*. A produção capitalista tende a passar, de modo recorrente, por tais episódios. Marx oferece uma interpretação do caráter comum desses episódios, dos "fatos estilizados". Entramos na análise concreta, embora não completamente especificada: um estágio intermediário do procedimento analítico na direção do concreto, de certo modo. Essas análises se situam na "teoria", que não se limita à exposição conceitual.

O capital: conceito e obra

No fim da terceira seção da "Introdução geral de 1857", utilizada na seção anterior, Marx apresenta um plano extremamente ambicioso da crítica da economia política que planejava escrever. O segundo dos cinco pontos é dedicado ao que ele chama de "categorias que constituem a estrutura interna da sociedade burguesa e sobre as quais repousam as classes fundamentais". A enumeração dos três termos, que sucede a esse enunciado, é a imagem das três classes: capitalistas, proletários e proprietários de terras. Essas formulações têm certa ligação com o plano de *O capital*, mas não fornece a chave para ele. Não só Marx modifica o plano inicial, como ainda é Engels quem prepara os dois últimos livros dos três que compõem a obra tal como é conhecida desde então. Engels fez isso em estrita conformidade com o conteúdo dos manuscritos deixados por Marx. Visto o procedimento seguido por ele no livro 1, o livro 2 impunha-se, assim como o início do livro 3. Mas o material restante não implicava dada ordem de exposição. Veremos também que a publicação do livro 1, em 1867, levou-o a tomar certas liberdades em relação ao rigor de seu procedimento com objetivos claramente políticos.

Além das dificuldades relacionadas às alterações de redação e publicação, não é fácil entender o plano de *O capital*. E devemos reconhecer que Marx não ajuda o leitor, de quem exige muita paciência. Seguindo o procedimento de introdução progressiva dos conceitos, Marx assinala algumas vezes, de maneira incidental, que as noções que ele ainda não introduziu não existem para ele, mas não diz quais são elas. A imaginação do leitor voa perigosamente. É necessário certo esforço. Também podemos afirmar que só é possível compreender o plano de O *capital* depois de tomar conhecimento de seu conteúdo ou, ao contrário, não é possível iniciar a leitura da obra sem antes captar sua arquitetura geral. Adotaremos aqui o segundo ponto de vista, o da necessidade de uma visão de conjunto prévia, sabendo que se trata de identificar e ordenar objetos teóricos cujo estudo ocorrerá posteriormente e que, por isso, permanecerão amplamente obscuros.

Não causa grande surpresa que uma obra dedicada à "produção capitalista", ou ao "modo de produção capitalista", tenha como título O *capital*. O conceito de capital encontra-se naturalmente no centro dessa pesquisa, e o plano da obra é a própria imagem da exposição do conceito. Antes de conhecê-lo, seria útil saber como Marx define o capital no capítulo 4 do livro 1.

Em primeiro lugar, o que o capital não é. Segundo um uso bastante comum, a que o próprio Marx adere, podemos, por extensão, designar a classe capitalista como "o capital", mas essa formulação não é rigorosa. Também podemos afirmar que "o capital" é uma relação social, mas isso leva a uma confusão entre o capital e "a produção capitalista".

Em seguida vêm as definições erradas. Quando define o capital no livro 1, Marx faz a pergunta a que todos os economistas devem responder. Respostas típicas são: o capital é um "objeto" suscetível de servir várias vezes ou uma quantia de dinheiro. A noção presta-se a inúmeros desdobramentos. Assim, podemos falar de "capital humano", em referência não só a uma população de trabalhadores potenciais, mas também à soma de *know how* acumulado. Cada um usa a noção como bem entende, mas Marx não é muito tolerante.

A definição de Marx do capital tem a característica de ser a única em conformidade com a prática das empresas capitalistas. Trata-se de uma coisa simples, mas faltam palavras para expressá-la. Sobretudo uma palavra: "valor". Vamos considerá-la dada: "Um capital é uma soma de valor". Essa é uma formulação bastante correta, mas, para o economista, peca por excesso de generalidade. Então tentamos ser mais precisos: "Uma soma de valor adiantada com a intenção de financiar uma atividade econômica". Marx dá a palavra final, acrescentando a ideia de valorização: "Um capital é uma soma de valor adiantada com a intenção de se valorizar", de "dar cria", segundo ele. O capitalista adianta uma *soma de valor* a fim de retirar uma *soma de valor acrescida*. Finalmente. Por que ele se complica com a noção de *valor*, cuja definição é problemática, e não diz simplesmente: "O capital é uma soma de *dinheiro* adiantada com o intuito crescer"? Ele não faz isso. Talvez, originalmente, o adiantamento dessa soma de valor seja feito em dinheiro, mas em geral por um período limitado, porque esse dinheiro é utilizado para comprar matérias-primas, máquinas, pagar assalariados etc. O capital não desaparece com o gasto do dinheiro. Mesmo depois de gasto, está sempre presente, só que de outras formas, e todas essas formas são sempre transitórias. O valor cuja soma é o capital existe em *formas*. Na empresa, em determinado momento, o valor adiantado está na conta da empresa, no corpo da máquina, no corpo do produto à espera de comprador ou "suspenso" no serviço que é prestado naquele momento e justifica um pagamento. Mas no momento seguinte as coisas normalmente mudam. Por exemplo, o dinheiro da conta é gasto. O valor adiantado passa de uma forma para outra. Portanto, o capital é valor adiantado, tomado num movimento no curso do qual ele muda de forma com o objetivo de aumentar. Marx nos perdoará por tê-lo parafraseado. Os trechos 1 a 3 devolvem a palavra a ele.

1) O valor passa constantemente de uma forma a outra, sem se perder nesse movimento, e transforma-se assim num sujeito automático. Se fixarmos as formas fenomenais que assume alternadamente o valor que se valoriza no circuito de sua existência, obtemos as explicações[10] seguintes: o capital é dinheiro, o capital é mercadoria. Mas, na realidade, o valor torna-se aqui o sujeito de um processo em que, pela mudança constante das formas dinheiro e mercadoria, ele muda sua própria grandeza, desprende-se em sobrevalor [mais-valia] de si mesmo enquanto valor inicial, valoriza a si mesmo. Pois o movimento em que ele

---

10 "*Définitions* [definições]" na tradução francesa revisada por Marx.

acrescenta sobrevalor a si mesmo é seu próprio movimento, sua valorização, portanto autovalorização. Ele recebeu essa qualidade oculta de adicionar valor porque ele é valor. Dá crias vivas ou, ao menos, bota ovos de outro [...].

2) [O valor] apresenta-se de repente como uma substância em processo, uma substância que se põe em movimento por si mesma, e para a qual mercadoria e moeda são simples formas [...].

3) O valor torna-se, portanto, valor em processo, dinheiro em processo e, como tal, capital. Provém da circulação, retorna a ela, preserva-se nela e multiplica-se nela, volta aumentado dela e recomeça incessantemente o mesmo circuito. D–D', dinheiro que gera dinheiro – *money which begets money* – como diz a descrição do capital na boca de seus primeiros intérpretes, os mercantilistas.[11]

As noções mais importantes aqui são "valor", "valorização" e "formas" sucessivas. A primeira situa-se acima da definição de capital. Dizer que "o capital é valor que..." supõe uma definição prévia de valor. As duas outras noções remetem a dois problemas fundamentais da análise do capital: como o valor pode se valorizar, isto é, aumentar? O que se deve entender por "mudança de forma" e, sobretudo, que formas são essas? Temos aqui a chave do procedimento utilizado nos livros 1 e 2, tal como é resumido no Quadro 1. O capital situa-se no centro do Quadro 1; a *mercadoria* está acima dele. O conceito de *valor* é uma "categoria" da teoria da mercadoria. Ao analisar o conceito de mercadoria, Marx expõe o conceito de valor – que só é inteligível nesse quadro teórico. Essa exposição precede logicamente a do capital, porque, de um lado, "o capital é valor que..." e, de outro, a mercadoria é uma forma do valor, duas razões para tratar primeiro da mercadoria e do valor. Vemos também que o capital, sendo o que é, não é mais realmente valor, porque essa definição confere ao valor atributos que ele não possui (um valor que cresce não é valor, mas capital). Marx introduz de passagem dois outros conceitos ligados aos conceitos de mercadoria: *troca* e *dinheiro*. A análise da troca é, na verdade, inseparável da teoria da mercadoria (os

---

11 Marx, *Le capital*, livre premier, p.173-5.

bens trocados são mercadorias somente na troca). Além de mercadoria, o capital pode assumir a forma de *dinheiro*. Como não pode expor o conceito de capital sem os conceitos de mercadoria (portanto de valor) e de dinheiro, *O capital* começa por eles e não diretamente pela teoria do capital. Mas devemos ter cuidado, porque o capital não se "deduz" logicamente do dinheiro, apesar do título bastante enganador da seção 2 do livro 1: "Transformação do dinheiro em capital".

Prosseguimos para além do conceito de capital. As duas flechas indicam os caminhos seguidos no estudo da "valorização" ou "processo de valorização" do capital e da sucessão das formas ou "processos de circulação" do capital. O primeiro é chamado algumas vezes de "processo de produção", o que reúne o estudo do processo de trabalho e da valorização, ambos em sentido estrito. A análise do processo de valorização (como o valor-capital aumenta) é o objeto principal do livro 1. O estudo do processo de circulação (a sucessão das formas) é o objeto do livro 2. Para ler *O capital*, é absolutamente necessário ter em mente essa distinção fundamental.

Quadro 1

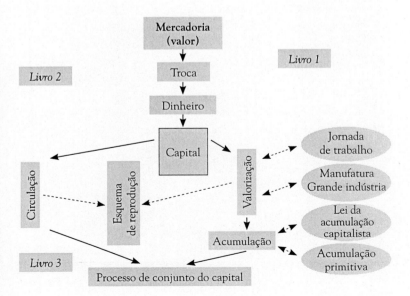

Quadro 2

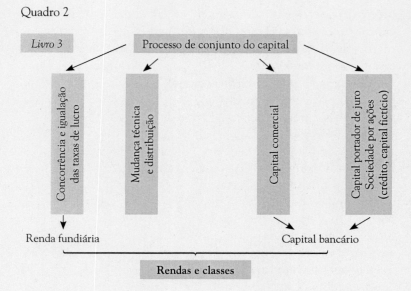

Como veremos, a solução do mistério do crescimento do capital encontra-se na teoria da mais-valia ou sobrevalor: o mecanismo da apropriação do sobretrabalho, na produção capitalista. A segunda flecha do Quadro 1, simétrica à anterior, simboliza o início do estudo da circulação do capital: o enunciado das formas que o capital pode assumir (três e não duas, na verdade).

Essa distinção entre valorização e circulação define a estrutura dos dois primeiros livros, mas dois elementos de complexificação vêm se juntar a ela, ambos úteis, mas cuja localização na obra não é logicamente necessária.

i) O livro 1 conclui-se com o estudo da acumulação, isto é, o processo pelo qual parte do sobrevalor vem engrossar a massa do capital. Marx escolheu proceder a essa introdução no fim do livro 1, que rompe o paralelo entre os aspectos do conceito de capital, valorização e circulação. É evidente que essa análise não poderia preceder logicamente a de sobrevalor, mas poderia vir depois. Marx é conduzido assim, no fim do livro 1, a antecipar certos desenvolvimentos dos livros 2 e 3. Esse é o motivo por que esta obra trata da acumulação no terceiro capítulo desta parte.

ii) No livro 2, percebe-se a necessidade de estabelecer a relação entre as análises dos livros 1 e 2: a articulação dos mecanismos da valorização e da circulação. Isso é sugerido no centro do Quadro 1, quando são mencionados os esquemas de reprodução. Explicaremos com base em que eles estabelecem essa ponte quando tomarmos conhecimento deles.

A essa arquitetura básica dos dois livros, é preciso acrescentar um conjunto de desenvolvimentos conexos que Marx "enxerta" na estrutura do livro 1 (indicados pelos balões). Eles são inseridos de maneira lógica e têm grande interesse, mas não são eles indispensáveis da exposição teórica. Há quatro desenvolvimentos principais. Os dois primeiros completam o estudo da valorização do capital. São longos trechos dedicados, de um lado, à "jornada de trabalho" e, de outro, à "cooperação" (no exercício da produção), à "manufatura" e à "grande indústria". Veremos que têm um papel importante na determinação dos graus de exploração dentro do capitalismo, o que explica sua localização no texto. Os outros dois estão anexados ao estudo da acumulação. São a "lei da acumulação capitalista" e a "acumulação primitiva". O primeiro tema, politicamente muito importante, é prejudicado pelo fato de não ser considerado o quadro teórico muito mais elaborado do livro 3. O segundo é de natureza histórica.

Podemos considerar que esses desenvolvimentos são igualmente ou até mais importantes para a compreensão da dinâmica do modo de produção capitalista que outras exposições mais abstratas. Os comentários que fizemos até agora sobre eles dizem respeito unicamente à sua localização na arquitetura da obra. O pensamento de Marx é muito rico, e vemos delinear-se por trás dessas análises os temas maiores de sua concepção da História, como, por exemplo, a ideia de "socialização" das formas produtivas, crucial para a tese da historicidade do modo de produção capitalista. Não há como bater o martelo nessa matéria, afirmar o que é mais importante: apenas constatamos que Marx privilegiou a estrutura de exposição dos conceitos fundamentais na ordenação geral da obra.

No primeiro parágrafo do livro 3,[12] Marx lembra os procedimentos dos livros 1 e 2 e o nível elevado de abstração das análises (a "abstração dos efeitos secundários"). Assinala que o livro 3 trata das "formas concretas a que dá origem o movimento

---

12 Id., *Le capital*, livre troisième, v.1, p.47.

do capital considerado um todo"; em outras palavras, o capital é considerado dali em diante em seus dois aspectos: o processo de valorização e o processo de circulação, os dois campos dos livros 1 e 2 finalmente reunidos. Ao menos a intenção de Marx era realizar essa síntese, mas muitos dos manuscritos que compõem o livro 3 foram escritos antes dos do livro 2 e nunca foram revistos.

O Quadro 2 refere-se à organização do livro 3, na qual Engels teve um papel determinante. Esses manuscritos não estavam prontos para a publicação e menos ordenáveis ainda que as redações sucessivas do livro 2, às quais Marx dedicou muito de seu tempo nos últimos anos de sua vida. Podemos fazer algumas críticas a Engels, mas parece difícil fazer melhor do que ele.

A diferença em relação aos primeiros livros de *O capital* aparece imediatamente na configuração geral do Quadro 2, que justapõe quatro grandes blocos paralelos: 1) a concorrência e a igualação das taxas de lucro nos diferentes ramos; 2) a mudança técnica e a mudança da distribuição (em especial a tese da tendência de baixa da taxa de lucro); 3) o capital comercial (o capital do comércio de mercadorias e o capital do comércio de dinheiro); 4) o capital portador de juro e a sociedade por ações (crédito, capital fictício...). Abaixo da análise da concorrência, podemos situar a teoria da renda fundiária, que a completa na hipótese de existência de recursos naturais. Ainda abaixo dela, notemos a convergência da análise do capital comercial e do capital portador de juro com a teoria do capital bancário. O Quadro 2 termina com a menção às rendas e às classes a que Marx queria fazê-las corresponder.

A ordem dos quatro grandes blocos é importante, mas não era inevitável. Um problema muito mais grave é que certo número de pontos muito importantes não é levado em conta em partes específicas do livro 3, como, por exemplo, a análise das crises e do ciclo da indústria.

Ler *O capital* é aprender a se orientar nesse vasto edifício aberto aos quatro ventos da História.

CAPÍTULO 2

MERCADORIA, DINHEIRO E CAPITAL

Mercadoria, valor, dinheiro e preço

Cada um dos três livros de O *capital* é dividido em seções, cada qual composta de capítulos. A primeira seção do livro 1 intitula-se "Mercadoria e dinheiro" e tem três capítulos dedicados, respectivamente, à mercadoria, à troca e ao dinheiro. Reconhecemos aqui os termos situados acima do conceito de capital no Quadro 1 proposto anteriormente.

O objetivo do primeiro capítulo é expor o *conceito* de mercadoria. Quando o economista se refere à "mercadoria", o que ele entende por isso? O que pensa? A pergunta parece fácil. Marx responde: "Ele pensa numa coisa dupla", ou, se preferirmos, "em duas coisas ao mesmo tempo": um "valor de uso" e um "valor de troca". Dito de modo mais rigoroso, um "objeto de utilidade" e um "valor". Dito de modo mais usual, isso significa, em primeiro lugar, que uma mercadoria é um objeto considerado útil e, portanto, suscetível de se querer possuir. Essa propriedade, que pode satisfazer à vaidade de seu possuidor ou incomodá-lo, não tem nada a ver com as qualidades do objeto. O segundo termo, "valor de troca" ou "valor", significa que essa desejabilidade se manifesta no mercado: o detentor do objeto apresenta-o num mercado em que esse objeto fica à espera de ser requisitado. O conceito de mercadoria requer os dois aspectos. Um bem produzido, mas não oferecido num mercado (ou ainda não oferecido) não é uma mercadoria; um bem adquirido e possuído para seu uso privado não é mais uma mercadoria.

No primeiro capítulo de *O capital*, Marx não trata dos serviços, que não têm a materialidade da mercadoria. O uso é simultâneo à produção, o que não muda nada de fundamental, exceto que os serviços não podem se acumular, como as mercadorias.

1) A riqueza das sociedades em que reina o modo de produção capitalista aparece como uma "gigantesca coleção de mercadorias" cuja forma elementar seria a mercadoria individual. É por isso que nossa pesquisa começa pela análise da mercadoria. [...] O valor de uso só se realiza efetivamente no uso ou no consumo. Os valores de uso constituem o conteúdo material da riqueza, seja qual for sua forma social, aliás. Na forma social que vamos estudar, eles são ao mesmo tempo os portadores materiais do valor... de troca.

2) O valor de troca aparece primeiro como a relação quantitativa, à proporção em que valores de uso de uma espécie dada se trocam por valores de uso de outra espécie, relação que varia constantemente, conforme o lugar e a época. [...] Tomemos ainda duas mercadorias, digamos, trigo e ferro. Seja qual for sua relação de troca, ela pode ser sempre representada por uma equação em que um *quantum* dado de trigo é igualado a outro tanto de *quantum* de ferro, digamos, 1 *quarter* de trigo = *a* quintal de ferro. O que diz essa equação? Que existe algo em comum e de mesma dimensão nas duas coisas diferentes, em um *quarter* de trigo e em um quintal de ferro. As duas coisas, portanto, são iguais a uma terceira, que não é em si nem uma nem outra. Cada uma das duas, na medida em que é valor de troca, deve ser redutível, portanto, a essa terceira [...].

3) Esse algo em comum não pode ser uma propriedade natural dessas mercadorias, geométrica, física, química ou outra. Suas propriedades naturais só entram em consideração na medida em que são elas que as tornam utilizáveis, que as transformam, portanto, em valores de uso. Mas, por outro lado, é precisamente o fato de que se abstraia seu valor de

uso que caracteriza manifestamente a relação de troca das mercadorias [...]. Se abstrairmos agora o valor de uso das mercadorias, só lhes resta uma única propriedade: a de serem produtos do trabalho. Mas, mesmo nesse caso, esse produto do trabalho é transformado em nossas mãos. Abstraindo seu valor de uso, abstraímos ao mesmo tempo os componentes corpóreos e as formas que fazem dele um valor de uso. [...] Não resta nada dele além dessa mesma objetividade fantasmática, uma simples gelatina de trabalho humano indiferenciado, isto é, de dispêndio de força de trabalho humano, indiferente da forma em que é despendida. [...] É enquanto cristalização dessa substância social que lhes é comum que elas são valores, valores mercantis.[1]

4) Aqui, as coisas A e B não são mercadorias antes da troca, tornam-se mercadorias apenas por seu intermédio. A primeira maneira de um objeto de uso ser um valor de troca em potencial é existir como não valor de uso, isto é, como quantidade de valor de uso que exceda as necessidades imediatas de seu possuidor. As coisas são, por definição, exteriores ao homem e, portanto, alienáveis. Para que essa alienação seja recíproca, basta que os homens se confrontem implicitamente como os proprietários privados dessas coisas alienáveis e, com isso precisamente, como pessoas independentes umas das outras. [...]

5) A repetição contínua da troca faz dela um processo social regular. Com o tempo, portanto, ao menos uma parte do trabalho deve ser produzida de início para a troca. E, a partir desse momento, de um lado, a cisão entre a utilidade das coisas para a necessidade imediata e sua utilidade para a troca se confirma; seu valor de uso se separa de seu valor de troca. E, de outro, a relação quantitativa segundo a qual elas se trocam torna-se dependente de sua própria produção. O hábito as fixa como grandezas de valor [...].

6) Nunca se instaura um comércio em que possuidores de mercadorias comparam e trocam seus artigos por outros artigos diferentes sem que nesse comércio diversas mercadorias pertencentes a diversos possuidores não sejam

---

1 Marx, *Le capital*, livre premier, p.39-43.

trocadas por uma única e mesma terceira mercadoria e comparadas a ela enquanto valores. Essa terceira mercadoria, ao se tornar o equivalente de outras mercadorias diferentes, adquire de imediato – ainda que em limites estreitos – a forma de equivalente universal ou social. Essa forma equivalente universal aparece e desaparece com o contato social momentâneo que a suscitou. Calha de maneira fugidia e cambiável a essa ou àquela mercadoria. Mas, com o desenvolvimento da troca mercantil, prende-se exclusivamente a espécies de mercadorias particulares, ou se cristalize em forma dinheiro.[2]

7) É apenas a relação social determinada entre os próprios homens que toma aqui para eles a forma fantasmagórica de uma relação entre coisas. Tanto que, para encontrar uma analogia, devemos escapar para as zonas nebulosas do mundo religioso. Nesse mundo, os produtos do cérebro humano parecem ser figuras autônomas, dotadas de vida própria, travando relações entre si e com os seres humanos. Assim acontece também no mundo mercantil dos produtos da mão humana. Chamo isso de fetichismo, fetichismo que adere aos produtos do trabalho tão logo são produzidos como mercadorias e, portanto, é inseparável da produção mercantil.[3]

O *capital* começa com as célebres frases do trecho 1. Marx define nesse trecho primeiro o valor de uso, como a matéria da riqueza, uma determinação geral que não supõe a existência de uma sociedade particular. Numa sociedade mercantil (em especial mercantil capitalista, mas não exclusivamente), o valor de uso é também o suporte do valor de troca, cuja definição é introduzida no trecho 2. Numa troca entre duas mercadorias, está em jogo uma relação quantitativa: quanto de uma por quanto de outra. No fim do trecho 2, aparece uma afirmação cujas implicações seriam consideráveis. A comensurabilidade das duas mercadorias na troca implica, segundo Marx, que as duas coisas são "iguais a uma terceira, que não é em si nem uma nem outra".

---

2 Ibid., p.100-101.
3 Ibid., p.83.

É assim que no trecho 3 ocorre o grande ato fundador da teoria econômica geral de Marx, que vai servir de base para sua teoria da exploração em particular: "Se abstrairmos agora o valor de uso das mercadorias, só lhes resta uma única propriedade: a de serem produtos do trabalho". Somente o trabalho produz valor. Por quê? Porque o trabalho é o único elemento comum que as torna comensuráveis. O valor das mercadorias é determinado pelo tempo de trabalho necessário para sua produção. O que temos aqui é o enunciado do que chamamos de "teoria do valor trabalho". O restante do trecho 3 especifica que o trabalho cujos produtos são as duas mercadorias só é reconhecido por aqueles que realizam a troca enquanto expressão de um mesmo "dispêndio de força de trabalho humano, indiferente da forma em que é despendida". Esse reconhecimento mútuo só pode ser resultado de uma prática, fundada na repetição. Voltaremos a esse ponto.

Aqui podemos abrir um parêntese para retomar uma questão metodológica. A exposição do conceito de mercadoria leva à introdução de certo número de conceitos elementares, ou "categorias mercantis": o conceito de um trabalho particular, denominado "trabalho abstrato", isto é, o trabalho depois de desconsideradas as propriedades específicas de cada trabalho, que vem se juntar às categorias de objeto de utilidade, de valor e de troca. No entanto, a apresentação da teoria do valor trabalho dá ocasião para a introdução de um conjunto ainda mais vasto de conceitos elementares. Além da ideia de abstração do caráter próprio dos diferentes trabalhos, trata-se, na determinação de valor de uma mercadoria, da quantidade de trabalho socialmente *necessária*, o que remete a um trabalho de habilidade e intensidade médias. Além disso, nem todos os diferentes trabalhos geram valor em mesmo grau. Em primeiro lugar, há os chamados trabalhos "improdutivos", isto é, trabalhos que não geram nenhum valor, o que não implica que sejam inúteis, como veremos adiante. Em segundo lugar, é preciso distinguir entre trabalhos mais ou menos "simples" ou "complexos", que criam, proporcionalmente, mais ou menos valor.

Compreendemos então como a teoria da mercadoria é inseparável da troca. Os valores de uso são mercadorias apenas na troca. É o que enuncia o trecho 4, extraído do capítulo sobre a troca. O trecho 5 é muito importante, apesar de não introduzir noções novas. Em conjunto com outros trechos, não deixa que o leitor se confunda com o procedimento analítico de Marx. Três ideias-chave são enunciadas rapidamente:

i) O poder explicativo do quadro analítico que Marx enuncia é determinado pela existência de práticas sociais. Portanto, não é absoluto, mas relativo a situações particulares. No trecho, a descrição das condições desse poder explicativo é reduzida a uma frase lapidar, de terminologia simples. Ele fala de "repetição" e "hábito".

ii) Da existência dessas práticas sociais decorre o valor explicativo do conceito de mercadoria. *Torna-se* apropriado falar de mercadoria (usar o conceito de mercadoria) se, e na medida em que, essas práticas prevalecem. Essa adequação de um conceito à análise de uma realidade é expressa, de modo muito preciso, por Marx, em referência ao conteúdo desse conceito; aqui, um conceito com dois aspectos: "A partir desse momento, de um lado, a cisão entre a utilidade das coisas para a necessidade imediata e sua utilidade para a troca se confirma".

iii) Mas esse trecho diz outra coisa também: "E, de outro, a relação quantitativa segundo a qual elas se trocam torna-se dependente de sua própria produção. O hábito as fixa como grandezas de valor". A proporção da troca se fixa gradualmente, segundo a generalização das mesmas práticas. Quanto mais apropriado se torna usar o conceito de mercadoria na análise dessas sociedades, mais as proporções de troca tendem a ser determinadas pelo tempo de "trabalho socialmente necessário" à sua produção (sabendo que essas práticas abstraem necessariamente o caráter concreto desses trabalho). Essas "práticas" remetem, sobretudo, ao fato de que, se os produtores não vissem seus trabalhos (a dificuldade da tarefa, o *know how* exigido por ela) reconhecidos no mercado pela prevalência de preços adequados, isso desestimularia a atividade, ao criar uma insuficiência de oferta das mercadorias consideradas; o inverso seria verdadeiro se certos trabalhos se vissem privilegiados na formação dos preços (reconhecidos por preços mais elevados). Compreende-se então a relação entre o conceito de trabalho abstrato e a distinção entre trabalhos simples e complexos. A abstração descarta o caráter específico de diferentes tipos de trabalho (do lavrador, do metalúrgico), mas respeita os graus de complexidade.

Vemos aparecer aqui o que Marx chama de "lei das trocas", sabendo que se trata de uma lei própria da teoria da mercadoria. As mercadorias são trocadas por seu valor ou, em termos mais rigorosos, por preços proporcionais a seu valor. Essa lei é frequentemente designada de modo impróprio como "lei do valor", uma expressão que Marx utiliza muito raramente. Numa sociedade em que as práticas sociais conferem um poder explicativo ao conceito de mercadoria, essa lei das trocas ganha também seu poder explicativo.

A análise das implicações dessa lógica da repetição das trocas, que determina as normas de funcionamento, é aprofundada no trecho 6. Marx explica que essa repetição leva os trocadores a privilegiar a referência a certas mercadorias comumente trocadas – uma medida de arroz, uma quantidade de cabeças de gado – na determinação das relações de troca. A partir de certo grau de desenvolvimento, uma mercadoria acaba desempenhando usualmente esse papel de referência comum. Marx a chama de "equivalente geral". Para determinar quanto dessa mercadoria vai ser trocada por quanto de outra, os trocadores falam em quantidades de uma terceira mercadoria, que cumpre a função de *dinheiro* (ou, de modo equivalente, de moeda).

É de bom tom criticar essa maneira de raciocinar em nome de estudos históricos concretos, que levarão a sustentar, por exemplo, que os príncipes interferiram desde muito cedo na definição dessas normas sociais, porque o poder e a riqueza subjacentes a essas práticas eram consideráveis. Não há dúvida de que, nesses trechos, Marx emprega seus conceitos na análise de uma "realidade" muito idealizada. Poderia ter feito isso com base numa descrição concreta mais minuciosa, sob o risco de cair nas inúmeras armadilhas das complexidades factuais, supondo-se que teve acesso à informação. Mas esse não era seu objetivo. Ele poderia ter se abstido simplesmente e enunciado seus conceitos de maneira axiomática. Afinal, tratava-se de produzir uma teoria, a teoria da mercadoria e da moeda, cujo poder explicativo é inegável em relação a sociedades cujas relações sociais são mais avançadas, como as sociedades contemporâneas, e nas quais existem muitas mercadorias e moeda, de maneira bastante conforme com os conceitos de Marx.

A terceira seção do primeiro capítulo de *O capital* é dedicada às "formas do valor". É uma seção de grande refinamento teórico. Emprega um conceito difícil, o de "forma", e prepara a introdução da "forma preço do valor" no terceiro capítulo. É preciso dizer, antes de entrarmos nessa análise, que o valor não é uma forma, ao contrário do que se diz com frequência (Marx já acusava os economistas de confundir o valor com sua forma).[4] O valor "possui" ou "toma" formas. Deixaremos de lado o fato de que "forma" pode traduzir diversos termos alemães.

Como a referência a formas é frequente na obra de Marx, seria útil nos deter por alguns instantes nessa noção. O termo mais preciso é "forma fenomenal"[5] ou "forma de aparecimento". O valor de uma mercadoria (inobservável por definição) exprime-se no corpo de outra mercadoria, numa certa *quantidade* dessa segunda mercadoria, que se torna sua "forma", nesse caso a "forma relativa simples": "relativa" porque expressa em relação a outra mercadoria (uma quantidade dessa mercadoria) e "simples" porque se trata de um caso individual, ocasional. Numa sociedade em que existe uma moeda, os valores das mercadorias se exprimem em quantidades de unidades monetárias, o que implica a generalização de normas, de instituições. Essa é a "forma preço" do valor, uma noção empregada com frequência por Marx. Temos também a formulação recíproca: "Os preços são formas do valor".

O primeiro capítulo de *O capital* termina com uma seção, citada com frequência, sobre o "fetichismo da mercadoria". Para Marx, as relações mercantis são a expressão das relações sociais, relações que os homens estabelecem entre si, de modo mais ou menos individual ou coletivo, ocasional ou institucional. A produção e a troca das mercadorias são manifestações dessas relações sociais. Assim, por trás das mercadorias, Marx vê os trabalhos dentro de uma divisão social do trabalho, organizados, avaliados nos mercados de acordo com certas normas... A noção de fetichismo do trecho 7 remete à percepção que os membros das sociedades humanas têm das relações sociais não só como emanação das relações mercantis que esses membros estabeleceram coletivamente entre eles, mas também como produtos

---

4 Marx, *Oeuvres*, II, v.1, p.576, nota a (não citada na terceira edição alemã).
5 Id., *Le capital*, livre premier, p.53-54.

da existência "suprassocial", poderíamos dizer, das mercadorias. Segundo essa representação, é a relação mercantil que determina a relação social e não o contrário, uma substituição entre objeto e sujeitos.

O terceiro capítulo de O *capital* é dedicado à circulação das mercadorias e à moeda. Sua leitura é mais fácil e rompe menos com os métodos e discursos dos outros economistas. A moeda é, em primeiro lugar, "medida dos valores", no sentido apontado anteriormente. Mas é também meio de troca, o que significa que serve de intermediário nas transações. Um trocador que possui A e quer B vende A por moeda e emprega esta para comprar B. Quando essas operações se multiplicam, a moeda passa de mão em mão de acordo com um roteiro particular, o "curso da moeda". Esse curso pode se interromper e o pagamento pode se separar da transação (num pagamento diferido); a moeda torna-se meio de pagamento e pode ser entesourado. Por fim, é preciso ressaltar que Marx dedica uma seção ao *numerário* e ao *signo de valor*, em que a moeda perde em parte ou totalmente seu caráter de mercadoria. Marx sabe que, numa sociedade avançada, a moeda não é mais uma mercadoria. Deveria ser desnecessário dizê-lo.

Mais-valia ou sobrevalor, sua partilha e extensão

Como indica o Quadro 1 do capítulo anterior, o tema central do livro 1 de O *capital* é o processo de valorização do capital: como o capital, valor em movimento, cresce. Trata-se da teoria do *sobrevalor* ou, segundo a terminologia tradicional, da *mais-valia*. Nessa análise, Marx utiliza os conceitos introduzidos por ele anteriormente, em particular o conceito de mercadoria. Com exceção do quarto capítulo, intitulado "A fórmula geral do capital" (na edição Roy), em que dá a definição do capital, Marx dedica quatro seções do livro 1 ao estudo do sobrevalor. Todos os trechos citados a seguir foram extraídos dessas seções, salvo o terceiro.

1) Para extrair valor do consumo de uma mercadoria, seria preciso que nosso possuidor de dinheiro tivesse a chance insigne de descobrir na esfera da circulação, no mercado,

uma mercadoria cujo valor de uso propriamente dito possuísse a particularidade de ser fonte de valor, cujo consumo efetivo seria ele próprio objetivação de trabalho e, portanto, criação de valor. E essa mercadoria específica, o possuidor de dinheiro a encontra no mercado: é a potência de trabalho, ou ainda, a força de trabalho.[6]

2) O valor de um dia da força de trabalho alcançava 3 *shillings*, porque meio dia de trabalho estava objetivado nele, isto é, porque os meios de subsistência necessários para produzir todos os dias a força de trabalho custavam meio dia de trabalho. Mas o trabalho passado que a força de trabalho contém e o trabalho vivo que ela pode fornecer, em outras palavras, o custo diário de sua manutenção e seu dispêndio diário são duas grandezas completamente diferentes. A primeira determina seu valor de troca; a outra constitui seu valor de uso. O fato de ser necessário meio dia de trabalho para manter o trabalhador vivo durante 24 horas não o impede absolutamente de trabalhar um dia inteiro. O valor da força de trabalho e sua valorização no processo de trabalho são, portanto, duas coisas distintas. É essa diferença de valor que o capitalista tinha em vista ao comprar a força de trabalho. A particularidade útil que ela tem de fabricar fios ou sapatos era apenas uma condição *sine qua non*, que se deve ao fato de que o trabalho deve ser despendido em uma forma útil para formar valor. Em compensação, o que era decisivo era o valor de uso específico dessa mercadoria: ser fonte de valor, e de mais valor do que ela mesma possui. Esse é o serviço específico que o capitalista espera dela. E ele procede assim em conformidade com as leis eternas da troca de mercadorias. Quanto ao vendedor da força de trabalho, como o vendedor de qualquer outra mercadoria, ele realiza efetivamente seu valor de troca e aliena seu valor de uso.[7]

3) [...] essa forma trinitária se reduz, portanto, a capital-interesse, terra-renda fundiária, trabalho-salário, daí o lucro, a forma de sobrevalor característica do modo de produção especificamente capitalista, felizmente ser descartado.

---

6 Ibid., p.187-188.
7 Ibid., p.217.

Ora, se examinarmos essa trindade econômica com mais atenção, descobriremos [...] que as três pretensas fontes da riqueza anual disponível pertencem a esferas totalmente discordantes e não têm nem a mais ínfima analogia entre si. Relacionam-se umas com as outras tanto quanto a taxa notarial, as beterrabas e a música. Capital, terra, trabalho! Mas o capital não é uma coisa: é uma relação de produção social, uma relação de produção determinada que pertence a uma formação social determinada, uma relação de produção que é representada numa coisa e dá a essa coisa um caráter social específico.[8]

4) Chamo de sobrevalor absoluto o sobrevalor produzido pelo prolongamento da jornada de trabalho e, ao contrário, de sobrevalor relativo o sobrevalor proveniente da redução do tempo de trabalho necessário e de uma mudança correlativa na relação quantitativa dos dois componentes da jornada de trabalho.[9]

5) Vemos então que, à parte limites absolutamente elásticos, não resulta da natureza da troca mercantil propriamente dita nenhuma limitação da jornada de trabalho, portanto nenhum limite de sobretrabalho. O capitalista vale-se de seu direito de comprador quando tenta tornar a jornada de trabalho tão longa quanto possível e fazer duas jornadas de trabalho em uma. Por outro lado, a natureza específica da mercadoria vendida implica uma limitação de seu consumo pelo comprador, e o trabalhador vale-se de seu direito de vendedor quando quer limitar a jornada de trabalho a uma grandeza normal determinada. Portanto, há aqui uma antinomia, direito contra direito, um e outro trazendo a chancela da troca mercantil. Entre direitos iguais, é a violência que decide. E é assim que, na história da produção capitalista, a regulamentação da jornada de trabalho apresenta-se como a luta pelos limites da jornada de trabalho. Luta que opõe o capitalista global, isto é, a classe dos capitalistas, e o trabalhador global, ou a classe operária.[10]

---
8 Id., *Le capital*, livre troisième, v.3, p.193 [*Marx Engels Werke*, v.25, p.822].
9 Id., *Le capital*, livre premier, p.354.
10 Ibid., p.262.

6) Se, portanto, o modo de produção capitalista apresenta-se, de um lado, como necessidade histórica da transformação do processo de trabalho em um processo social, essa forma social do processo de trabalho ["socialização", na edição Roy] apresenta-se, de outro, por um método empregado pelo capital para explorá-lo com mais lucro pelo aumento de sua força produtiva.[11]

7) A divisão manufatureira do trabalho supõe a autoridade incondicional do capital[12] sobre homens que são apenas simples membros do mecanismo que lhe é submetido; a divisão social do trabalho põe face a face produtores de mercadorias independentes, que não reconhecem outra autoridade além da concorrência, da coerção que a pressão de seus interesses recíprocos exerce sobre eles, do mesmo modo que no mundo animal a "guerra de todos contra todos" mantém mais ou menos vivas as condições de existência[13] de todas as espécies. É por isso que a mesma consciência burguesa, que comemora a divisão manufatureira do trabalho, a anexação do trabalhador por toda a vida a uma operação parcial e a submissão incondicional do trabalhador parcial ao capital como uma organização do trabalho que aumenta sua força produtiva, denuncia com o mesmo vigor o mínimo controle social consciente e a mínima regulação[14] do processo social de produção como um atentado aos direitos invioláveis da propriedade, da liberdade e do "gênio" autodispensado dos capitalistas individuais. É absolutamente característico que as mesmas pessoas, que fazem a apologia entusiasmada do sistema de fábricas, não tenham nada pior a dizer contra qualquer ideia de organização geral do trabalho social senão que esta transformaria a sociedade inteira em uma grande fábrica.[15]

---

11 Ibid., p.377.
12 Na tradução francesa de Joseph Roy, esse termo é corrigido para "do capitalista".
13 Na tradução de Joseph Roy: "conservam mais ou menos as condições de existência".
14 Na tradução de Joseph Roy: "de regulamentação".
15 Marx, *Le capital*, livre premier, p.401.

8) Como qualquer outro tipo de desenvolvimento da força produtiva do trabalho, ela[16] supostamente torna as mercadorias mais baratas e reduz a parte da jornada de trabalho de que o operário necessita para si mesmo, a fim de prolongar a outra parte de sua jornada de trabalho, a que ele dá ao capitalista em troca de nada. Ela é um meio de produzir sobrevalor[17].[18]

Para compreender bem o quadro teórico em que Marx se coloca nessas seções, devemos retornar à definição do processo geral do capital: o capital é valor em movimento, que passa de uma forma para outra (em especial a mercadoria e o dinheiro) e muda de grandeza (aumentando, caso as coisas ocorram conforme o objetivo buscado). Por seu estudo sobre a valorização do capital, Marx pretende desvendar os segredos desse crescimento. Só há mistério em virtude da hipótese de que todas as transações se operam a preços proporcionais aos valores. Marx não se interessa ao fato ocasional de que um capitalista possa comprar uma mercadoria a um preço inferior ao preço normal ou vendê-la acima (um capitalista rouba outro). Se fosse o caso, o comprador ganharia o que o vendedor perde e, considerando a classe capitalista em seu conjunto, não haveria nem ganho nem perda. A solução do problema colocado desse modo é dada no primeiro trecho: existe uma mercadoria cujo uso produz valor e essa mercadoria é a "força de trabalho" do trabalhador (um "conjunto de faculdades físicas e intelectuais"). O capitalista tira dela um "sobretrabalho", isto é, um trabalho que vai além da produção do valor da força de trabalho e materializa-se num "sobreproduto".

É preciso tomar seriamente o fato de que Marx vê a força de trabalho como uma mercadoria, ou seja, um objeto de utilidade e um valor. A força de trabalho é comprada para ser empregada; a *utilidade* da força de trabalho para aquele que a adquire é o trabalho; seu *valor* é o tempo de trabalho necessário para sua "produção", no sentido muito particular de produção dos meios

---

16 Na tradução de Joseph Roy: "a utilização capitalista das máquinas".
17 Na tradução de Joseph Roy: "relativo".
18 Marx, *Le capital*, livre premier, p.416.

de subsistência do trabalhador e de sua família. Podemos falar aqui de "reprodução" da força de trabalho. A determinação do valor da força de trabalho não é um fato puramente técnico. Marx sublinha a existência de um "elemento moral e histórico". O que a economia contemporânea chamaria de "poder de compra" do trabalhador é uma questão complexa, sobre a qual as ideias de Marx evoluíram. Como ocorre com toda mercadoria, a força de trabalho tem um preço, o salário.

Assim o mistério do sobrevalor se resolve no fato de que o capitalista pode se servir da força de trabalho, isto é, fazer o trabalhador trabalhar, mais tempo do que o necessário para produzir os elementos constitutivos do poder de compra que lhe confere seu salário. A mercadoria força de trabalho é comprada a um preço proporcional a seu valor, mas é capaz de criar mais valor, isto é, incorporar às mercadorias produzidas mais valor do que ela própria necessita para sua produção. Na exposição que faz dessas questões, Marx não tem medo de utilizar unidades monetárias, nesse caso *schillings*, pois supõe preços proporcionais aos valores. Isso leva ao enunciado bastante simples do trecho 2.

O capitalista adianta capital para comprar a força de trabalho, mas também matérias-primas, fontes de energia, máquinas, edificações exigidas pela produção. No entanto, só a força de trabalho possui a propriedade de produzir valor. Marx chama a fração de capital adiantado para esse fim de "capital variável", porque só ele cresce. A "taxa de sobrevalor" é definida como a relação entre o sobrevalor e o capital variável que lhe dá origem. Os outros componentes do capital são chamados de "capital constante". O capital variável corresponde à fração do valor da mercadoria que é criada e aumentada na produção; o capital constante apenas transmite seu próprio valor para a mercadoria. Marx introduz uma nova variável, a "composição do capital", a relação entre o valor do capital constante e o do capital variável. Quando o sobrevalor é considerado em sua relação com o capital total, constante e variável, e não apenas com a fração que lhe dá origem, podemos chamá-lo de "lucro" e, correlativamente, podemos chamar de "taxa de lucro" a relação do lucro com o capital total.

Para entender o alcance da análise de Marx, devemos saber que, para ele, o sobrevalor é a fonte de todas as outras rendas, salvo o salário, preço da força de trabalho. Do sobrevalor, transformado em lucro, destacam-se o "juro" e a renda "fundiária". Esses dois tipos de renda são, para Marx, "formas" do sobrevalor, segundo a noção introduzida na seção anterior. No livro 3 de *O capital*, Marx zomba da economia comum, isto é, não científica, que apreende diretamente esses canais de formação de renda, sem derivá-los da análise prévia do sobrevalor. Esse é o sentido do trecho 3. Para Marx, é uma questão de "racionalidade". Somente a teoria do sobrevalor e o procedimento que deriva dele as outras rendas são racionais. Eles devolvem a primazia às relações sociais, às relações entre os homens.

As análises da força de trabalho e do sobretrabalho põem fim à teoria do processo de valorização do capital. O valor "é" o trabalho (num conjunto de determinações que o especificam); o sobrevalor é, correlativamente, um sobretrabalho e a fonte das rendas do capital, inclusive a renda fundiária. Marx se expressa nesses desenvolvimentos como se houvesse cumprido o programa que havia estabelecido: demonstrar a natureza de classe da produção capitalista, propriedade que esse modo de produção partilha com os modos anteriores.

A análise da renda feudal, ao menos em algumas de suas modalidades, era mais simples, de certa maneira. Bastava constatar que o servo trabalhava parte de seu tempo nas terras do senhor e outra nas que lhe eram concedidas, ou que ele dividia a colheita de acordo com as proporções ditadas pela autoridade de classe do senhor. Não era necessário definir um conceito de valor. No caso do capitalismo, as engrenagens da exploração são mais complexas. Devem levar em conta as regras próprias do mercado (respeitar a troca das mercadorias por seu valor) e até, como veremos, adequar-se às exigências próprias da concorrência entre os capitais. Marx percorreu parte do caminho necessário à demonstração dessa exploração no capitalismo.

A natureza da exposição de Marx muda bruscamente nesse ponto. Ele passa da análise da origem do sobrevalor para o estudo dos determinantes da taxa de sobrevalor: o que fixa essa taxa em tal ou tal nível, o que permite que ela varie historicamente. Aqui saímos da exposição dos conceitos fundamentais em seu encadeamento mais estrito.

Marx define dois mecanismos que ele chama inapropriadamente de "sobrevalor absoluto" e "sobrevalor relativo". Essa escolha terminológica dá a entender que existem dois tipos de sobrevalor, mas trata-se, na verdade, de duas modalidades de aumento da taxa de sobrevalor. Aparecem, pela primeira vez, dois grandes mecanismos de importância crucial na análise de Marx a respeito da produção capitalista: o confronto entre as classes, no estudo do sobrevalor absoluto, e o impacto do progresso das forças produtivas, no estudo do sobrevalor relativo. Esses dois temas dão ocasião para longos desenvolvimentos. Ambos são de abordagem fácil, pelo caráter descritivo que têm; o que dificulta a leitura é apenas o seu tamanho.

O trecho 4 repete as definições dadas por Marx. O mecanismo do sobrevalor absoluto remete a um estado de coisas em que as técnicas de produção e o valor da força de trabalho são dados. A única maneira de aumentar o sobrevalor é prolongar a duração de trabalho (ou aumentar sua intensidade). O sobrevalor relativo define um segundo mecanismo, pelo qual são introduzidas técnicas de produção mais eficientes, que permitem que o trabalhador crie as mesmas mercadorias em menos tempo, portanto que o valor dessas mercadorias diminua, supondo-se que o poder de compra do salário se mantém constante. É evidente que esses dois métodos podem ser combinados. A terminologia de "técnica de produção" empregada aqui não é a de Marx. Trata-se de maquinaria e de procedimento químico, mas também de um conjunto técnico-organizacional em que o componente hierárquico (a relação de autoridade) tem um papel determinante, e ao qual Marx dedica longos desenvolvimentos.

O capítulo 10 da terceira seção do livro 1 é dedicado à "jornada de trabalho", suas modalidades, a teoria produzida a respeito dela e as lutas que ela ocasionou. A perspectiva é a do sobrevalor absoluto, fundada no prolongamento dessa jornada. O trecho 5 repete a conclusão principal de Marx. Não há lei propriamente "econômica" da determinação da jornada de trabalho. Sua fixação é resultado da luta entre duas classes, a "classe dos capitalistas" e a "classe operária".

A quarta seção do livro 1 é inteiramente dedicada aos mecanismos de crescimento "relativo" do sobrevalor. Os trechos 6, 7 e 8 foram extraídos daí (e citados na ordem da exposição de Marx). O tema central é o aumento do que Marx chama de "forças produtivas do trabalho", uma fórmula que faz eco à sua análise da História.[19] A economia atual recorre à noção de produtividade, que também faz parte do vocabulário de Marx (sabendo que ele limita sua análise a uma única categoria de trabalho, o trabalho produtivo). Podemos dizer, de maneira muito simples, que o aumento da produtividade do trabalho permite, por um determinado poder de compra do salário, aumentar o sobrevalor.

Nos trechos citados anteriormente, Marx insiste no fato de que todos os métodos que tendem ao aumento dessa produtividade têm o objetivo de aumentar o sobrevalor (trechos 6 e 8). Veremos que ele se precipitou um pouco nesse caso, deixando de lado a complexidade resultante do fato de que o capitalismo maximiza, na verdade, sua taxa de lucro e não sua taxa de sobrevalor.[20]

Marx faz uma análise concreta, e muito rica, dos procedimentos a que a produção capitalista recorre nesse aumento das forças produtivas do trabalho. Nela, ele conjuga a ideia de "cooperação", de divisão do trabalho na manufatura (as intervenções sucessivas de diversos trabalhadores na realização de um mesmo objeto) e de maquinismo nas grandes indústrias.

O trecho 7 descreve o que Marx analisa em outros textos como a "subordinação do trabalhador ao capital". A dimensão da autoridade é crucial aqui. Assume duas modalidades: uma subordinação formal, em que os trabalhadores, agrupados sob o comando do capitalista, devem se submeter a suas exigências; e uma dimensão real, que completa a anterior, em que as máquinas se tornam os vetores mais eficazes dessa subordinação.

Notaremos no trecho 6 o surgimento da noção de "socialização", própria a Marx. O trabalho "socializado" opõe-se ao trabalho "individual", de maneira bastante intuitiva. Marx tem consciência dos dois aspectos dessa socialização: a divisão do trabalho na empresa e a divisão do trabalho, em maior escala, entre as empresas. Essa ideia é importante, porque significa, na mente de Marx, que o capitalismo prepara um modo posterior de organização social.

---

19 Ver seção "História. Ativar seu curso" do capítulo "O Projeto e o método" (p.211).
20 Ver seção "A concorrência capitalista" do capítulo "Concorrência, técnica, distribuição e finanças" (p.271).

As seções 5 e 6 também têm seu interesse, mas não condicionam a continuação da leitura da obra.[21]

A circulação do capital

No livro 2 de *O capital*, Marx analisa o segundo aspecto do conceito de capital: sua circulação. Portanto, devemos retomar a definição do capital (sua "fórmula geral", segundo o vocabulário de Marx), introduzida na última seção do nosso primeiro capítulo. Encontramos essas retomadas no livro 2, por exemplo, a que cita o trecho 1 a seguir. O que é esse *movimento* do valor que se tornou capital?

1) O capital, enquanto valor que se valoriza, não supõe apenas relações de classe, ou um caráter social determinado que repousa sobre a existência do trabalho enquanto trabalho assalariado. Ele consiste num movimento, num processo cíclico que percorre diferentes estágios, um processo que supõe, por sua vez, três formas diferentes de processo cíclico. Pode ser concebido, portanto, como um movimento, e não como uma coisa em repouso.[22]

2) O capital industrial é o único modo de existência do capital em que encontramos não só uma apropriação de sobrevalor [criado em outro lugar], ou de sobreproduto, mas também uma função de criação do valor, ou do sobreproduto, pelo capital. Portanto, ele condiciona o caráter capitalista da produção. Sua existência supõe a existência de uma oposição de classe entre capitalistas e assalariados. Quanto

---

21 Leituras complementares: nos manuscritos que Marx redigiu entre 1861 e 1863 – dos quais as teorias da mais-valia são extraídas e que, em seu espírito, preparam a grande Economia – encontramos desenvolvimentos interessantes sobre o que ele chama de "subordinação formal e real do trabalho ao capital" (Marx, *Oeuvres*, II, v.2, p.364-82). O texto "Salário, preço e lucro" (ou "Do salário, preço ou mais-valia") foi lido por Marx em 1865, em resposta às teses de John Weston, contém um resumo do início de *O capital*, voltado para a teoria, a exploração e o salário. Marx, "Salaire, prix et profit". In: Ibid., v. 1, p.479-533.
22 Marx, *Le capital*, livre deuxième, v.1, p.97 [*Marx Engels Werke*, v.24, p.109].

mais o capital industrial domina a produção social, mais a técnica e a organização social do processo de trabalho são alteradas e, com elas, o tipo econômico-histórico de sociedade. As outras espécies de capital, que surgiram antes dele, em situações de produção social já superadas ou em via de desaparecer, veem seu modo de funcionamento modificado à medida que se encontram subordinadas a ele.[23]

3) O ciclo efetivo do capital industrial, em sua continuidade, não é, portanto, apenas a unidade do processo de circulação e do processo de produção, mas a unidade de cada um de seus três ciclos. Mas ele só pode constituir essa unidade na medida em que cada uma das diferentes partes do capital percorre as fases sucessivas do ciclo e pode passar de uma fase, ou forma funcional, para outra, na medida em que o capital industrial, enquanto conjunto dessas partes, encontra-se, portanto, simultaneamente nas diferentes fases e funções e percorre, assim, simultaneamente cada um dos três ciclos. A sucessão das diferentes partes do capital é condicionada aqui por sua justaposição, isto é, pela divisão do trabalho. Assim, no sistema da fábrica organizada, o produto encontra-se constante e simultaneamente engajado nos diferentes níveis de seu processo de formação, assim como na passagem de uma fase de produção para outra. Já que o capital industrial individual exprime uma grandeza determinada que depende dos meios dos capitalistas e admite uma grandeza mínima para cada ramo de indústria, é preciso que ele seja dividido segundo proporções determinadas. A quantidade de capital disponível condiciona o volume do processo de produção, e esta condiciona o volume do capital-mercadoria e do capital-dinheiro, na medida em que eles funcionam em justaposição com o processo de produção. Contudo, a justaposição, da qual depende a continuidade da produção, existe somente por intermédio do movimento das partes do capital, movimento do qual elas percorrem sucessivamente os diferentes estágios. A justaposição em si é apenas o resultado da sucessão.[24]

---

23 Id., Ibid., p.53 [*Marx Engels Werke*, v.24, p.61].
24 Id., Ibid., p.95-6 [*Marx Engels Werke*, v.24, p.107].

4) [...] Admitamos que esse agente da compra e da venda seja um homem que vende seu trabalho [sua força de trabalho]. Ele despende sua força de trabalho e seu tempo de trabalho nas operações M–D e D–M. Ele vive dela, portanto, do mesmo modo que outros vivem de fiar ou fazer pílulas. Ele cumpre uma função necessária, porque o próprio processo de reprodução [o processo de conjunto] inclui funções improdutivas. Ele trabalha tanto quanto qualquer outro, mas o conteúdo de seu trabalho não cria valor nem produto. Ele mesmo faz parte dos falsos custos da produção.[25]
Sejam quais forem as circunstâncias, o tempo empregado assim constitui um custo de circulação que não acrescenta nada aos valores convertidos. Trata-se de um custo exigido pela transposição desses valores de forma mercadoria para forma dinheiro. Quando o produtor capitalista de mercadorias aparece como um agente de circulação, ele se distingue do produtor imediato de mercadorias unicamente pelo fato de que compra e vende em maior escala e, portanto, funciona mais como agente de circulação. Mas se o volume de sua atividade o obriga ou lhe permite comprar (contratar) agentes de circulação específicos como assalariados, nada muda quanto à natureza do fenômeno.[26]

5) Adam Smith, porém, estabeleceu esse dogma fabuloso, em que se acreditou até hoje, não só na forma já mencionada segundo a qual o valor total do produto social se converte em renda, salário e sobrevalor, ou, segundo seus termos, em salário mais lucro (juro) mais renda fundiária. Mas ele também lhe deu a forma mais popular segundo a qual são os *consumidores* que, em última instância (*ultimately*), devem pagar o *valor total dos produtos* aos produtores.[27]

6) O novo produto-valor do trabalho anual (decomponível em $v + sv$), criado na forma natural de meios de produção, é igual ao valor do capital constante c pelo qual a outra parte do trabalho anual despendida nos valores dos produtos é reproduzida na forma de meios de consumo. Se for inferior

---

25 Id., Ibid., v.1, p.121-2 [*Marx Engels Werke*, v.24, p.133-4].
26 Id., Ibid., p.122 [*Marx Engels Werke*, v.24, p.134-5].
27 Id., Ibid., v.2, p.85 [*Marx Engels Werke*, v.24, p.432].

a IIc, então II não pode substituir a totalidade de seu capital constante; se for superior, um excedente permanece inutilizado. Nesses dois casos, a hipótese que constitui a reprodução simples não seria respeitada.[28]

Para acompanhar o movimento do capital, é preciso considerar um elemento suficientemente pequeno dele para que se possa seguir seu curso independentemente de quaisquer divisões posteriores, digamos, um "átomo". Esse átomo de capital é adiantado pelo capitalista, isto é, ele o investe numa atividade de empresa. É simples supor que ele faz isso de início na forma de dinheiro. Como esse átomo de capital toma a forma de dinheiro, Marx o designa de modo simbólico pela letra D. Ele serve para comprar uma mercadoria, por exemplo, uma quantidade de aço ou uma parcela da mercadoria força de trabalho. Assim, durante a compra, esse átomo toma a forma de uma mercadoria, que Marx designa por M. O valor deu um "pulo" no mercado, A–M, e por alguns instantes, portanto, participou da "circulação mercantil", que não deve ser confundida com a circulação do capital, cujo circuito é objeto desta seção. Então o átomo de valor abandona o mercado e instala-se na empresa, onde toma a forma de "capital produtivo", designado por P, que encontramos assim. Isso significa que esse átomo está ali, na oficina onde se encontra o aço ou a força de trabalho, dos quais um é o objeto e outro é o sujeito agente da produção. Para descrever esse movimento do valor fora do mercado, Marx utiliza o sinal "...". Mas o capital permanece na empresa um momento apenas, um momento de duração variável, e sai materializado no corpo de um produto acabado, que se torna mercadoria desde o instante que esse produto é apresentado para a venda, mais uma vez no mercado. Vendendo-se, a mercadoria devolve ao capital sua forma de dinheiro. O circuito completo é representado assim:

$$D–M ... P ... M–D.$$

Compreendemos que esse movimento de um átomo de capital só tem sentido porque ele se combina com outros átomos.

---

28 Id., Ibid., p.60 [*Marx Engels Werke*, v.24, p.406].

Por exemplo, o aço e a força de trabalho devem coexistir por algum tempo na oficina (na forma P) para que haja produção, e a fabricação de um objeto supõe a coexistência de um conjunto amplo de átomos. No entanto, não se exige sincronismo: essas pequenas frações de capital devem estar em certos estágios da cadeia, mas cada fração a percorre em seu ritmo.

Existem, portanto, três formas de capital e não duas, como poderiam levar a supor os trechos da segunda seção do livro 1: o capital-dinheiro, o capital-mercadoria e o capital produtivo. Como se trata de um circuito ou ciclo, podemos começar a descrevê-lo indiferentemente de uma forma ou outra (o termo "circuito" é preferível para evitar confusões com o "ciclo" industrial, sucessão de fases da conjuntura econômica.) Marx, porém, dá grande importância às diversas maneiras de representar o circuito, de acordo com o ponto de partida definido. As outras maneiras são:

$$M \ldots P \ldots M-D-M \text{ ou } M-D-M \ldots P \ldots M$$
$$P \ldots M-D-M \ldots P.$$

Ele designa essas fórmulas como circuitos distintos: o circuito do capital-mercadoria, e o circuito do capital produtivo, em oposição ao circuito do capital-dinheiro citado em seguida. Os economistas, inclusive o próprio Marx, têm tendência a raciocinar em referência, com frequência implícita, a uma ou outra das fórmulas do circuito. Nessas novas fórmulas, vemos aparecer o segmento M–D–M, que representa a venda seguida da compra, em oposição à permanência do capital na forma P: "... P ...". Marx se refere a esses dois segmentos do circuito como "processo de circulação" e "processo de produção". A primeira expressão designa um episódio da circulação do capital, de seu processo de conjunto, a "grande" circulação.

Esses circuitos se encadeiam uns nos outros. Nada para em uma forma ou outra, embora seja necessário certo prazo para passar de uma forma para outra. Para designar a ideia de continuidade, Marx introduz o conceito de "rotação do capital": o circuito do capital considerado um processo periódico e não um ato isolado. A duração do circuito de um átomo de capital é chamada de "duração de rotação".

A análise da valorização do capital no livro 1 mostra que o aumento do valor-capital (valor que se tornou capital) provém de uma propriedade da mercadoria força de trabalho em ação. Seu lugar próprio é, portanto, a forma P. Esse aumento é representado pelo sinal "'". Por exemplo, a primeira fórmula citada anteriormente torna-se:

$$D-M \ldots P \ldots M'-D'.$$

Marx analisa com cuidado a complexificação da circulação do capital que resulta da consideração do sobrevalor. Assim, do mesmo modo que o livro 1 não abstrai totalmente a circulação do capital (no enunciado do processo de conjunto do capital), já nesse primeiro título, o livro 2 não descarta as considerações relativas à valorização do capital.

Se falamos até aqui do circuito do capital, foi com o objetivo de simplificar, pois existem diferentes tipos de capital, com circuitos bastante distintos. Portanto, convém especificar que tratamos até aqui do "capital industrial", o único tipo de capital que efetua o circuito completo. Nesse sentido, o capital industrial possui uma importância particular, pois é o único em que o capital passa pela forma P, lugar de criação do sobrevalor. É o que Marx expressa no trecho 2, em que aparece também a relação com as transformações técnico-organizacionais já consideradas no livro 1.

Há duas variantes desses circuitos incompletos: o "capital do comércio das mercadorias" e o "capital do comércio do dinheiro", ambos introduzidos no livro 3. Marx distingue aqui dois "setores": empresas industriais ou comerciais, de propriedade de capitalistas distintos. Nós nos ateremos aqui à primeira variante, que é a mais simples. Trata-se do comércio, no sentido usual do termo, em que o capitalista, denominado "comerciante", compra mercadorias para revendê-las, seguindo o circuito: $D-M-D'$.

Cada átomo de capital industrial percorre o circuito em seu próprio ritmo. Como existem apenas três formas, em determinado momento os diferentes átomos se encontram uma ou outra dessas formas. Nesse momento, o capital total pode ser decomposto, portanto, em três frações: o conjunto de seus elementos assumem, respectivamente, as formas D, M e P. Considerando um átomo de capital, o circuito descreve suas formas *sucessivas*. Considerando esses átomos num momento dado, nós os encontramos *justapostos*, segundo o termo empregado por Marx. Uma parte do capital (um conjunto de átomos) encontra-se na forma de capital-dinheiro, uma segunda, de capital-mercadoria, e uma terceira, de capital produtivo. Marx não tem notação para essas massas. Podemos representá-las por |A|, |M| e |P|. Um capital K será representado assim: K = |A| + |M| + |P|. Para uma empresa capitalista dada e uma massa total de capital, a proporção em que essa massa se distribui em cada uma das formas está em constante variação: um pouco mais de uma, um pouco menos de outra. Se, por exemplo, a venda diminui e o ritmo de produção se mantém, o componente |M| cresce em detrimento de |A|. Essa análise é a teoria de um balanço de empresa, cujo ativo representa esse total e seus componentes. Essa passagem da sucessão para a justaposição é descrita no trecho 3. O leitor notará que essa apresentação abstrai os créditos retidos pelas empresas, um "montante" de forma D, ou os investimentos passíveis de serem realizados, caso o capital fique estagnado nessa forma.

A análise da circulação do capital leva à distinção de dois tipos de capital: o "capital circulante" e o "capital fixo" (que não devem ser confundidos com o capital variável e o capital constante). O capital circulante corresponde à força de trabalho, às matérias-primas e às fontes de energia. O capital fixo corresponde aos imóveis e às máquinas. Ambos circulam, mas o capital fixo transmite progressivamente seu valor ao produto, a exemplo de sua usura. Ele circula lentamente, portanto (no ritmo de sua amortização); a duração de rotação é maior.

O quadro teórico do livro 2 é absolutamente extraordinário. Podemos observar que, enquanto a análise do livro 1 define o capital como um "fluxo", a soma de capital constante e variável consumido na produção de uma mercadoria ou de um conjunto de mercadorias, o livro 2 põe em cena o "estoque" de capital total adiantado. A taxa de lucro torna-se então a relação entre o lucro realizado no decurso de um período e o estoque médio de capital adiantado durante esse período, ao invés da relação entre lucro e fluxo de capital consumido. Quando escreveu os manuscritos que serviram para compor o livro 3, Marx já tinha uma ideia relativamente elaborada desses mecanismos (como atestam certas frases fortuitas), mas a maioria dos desenvolvimentos do livro 3 não entram nessas complicações. Marx retoma a lógica mais simples dos "fluxos" do estudo da valorização do capital do livro 1: o capital constante, o capital variável, o sobrevalor (lembramos que este é denominado "lucro" quando considerado em sua relação com os dois componentes do capital), no corpo de uma mercadoria ou de um conjunto de mercadorias.

A análise da circulação do capital dá ocasião para a exposição do conceito de "custos de circulação", que introduz um grau de complexidade a mais na análise do trabalho na obra de Marx, e cuja importância compreenderemos melhor na próxima seção. O circuito do capital contém duas operações comerciais: a compra (D–M) e a venda (M–D). Essas operações acarretam despesas, custos de circulação e, em especial, trabalho. De modo muito estrito, Marx exclui esse trabalho do trabalho produtivo. Trata-se de um trabalho "útil", porque é preciso agir nesses domínios, e da maneira mais eficaz possível (comprar e vender nas melhores condições e com os melhores preços), mas "improdutivo" no sistema teórico de Marx, isto é, ele não cria valor (essas tarefas aceleram a rotação do capital e assim contribuem para a maximização da taxa de lucro do capitalista). Marx considera com frequência que essas tarefas são realizadas pelo capitalista em pessoa, o capitalista industrial, ou por um capitalista particular, o capitalista comercial. Mas tanto um quanto outro podem delegá-las a empregados assalariados. No trecho 4, Marx coloca-se sucessivamente nessas diferentes situações. Sublinha que, seja como for, embora útil, esse trabalho continua improdutivo.

Compreendemos assim que a teoria do trabalho de Marx é, na verdade, *dual*. Existem ao menos dois tipos de trabalho: os trabalhos produtivos, criadores de valor, e os outros trabalhos, que são úteis, mas improdutivos.

O livro 2 de *O capital* contém também o tratamento de um tema que suscitou numerosos estudos por parte dos teóricos marxistas: os esquemas de reprodução do capital. Na linguagem econômica atual, Marx passa aqui da contabilidade de empresa para a contabilidade nacional. Seu primeiro objetivo é a definição da produção social, isto é, o conjunto da economia. Nessa pesquisa, Marx é motivado pela refutação do quadro analítico de Smith. É o que afirma o projeto descrito no trecho 5.

Essa pesquisa combina as categorias próprias do estudo da valorização e da circulação do capital. A acumulação é abstraída (segundo a chamada hipótese de "reprodução simples"). Marx supõe que dois capitais, respectivamente dos dois ramos I e II, efetuam seus circuitos em dado período (ele exclui a existência do capital fixo, portanto). Os dois ramos são distinguidos segundo as categorias de valorização do capital. Um produz os elementos do capital constante (bens de produção) e o outro, as mercadorias cuja demanda sucede ao dispêndio da soma do capital variável e do sobrevalor (bens de consumo). Supõe-se que toda renda, tanto a dos capitalistas quanto a dos trabalhadores, é gasta em bens de consumo. Portanto, não há nem crédito, nem entesouramento, nem acumulação. Podemos sustentar que as mercadorias são vendidas a preços proporcionais a seu valor, mas essa hipótese não tem nenhuma consequência. Uma variante mais elaborada distingue três ramos, segundo os três termos da valorização do capital: o capital constante, os bens de consumo comprados pelos assalariados que recebem o capital variável e os bens de consumo comprados pelos capitalistas que recebem o sobrevalor.

Vamos considerar aqui a forma mais simples do esquema de reprodução. Marx chama de c o capital constante, v o capital variável e sv o sobrevalor. Ele designa por Ic o capital constante consumido no setor I durante o período, em vez de c_I, que estaria mais de acordo com o uso atual. Os valores das produções nos dois ramos são:

Ramo I: Ic + Iv + Isv
Ramo II: IIc + IIv + IIsv.

Marx se questiona sobre a venda dos produtos. Vemos que o ramo I produz Ic e compra-o para si mesmo. O ramo II se abastece de elementos do capital constante no ramo I pelo montante IIc. Para que todo o produto de I seja vendido, é preciso que se verifique a igualdade: IIc = Iv + Isv. Ela garante, ao mesmo tempo, que todo o produto de II seja vendido, porque ela implica que o produto total de II é igual à soma de todas as rendas, as criadas em I e as criadas em II. É o que mostra o trecho 6.

Esse pequeno cálculo sustenta um dos pilares da contabilidade nacional, que define o *produto* total de uma economia como igual à soma das rendas ou "valor acrescido", e não à soma dos produtos dos dois ramos, que acarretaria um duplo desconto para o montante do valor dos componentes materiais. Mas é justamente isso que afirmava Smith! Se não há investimento, o consumo utiliza todo o produto. O cálculo de Marx é a primeira formulação rigorosa dessas relações, a forma embrionária das tabelas *inputs-outputs*.

Em seus últimos anos de vida, Marx dedicou muito tempo à elaboração desse quadro teórico. Passou de dois ramos para três e em seguida tentou suprimir a hipótese de "reprodução simples", isto é, introduz a acumulação, na "reprodução ampliada": uma parte do sobrevalor serve para comprar mais meios de produção. Marx aprofundou a investigação. Questionou-se sobre o curso dos fluxos de moeda que os capitalistas dos ramos lançam no mercado. Queria determinar se esses fluxos retornavam aos capitalistas. O projeto era estabelecer um quadro completo de contabilidade nacional. Marx não conseguiu terminá-lo, por falta de tempo e por ter se perdido no emaranhado de exemplos numéricos inextricáveis.

Os marxistas especulariam muito a respeito dessas relações, vendo nelas, por exemplo, uma teoria da crise. Sempre que acredita que uma mercadoria não tem saída no mercado, Marx faz referência formal a tal situação. Mas nesse caso não se trata da teoria da crise de superprodução geral.[29] Se sua intenção fosse essa, ele teria se enganado.

O capital de empréstimo.
As instituições do capitalismo moderno

Começaremos o estudo do livro 3 pela quinta seção. Embora se intitule "Divisão do lucro em juro e lucro de empresa", ela define um quadro institucional muito mais geral e avançado. Essas análises permitem fugir das figuras simples dos livros 1 e 2, que associavam empresa, capitalista e trabalhadores produtivos.

---

29 Ver seção "A crise" no capítulo "Concorrência, técnica, distribuição e finanças" (p.289).

Nessa seção, Marx introduz o conceito de "capital portador de juro". Enquanto nos livros 1 e 2 um capitalista adiantava um capital do qual se queriam estudar os processos de valorização e de circulação, aqui Marx considera duas categorias de capitalistas. O primeiro tipo de capitalista, que ele chama de "capitalista ativo" ou "capitalista em função" (isto é, cumprindo ativamente sua função de capitalista), não é ninguém mais que o capitalista citado anteriormente. Ele adianta o capital e zela por sua valorização e circulação. Numa linguagem mais atual, diríamos que ele é o proprietário e o gestor da empresa. O segundo tipo de capitalista contribui para o adiantamento de capital, mas não participa de maneira ativa dessa atividade capitalista. Ele põe seu "capital" à disposição do capitalista ativo, que trabalha então com um capital maior do que ele possui. Deveríamos dizer, de modo mais rigoroso, que o segundo põe seus "fundos" à disposição do capitalista ativo, que assim se tornam "capital", mas a terminologia de Marx não é tão rigorosa. Esse capitalista faz o que podemos chamar de "investimento". Ele espera uma remuneração por sua contribuição adiantada: o juro. Esse capital é designado como "capital portador de juro". Uma das dificuldades é que Marx inclui nessa categoria o adiantamento feito não só depois de um empréstimo (por exemplo, a compra de uma obrigação emitida pela empresa), mas também da compra de uma ação, cuja posse é remunerada por um dividendo e não por um juro. Convém tomar "capital de empréstimo" em sentido amplo. Que nome devemos dar a esse capitalista do capital portador de juro? Mas utiliza a expressão "capitalista de dinheiro". Vamos utilizá-la para não nos desviarmos das traduções.

Vemos que essa análise remete à divisão do sobrevalor em diferentes frações.[30] Para Marx, o juro e o dividendo são frações do sobrevalor que tomaram de início a forma de lucro e que o capitalista ativo paga ao capitalista de dinheiro. É o que indica claramente o trecho 1 a seguir:

1) O emprestador e o tomador de empréstimo despendem a mesma soma de dinheiro como capital. Mas é apenas

---

30 Segundo o mecanismo descrito na seção "Mais-valia ou sobrevalor, sua partilha e extensão" do capítulo "Mercadoria, dinheiro e capital" (p.243).

nas mãos do segundo que ela tem função de capital. O lucro não dobra com a existência dupla da mesma soma de dinheiro como capital para duas pessoas. O dinheiro só pode funcionar como capital para uma e outra por intermédio de uma divisão do lucro. A parte que cabe ao emprestador chama-se juro. Segundo nossa hipótese, o conjunto da transação se desenrola entre duas espécies de capitalistas, a dos capitalistas de dinheiro [*Geldkapitalisten*] e a dos capitalistas industriais ou comerciantes.[31]

2) Resulta dos desenvolvimentos anteriores que não existe taxa de juro "natural" [...]. A taxa média do juro, que é preciso distinguir das taxas de juro de mercado em flutuação constante, não pode ver seus limites fixados por nenhuma lei geral, porque se trata apenas da divisão do lucro bruto entre dois proprietários de capital.[32]

3) [...] a parte que cabe ao capitalista em função [*Fungierenden Kapitalisten*] é determinada pelo juro, já que este é fixado (abstração das estipulações jurídicas particulares) pela taxa de juro geral e é previamente aceito, antes do início do processo de produção e, portanto, antes da obtenção de seu resultado, do qual o lucro bruto é tirado. Vimos que o verdadeiro produto específico do capital é o sobrevalor, mais precisamente, o lucro. Mas para o capitalista que trabalha com capital emprestado, esse produto específico não é mais o lucro, mas o lucro menos o juro, ou a parte do lucro que resta depois de descontado o juro. Essa parte do lucro, portanto, aparece ao capitalista necessariamente como um produto do capital, na medida em que este está em função. E para esse capitalista é assim que as coisas efetivamente se passam, porque ele é o representante do capital apenas na medida em que o capital está em função. [...] Diferentemente do juro que o capitalista ativo deve retirar com antecedência do lucro bruto para o emprestador, a parte restante do lucro que lhe cabe toma necessariamente as formas do lucro industrial ou

---

31 Marx, *Le capital*, livre troisième. In: *Oeuvres*, II, p.117 [*Marx Engels Werke*, v.25, p.366].
32 Id., *Le capital*, livre troisième, v.2, p.31 [*Marx Engels Werke*, v.25, p.377].

do lucro comercial, em outros termos, para designá-la por uma expressão alemã que inclui uma e outra, ele toma a forma de lucro de empresa.³³

4) Para o capitalista ativo [*Aktiven Kapitalisten*], o juro aparece, portanto, como simples fruto da propriedade do capital, do capital em si, abstraído o processo de reprodução do capital, na medida em que o capital não "trabalha", não cumpre sua função; ao passo que o lucro de empresa lhe aparece como o único fruto da função que o capital deve cumprir enquanto capital, como o fruto do movimento e do processo do capital, que lhe aparecem agora como sua própria atividade, em oposição à não atividade, à não participação do capitalista de dinheiro no processo de produção.³⁴

5) O lucro de empresa provém da função do capital no processo de reprodução e, por consequência, das operações, da atividade pela qual o capitalista age como intermediário das funções do capital industrial e comercial. Mas ser um representante do capital em função não é uma sinecura como a que consiste em representar o capital portador de juro. Na base da produção capitalista, o capitalista dirige o processo de produção, assim como o processo de circulação. A exploração do trabalho produtivo custa esforços, quer o capitalista a dirija ele próprio, quer deixe a outros dirigi-la em seu nome. Ao contrário do juro, o lucro de empresa se lhe apresenta, portanto, como resultado de suas funções enquanto não proprietário, enquanto *trabalhador*.

6) É necessário, portanto, que se desenvolva em seu cérebro a representação segundo a qual o lucro de empresa – longe de manter uma oposição qualquer com o trabalho assalariado e ser trabalho de outrem não contabilizado – é antes um *salário*, um salário de fiscalização, os *wages of*

---

33 Marx, *Le capital*, livre troisième, v.2, p.38-9 [*Marx Engels Werke*, v.25, p.386]. Marx utiliza aqui um termo de origem germânica (*Unternehmergewinn*) em oposição ao termo de origem latina "lucro". Conservamos a tradução "lucro de empresa" [*profit d'entreprise*, em francês] para nos adequar a um costume já bem estabelecido.
34 Ibid., p.40 [*Marx Engels Werke*, v.25, p.387].

superintendence of labour, um salário mais alto que o do trabalho assalariado comum: 1) porque esse salário paga um trabalho mais complexo; 2) porque o capitalista retribui a si mesmo.[35]

No processo de reprodução, diante do trabalhador assalariado, o capitalista em função representa o capital como propriedade de outro e o capitalista de dinheiro participa da exploração do trabalho como representado pelo capitalista em função. A oposição entre a função do capital no processo de reprodução [o processo de conjunto] e a simples propriedade de capital fora do processo de reprodução faz esquecer que o capitalista ativo só pode exercer a função que consiste em fazer o trabalhador trabalhar e fazer os meios de produção funcionar como capital enquanto representante dos meios de produção diante do trabalhador.[36]

7) A ideia que transforma o lucro de empresa em salário de fiscalização do trabalho e provém da oposição entre esse lucro e o juro é reforçada ainda pelo fato de que uma parte do lucro pode ser separada enquanto salário e é efetivamente separada ou, mais ainda e ao contrário, pelo fato de que uma parte do salário, na base da produção capitalista, manifesta-se como uma parte constitutiva do lucro. Como já havia compreendido A. Smith, essa parte [paga como salário] se apresenta tanto como autônoma e totalmente separada do lucro (como soma do juro e do lucro de empresa) quanto como distinta dessa parte do lucro que resta depois da dedução do juro, chamada "lucro de empresa": esse é o tratamento dos dirigentes desses ramos de negócios cuja extensão etc. torna possível uma divisão do trabalho suficiente para dar origem a um salário particular para os dirigentes.[37]

8) Na base da produção capitalista, desenvolve-se um novo logro com o salário de administração nas sociedades por ações, já que ao lado e acima dos dirigentes efetivos

---

35 Ibid., p.45 [*Marx Engels Werke*, v.25, p.393].
36 Ibid., p.45 [*Marx Engels Werke*, v.25, p.394].
37 Ibid., p.48 [*Marx Engels Werke*, v.25, p.397-8].

aparecem numerosos conselhos de administração e de fiscalização para os quais a administração e a fiscalização não são na verdade mais do que simples pretextos para a espoliação dos acionários e para o enriquecimento próprio.[38]

9) O trabalho de fiscalização e de direção surge necessariamente em toda a parte em que o processo de produção imediato toma a forma de um processo socialmente combinado e não mais a de um trabalho singular de produtores independentes. Ele tem uma natureza dupla.

De um lado, em todos os trabalhos em que numerosos indivíduos cooperam, a conexão e a unidade do processo se exprimem necessariamente numa vontade que comanda, assim como em funções que não têm relação com o trabalho parcializado, mas com a atividade de conjunto da oficina, como no caso de um regente de orquestra. Trata-se de um trabalho produtivo que deve ser cumprido em todo modo de produção combinado.

De outro – abstraindo-se completamente o setor comercial –, esse trabalho de fiscalização surge necessariamente em todos os modos de produção que se baseiam na oposição entre produtores imediatos e proprietários de meios de produção. Quanto maior é essa oposição, maior é também o papel desse trabalho de fiscalização. Ele atinge seu pico, portanto, no modo de produção escravagista. Mas é inevitável também no modo de produção capitalista, pois aqui o processo de produção é ao mesmo tempo um processo de consumo da força de trabalho pelo capitalista. A situação é análoga àquela dos Estados despóticos em que o trabalho de fiscalização e de ingerência geral do governo assume os dois aspectos seguintes: a direção das questões comuns que dependem da natureza de qualquer comunidade, assim como as funções específicas que surgem da oposição entre o governo e a massa popular.[39]

10) A própria produção capitalista chegou a um ponto em que o trabalho de alta direção, totalmente separado

---

38 Ibid., p.54 [*Marx Engels Werke*, v.25, p.403].
39 Ibid., p.48 [*Marx Engels Werke*, v.25, p.397].

da propriedade do capital, tornou-se banal. É inútil, portanto, que esse trabalho de alta direção seja exercido pelo capitalista. O regente de orquestra não precisa ser proprietário dos instrumentos musicais [...]. De um lado, o simples proprietário de capital, o capitalista de dinheiro, opõe-se ao capitalista em função e, com o desenvolvimento do crédito, o próprio capital-dinheiro assume um caráter social, concentrado nos bancos, que emprestam no lugar dos proprietários imediatos do capital-dinheiro. De outro, já que o simples diretor, que não tem nenhuma propriedade sobre o capital, nem como devedor nem de nenhum outro modo, exerce todas as funções reais que competem ao capitalista em função, resta apenas um funcionário. O capitalista desaparece do processo de produção como pessoa supérflua.[40]

11) As sociedades capitalistas por ações, assim como as fábricas cooperativas, devem ser consideradas formas de transição entre o modo de produção capitalista e o modo de produção associado, mas a contradição é superada negativamente em uma e positivamente em outra.[41]

A terminologia de Marx é imprecisa, e isso causa problemas delicados aos tradutores. Às vezes ele designa o capital de empréstimo pela expressão que utiliza para se referir ao capital-dinheiro. Compreendemos que não se trata do mesmo objeto porque o capital trazido pelo capitalista de dinheiro, uma vez investido na empresa e entregue aos cuidados do capitalista ativo, percorre o conjunto do circuito do capital, ou seja, as três formas (capital-dinheiro, capital-mercadoria e capital produtivo), como qualquer átomo de capital.

Essa análise coloca o problema da determinação do juro (e do dividendo). Marx opta por uma resposta similar à que dá para a questão da fixação da jornada de trabalho. Trata-se de uma partilha, resultado de uma relação de força, nesse caso entre dois tipos de capitalistas.

---

40 Ibid., p.52 [*Marx Engels Werke*, v.25, p.401].
41 Ibid., p.106 [*Marx Engels Werke*, v.25, p.456].

Como o capitalista ativo deve pagar juros e dividendos quando utiliza os fundos de outro, o lucro diminui. O que resta é chamado de "lucro de empresa", porque pertence ao "empreendedor", isto é, ao capitalista ativo. É o que explica o trecho 3. No caso do juro, e menos no do dividendo, trata-se de um resíduo, porque o capitalista ativo deve pagar a taxa de juro do momento, cuja determinação não depende de um único indivíduo, mas de mecanismos mais gerais.

No que precede, nós ainda podíamos tomar como ponto de partida a imagem de uma empresa de propriedade de um capitalista individual, que adianta a maior parte do capital e empresta parte dele ou o coleta por emissão de ações. No entanto, Marx avança gradualmente no estudo de uma configuração mais complexa, a da sociedade por ações moderna, sustentada pelos mecanismos de crédito. A dificuldade da leitura resulta do fato de que esses textos ainda são marcados pela pesquisa: um autor às voltas com uma matéria difícil, em que a redação é uma espécie de diálogo com ele mesmo. A fase da reordenação deveria ocorrer em seguida. Percebemos, além disso, o caráter "desestabilizador" desses desenvolvimentos para o pensamento de Marx em suas formas primárias. No entanto, essas análises são de grande interesse em relação ao uso que pode ser feito da teoria de Marx no estudo do capitalismo contemporâneo.

Uma vez introduzidas as noções precedentes, Marx apresenta ao leitor certo número de considerações relativas às representações que o capitalista ativo faz desses mecanismos: a imagem das relações sociais que se forma em sua cabeça (trechos 4 e 5). O trecho 6 explica que o capitalista ativo acaba considerando que o lucro de empresa não é uma remuneração por um adiantamento de capital, mas por sua própria função de capitalista, ou seja, a gestão do capital, que ele vê como um *trabalho* (primeiro parágrafo). O lucro de empresa é, para ele, o salário de um trabalho, um trabalho complexo (segundo parágrafo). Sua própria posição social, como capitalista, acaba desaparecendo. O trecho 7 acrescenta que a confusão aumenta porque o capitalista ativo pode se pagar um salário (e, em outros trechos, pode se pagar um juro para remunerar seu adiantamento). Vemos o lucro original total dividir-se, portanto, em três frações: i) o juro e o dividendo; ii) o salário do capitalista ativo; iii) o lucro de empresa menos esse salário. Marx assinala (trecho 8) que os pretensos diretores não são todos forçosamente diretores, mas isso não os impede de receber uma remuneração.

Sub-repticiamente surge um novo elemento: a existência de verdadeiros assalariados de gestão. O trecho 5 já assinalava a possível delegação das tarefas do capitalista ativo a um assalariado. O trecho 7 faz menção à existência de um diretor assalariado, não proprietário. Nesse caso, convém acrescentar à divisão tripartite mencionada anteriormente uma nova rubrica, o pagamento de salários — que não são simples disfarces do lucro de empresa — a assalariados cuja força de trabalho foi comprada para auxiliar o capitalista (ou até substituí-lo).

O conjunto desses trechos dá uma grande modernidade à análise de Marx. Revelam um processo de distribuição do sobrevalor criado pelo trabalho dos trabalhadores produtivos mais complexo do que se poderia supor e no qual aparece o salário. Deixam algumas dúvidas no ar quanto à natureza dos salários dos gestores assalariados, que são financiados pelo lucro, mas manifestam a compra de uma força de trabalho.

Poderíamos pensar que esgotamos a riqueza desses desenvolvimentos. Não é bem assim. Marx ainda não considerou as tarefas do capitalista ativo em relação a sua teoria do capital. Além do trabalho produtivo, vimos Marx introduzir os "custos de circulação" no livro 2. Um exame mais cuidadoso revelaria também a existência de "custos de produção" improdutivos, pelo menos os custos (e trabalhos) de fiscalização, coisa que Marx tendeu a não levar em consideração (ou a abordar incidentalmente). É aqui, na sexta seção do livro 3, não preparado para a publicação, que essas noções aparecem e se atropelam.

No trecho 9, Marx se questiona a respeito do caráter potencialmente produtivo do trabalho do capitalista ativo. A direção compreende tarefas de organização da produção (semelhantes às de um "regente de orquestra") que podemos considerar produtivas, mas inclui também tarefas de fiscalização que derivam do caráter antagônico do modo de produção. Marx não considera aqui as tarefas comerciais, que, aliás, ele atribui claramente ao capitalista ativo e cujo caráter improdutivo é destacado por ele. O labor do capitalista ativo, potencialmente delegado a um gestor assalariado, seria então em parte produtivo e em parte improdutivo.

O trecho 10 retoma as ideias anteriores, mas acrescenta um último elemento, essencial, ao qual retornaremos: o capital de empréstimo concentra-se nas instituições financeiras, que se tornam administradoras desse capital. Essa referência completa o quadro geral de uma configuração institucional assumida pela produção capitalista avançada, que se tornou dominante na transição dos séculos XIX e XX nos Estados Unidos e em seguida generalizou-se por todos os países capitalistas.

A capacidade de Marx de apreender esses desenvolvimentos na metade do século XIX é realmente extraordinária. Mas compreendemos também os terríveis problemas que ela poderia suscitar em relação a sua teoria da História e sua visão das classes e das lutas de classes. Marx se coloca a questão política, visivelmente para si mesmo, como se vê pela forma da exposição. A resposta é dada no trecho 10. Ele interpreta essas formas institucionais que o capitalismo engendrou como formas de transição para além do próprio capitalismo. Mas essas intuições notáveis ainda são atravessadas por ambiguidades terríveis.

CAPÍTULO 3

CONCORRÊNCIA, TÉCNICA, DISTRIBUIÇÃO E FINANÇAS

A concorrência capitalista

Em seu estudo sobre a mercadoria e a troca no livro 1 de *O capital*, Marx formulou uma lei da troca "normal": as mercadorias tendem a ser trocadas por preços proporcionais ao tempo de trabalho produtivo socialmente necessário a sua produção. Na linguagem econômica atual, diríamos que os preços refletem custos de produção, sabendo que um único fator é considerado: o trabalho. São as práticas dos produtores-trocadores (abstraída uma eventual especialização) que resultam na prevalência desses preços no mercado: o reconhecimento do trabalho dos produtores de cada categoria de mercadoria, de acordo com normas mais ou menos vantajosas para aqueles que o executaram.

Vemos surgir aqui a relação entre essas "leis" e os mecanismos de concorrência. É a existência de concorrência entre diversos produtores-trocadores que fixa preços normais. Mas aqui não se trata do simples confronto entre uma quantidade de mercadorias oferecida e uma quantidade demandada que determina um preço capaz de permitir a apuração do mercado (no "curto prazo"), isto é, garantir comprador para todas as mercadorias. As condições de produção (o tempo de trabalho, contra a dificuldade, a habilidade requerida...) entram na determinação de um preço normal, isto é, um preço pelo qual os produtores mantêm a oferta e os compradores, a demanda (no "longo prazo").

Essa análise do papel da concorrência está bastante implícita no livro 1 de O *capital*. É um tema a que Marx volta de modo recorrente, na maioria das vezes para evitar seu estudo. Por exemplo, ele escreve no livro 1:

> Não nos cabe aqui prestar contas do modo como as leis imanentes da produção capitalista aparecem no movimento externo dos capitais, impõem-se como leis coercitivas da concorrência e, por conseguinte, são percebidas pelo capitalista individual como motivações que o impulsionam.[1]

Esses processos de concorrência são tratados de modo muito mais sofisticado no livro 3.

"As mercadorias são trocadas por [preços proporcionais a] seus valores", define a "lei mercantil" das trocas no livro 1. Devemos entender por essa definição que a lei decorre da teoria da mercadoria. Mas nessa análise Marx não diz nada a respeito da natureza capitalista da produção. Ora, no início do livro 3, temos um lance dramático: na produção capitalista, as mercadorias não são trocadas por preços proporcionais a seus valores. O choque é mais violento na medida em que muitos marxistas tendem a confundir a lei mercantil das trocas com a "lei do valor" e, como sabemos, essa expressão serve abusivamente entre eles para designar a "teoria do valor". A confusão é facilitada pelo fato de que, nos livros 1 e 2, o próprio Marx supõe como hipótese simplificadora que essa lei mercantil das trocas prevalece no capitalismo. Ele se explicou muito mal.

O início do livro 3 expõe a lei das trocas das mercadorias "capitalistas". A diferença entre as duas leis é enunciada no trecho 1. Marx considera uma economia em que diversas mercadorias são produzidas no que podemos chamar de "ramos". As composições dos capitais (as relações do capital constante com o capital variável, denominadas aqui "composições orgânicas") são distintas nos diferentes ramos, mas as taxas de sobrevalor são as mesmas (os trabalhadores são igualmente explorados). Marx

---

[1] Id., *Le capital*, livre premier, p.356.

raciocina dentro de um contexto que é o do estudo do sobrevalor do livro 1, isto é, ele abstrai a diferença entre fluxos e estoques introduzida na teoria da circulação do capital no livro 2.[2] Num ramo em que um capital de 100 (em certa unidade monetária) se decompõe em 80 de capital constante e 20 de capital variável, uma taxa de sobrevalor de 100% produz 20 de sobrevalor. Num ramo em que um capital de 100 se decompõe em 70 de capital constante e 30 de capital variável, uma taxa de sobrevalor de 100% produz 30 de sobrevalor. Para preços proporcionais aos valores, as taxas de lucro são respectivamente 20% e 30%. Marx sustenta, em nome da concorrência, que essa situação não pode se manter, porque os capitais tendem a ser mais investidos no segundo ramo. É o movimento do capital (o "vaivém"), sendo mais ou menos investido nos diferentes ramos, segundo as rentabilidades relativas, que produz uma *tendência à igualação das taxas de lucro* ou, de modo equivalente, *a formação de uma taxa de lucro uniforme*. A relação entre a oferta e a demanda leva à determinação de preços que não são mais proporcionais aos valores (a soma do capital constante, do capital variável e do sobrevalor), mas aos "preços de produção" (a soma do capital constante, do capital variável e de um lucro que é proporcional à soma dos dois componentes do capital). A uniformização da taxa de lucro ocorre entre ramos (para a média das empresas de cada ramo) e não entre empresas, já que empresas de eficiência desigual podem se beneficiar da mesma taxa de lucro, se o preço é o mesmo para todo o ramo.

Os preços de produção (como os preços proporcionais aos valores do livro 1) são os centros de gravitação dos "preços de mercado", isto é, os preços pelos quais são efetuadas as transações. Diferentes práticas estão em jogo. Além do investimento do capital em função da taxa de lucro, os preços devem ser corrigidos pelos gestores das empresas de acordo com os desequilíbrios da oferta e da demanda, assim como os níveis de produção... Em razão da multiplicidade de variáveis, o estudo quantitativo dessa gravitação necessita de técnicas de modelação às quais Marx não tinha acesso. Referimo-nos ao tratamento da existência e da

---

2 Ver a seção "A circulação do capital" do capítulo "Mercadoria, dinheiro e capital" (ver p.252).

estabilidade de um equilíbrio em modelos dinâmicos. As taxas de lucro dos diferentes ramos devem estar representadas nesses formalismos, e as funções de investimento devem expressar a resposta positiva do avanço de capital para a rentabilidade, assim como as decisões de produção e de preços.

> 1) Mas se as mercadorias são vendidas por seus valores, daí resultam, como mostramos, taxas de lucro muito diferentes nas diversas esferas de produção, segundo as composições orgânicas desiguais da massa de capital investido. Ora, o capital retira-se de uma esfera de taxas de lucro mais baixas e lança-se em outra que propicie um lucro mais elevado. Por essa emigração e imigração constantes, enfim, por sua distribuição em diferentes esferas, conforme a taxa de lucro caia ou suba aqui ou ali, produz-se uma relação entre a oferta e a demanda tal que o lucro médio nas diferentes esferas de produção torna-se idêntico e os valores transformam-se assim em preços de produção.
> 2) Essa igualação é mais ou menos bem-sucedida em função do grau de desenvolvimento capitalista numa sociedade nacional dada, isto é, ela ocorrerá tanto mais quanto mais bem-adaptado ao modo de produção capitalista estiver o país considerado. [...] a produção capitalista submete o conjunto das condições sociais em que o processo de produção se desenrola a seu caráter específico e a suas leis imanentes. A igualação constante das desigualdades constantes ocorre mais rápido na medida em que: 1) o capital é mais móvel, isto é, mais fácil de deslocar de uma esfera ou de um lugar para outro; 2) a força de trabalho pode ser projetada mais facilmente de uma esfera para outra, de um local de produção para outro.[3]
> 3) Até o momento, consideramos a renda diferencial apenas como resultado das diferenças de produtividade de investimentos iguais de capital em campos de superfície igual, mas de fertilidade diferente, de modo que a renda diferencial era determinada pela diferença entre o rendimento do capital

---

3 Marx, *Le capital*, livre troisième, v.1, p.210-1 [*Marx Engels Werke*, v.25, p.205-6].

investido no pior campo, sem renda, e o melhor campo. Tínhamos aqui diferentes investimentos de capital em campos diferentes, de modo que cada novo investimento de capital corresponde a um cultivo mais extenso do solo, a uma ampliação da superfície cultivada. Em definitivo, em seu princípio, a renda diferencial era apenas o resultado das produtividades desiguais dos capitais iguais investidos nos campos. Se supusermos agora que massas de capitais com produtividades diferentes são investidas sucessivamente num mesmo campo e não mais conjuntamente em campos diferentes, isso faria diferença?[4]

4) Vemos, à luz do que precede, a que ponto a renda diferencial em geral gera combinações complicadas, a saber, combinações da forma I e da forma II, ao passo que Ricardo, por exemplo, trata-a de modo absolutamente unilateral e como uma coisa simples.[5]

5) Em cada esfera de produção, essas taxas de lucro particulares são iguais a sv/c e é preciso derivá-las do valor da mercadoria, como fizemos na primeira seção deste livro. Sem esse desenvolvimento, a taxa geral de lucro (e, portanto, também o preço de produção da mercadoria) é uma representação sem conceito.[6]

No trecho 1, Marx descreve esse sistema de preço alternativo como resultado de uma "transformação", quando se trata, na verdade, de uma "substituição" lógica: a substituição das trocas mercantis simples pela lei das trocas capitalistas. Retomaremos adiante esse uso terminológico e os problemas que ocasionou.

O parágrafo do qual foi extraído o trecho 1 continua no trecho 2; este remete às "práticas" de que decorrem tais mecanismos. Como no estudo da lei das trocas mercantis, Marx sublinha a importância de certa maturidade histórica: um "desenvolvimento capitalista" mais avançado, que condiciona a mobilidade entre ramos do trabalho e do capital.

---

4 Ibid., p.63 [*Marx Engels Werke*, v.25, p.686].
5 Id., Ibid, p.68 [*Marx Engels Werke*, v.25, p.691-2].
6 Id., *Le capital*, livre premier, In: *Oeuvres*, II, p.174 [*Marx Engels Werke*, v.25, p.167].

Marx considera, às vezes incidentemente, o caso dos monopólios, mas de preferência os monopólios naturais (provenientes do controle de um recurso natural). A teoria dos monopólios ou do capitalismo monopolista aparece mais tarde. Marx faz uma análise do crescimento do tamanho das empresas por um duplo mecanismo de "concentração" e "centralização" do capital, seja porque o capital é investido mais rapidamente em empresas com melhor desempenho, seja pelo processo de absorção dos pequenos pelos grandes. Na análise desses mecanismos, é preciso ter em mente que o crescimento do tamanho das empresas não financeiras é acompanhado do crescimento de instituições financeiras com capacidade cada vez maior de "deslocar" o capital de um ramo para outro. Marx sublinha essa importância do sistema de crédito na tendência à formação das taxas de lucro.

6) Na própria sociedade – tomada como a totalidade dos ramos de produção – a soma dos preços de produção das mercadorias produzidas é igual à soma de seus valores.[7]

A teoria da concorrência e dos preços de produção resolve o problema do lucro realizado naqueles setores da economia que não correspondem ao capital industrial. Já assinalamos[8] que existem duas categorias de capital cujos circuitos são distintos daquele do capital industrial: o capital do comércio das mercadorias (capital mercantil) e o capital do comércio do dinheiro. Restringimo-nos aqui ao primeiro.

Um capitalista compra mercadorias (D–M) com o intuito de revendê-las (M–D), ou seja, trata-se do circuito D–M–D, ao qual falta capital produtivo, já que não há produção (o capitalista compra as mercadorias e paga os custos de circulação). Como não há produção, não há criação de valor e de sobrevalor. O capitalista que adianta o capital do comércio das mercadorias realiza uma fração do sobrevalor açambarcado por outros capitalistas, de acordo com o mecanismo de formação de taxa de lucro uniforme descrito nesta seção.

---

7 Id., *Le capital*, livre troisième, v.1, p.176 [*Marx Engels Werke*, v.25, p.169].
8 Ver a seção "A circulação do capital" no capítulo "Mercadoria, dinheiro e capital" (p.252).

Vemos que se trata de uma especialização: o capitalista industrial encurta a parte do circuito do capital que é exigida pela compra e pela venda, passando-a para um capitalista, que a efetua por ele e por outros capitalistas industriais. Ele se desincumbe de parte dos custos de circulação. Portanto, o preço pelo qual o capitalista industrial vende suas mercadorias deve ser inferior ao preço final, e é assim que o capitalista do comércio das mercadorias tira seu lucro, de acordo com o mecanismo da igualação das taxas de lucro.

Essa análise da formação dos preços de produção na concorrência capitalista supõe implicitamente que o tamanho ou o número das empresas produtoras de uma mesma mercadoria pode aumentar, sem que sejam modificadas as condições de produção ("rendas constantes"). Evidentemente essa é uma hipótese simplificadora, que pode ser tecnicamente retirada em formalismos matemáticos mais elaborados. Existe um caso de interesse econômico considerável que remete às estruturas de classes na produção capitalista: o dos "recursos naturais". Poderíamos pensar, por exemplo, em minas, mas por razões óbvias Marx volta sua atenção para a terra. Essa análise leva aos desenvolvimentos da sexta seção do livro 3, dedicada à renda fundiária.

Marx começa pelo caso mais simples. Considera que a produção de trigo exige o uso de terras de diferentes graus de fertilidade. Essas terras são cultivadas progressivamente, conforme o nível da demanda (as terras mais férteis são as primeiras a ser cultivadas). Supõe-se que técnicas utilizadas para cultivar essas diferentes terras são idênticas (são feitos os mesmos investimentos em capital constante e variável).

É fácil entender, com essas hipóteses, que os capitalistas (os fazendeiros) que cultivam essas diferentes terras realizam taxas de lucro maiores, na medida em que as terras são mais férteis. Não podemos desdobrar diretamente o raciocínio em termos de "mobilidade do capital", como fizemos antes, porque a quantidade de terra mais fértil é limitada.

Que preço prevalecerá no mercado? A quantidade total de trigo demandada exige a fixação de um preço que, aos olhos do fazendeiro, justifica a cultura das terras disponíveis, ainda que sejam menos lucrativas que as já cultivadas. Marx afirma: o preço único no mercado deve garantir ao fazendeiro da terra menos fértil a taxa de lucro normal em qualquer ramo de investimento do capital (a taxa de lucro uniforme do momento, abstraída a agricultura). O problema do cultivo dessa terra está resolvido, mas à custa de uma contradição, porque daí resulta que, por esse preço único, as terras mais férteis garantem aos fazendeiros taxas de lucro superiores à taxa média, e essas taxas serão tanto maiores quanto mais férteis forem as terras. Isso é fato. Mas nesse ponto da análise surge um novo personagem: o "proprietário da terra". Como proprietário, ele pode arrendar a terra ao fazendeiro. Até a que nível pode chegar esse arrendamento? Até o nível em que o fazendeiro mantém a taxa de lucro média, porque, acima desse arrendamento, o fazendeiro vai preferir investir seu capital em outra atividade. Se, pelo preço corrente do trigo, o investimento de 100 (de uma unidade monetária) numa superfície dada de terra A permite vender o trigo por 140, enquanto a taxa de lucro normal na economia é 20%, o proprietário pode exigir 20 do fazendeiro, levando a taxa de lucro deste a 20%. Se a terra B é mais fértil, o fazendeiro pode vender 160 de trigo e o proprietário pode exigir uma renda de 40. Segundo esse princípio, a terra que permite produzir e vender 120 de trigo pode ser cultivada, mas não se pode exigir nenhuma renda dela. Acabamos de resumir brevemente aqui o que Marx chama de "renda diferencial I".

Existe um segundo tipo de renda em que Marx considera terras com o mesmo nível de fertilidade e onde são realizados investimentos cada vez maiores, mas com rendimentos decrescentes: por exemplo, investindo o dobro do capital (200, em vez de 100), não obtemos o dobro da quantidade de trigo, talvez apenas 50% a mais. Entendemos mais uma vez que, para que o preço do trigo no mercado justifique o dobro do investimento, é preciso que o investimento adicional renda ao menos a taxa de lucro média, porque não existe capitalista altruísta. Isso significa que os primeiros 100 investidos renderam mais que a taxa de lucro média, portanto com os 200 o fazendeiro obteve uma taxa de lucro global superior à regra. Nesse caso, o proprietário pode exigir uma renda ("renda diferencial II") não mais em razão da diferença de rentabilidade entre terras de fertilidade distinta, mas porque a demanda do trigo, para ser atendida, exigiu uma elevação do preço do trigo a um nível que permite investimentos maiores e gradualmente menos rentáveis. O trecho 3, formulado como uma pergunta, mostra a transição que Marx efetua da renda I para a renda II. Como já suspeitávamos, a renda diferencial, em geral, combina esses dois mecanismos. É o que explica o trecho 4, em que Marx se gaba de ter sido mais hábil que Ricardo.

Esses desenvolvimentos deixam em suspenso a questão da decisão, por parte do proprietário fundiário, de arrendar suas terras para o cultivo. Segundo as regras do cálculo econômico, entre outras considerações de outras naturezas, ele só arrendará suas terras se obtiver uma renda. Ora, no caso mais simples da renda I, a terra menos fértil não pode propiciar renda. Essa questão é a da "renda absoluta", não justificada pelas considerações diferenciais precedentes, o que demonstra, em *O capital*, o caráter eminentemente inacabado dos manuscritos.

A consideração dos recursos naturais apenas complica tecnicamente a teoria dos preços numa economia capitalista. E provocou numerosos debates. Mas não foi essa questão que causou problemas à teoria de Marx. O ponto crucial é o da relação entre a teoria dos preços de produção e a teoria do valor, portanto a relação entre essas páginas do livro 3 e as do livro 1. Essa questão suscitou uma controvérsia interminável, conhecida como o "problema da transformação" dos valores em preços de produção. Falamos anteriormente de "choque". Do que se trata?

A questão geral é a relação entre a teoria do valor do livro 1 e a existência de um sistema de preços "normais" que não são proporcionais aos valores. Encontramos aqui a ideia de que os preços são, segundo Marx, "formas" do valor. É possível ser uma forma sem ser proporcional? O que está em jogo é o poder explicativo da teoria do valor, portanto da teoria da exploração no capitalismo!

É preciso lembrar, antes de mais nada, que existem muitas exceções a essa proporcionalidade entre preços e valores. Em primeiro lugar, não se supõe que os preços sejam iguais aos preços de produção, mas que gravitem em torno desses preços. Especificamos anteriormente que os preços numa economia em que existem recursos naturais apropriáveis por proprietários só são iguais aos preços que garantem taxas de lucro uniformes depois de subtraída a renda. Lembramos brevemente a existência potencial de monopólios, demonstrando exceções à remuneração igual dos capitais na concorrência. Na verdade, as teorias do valor e da exploração de Marx devem ser compatíveis com *todo* sistema de preços. A controvérsia desenvolveu-se, portanto, em torno da questão *específica* dos preços de produção (que garantem taxas de lucro uniforme), uma distorção pela qual Marx é amplamente responsável.

A noção de "transformação", tal como aplicada por Marx, veicula inegavelmente a ideia de uma dedução lógica, que, aliás, ele reivindica de maneira explícita. Encontramos a expressão dessa ideia no trecho 5. Independentemente da relação com o valor, o preço de produção é, segundo Marx, uma "representação sem conceito". Uma leitura apressada dessa afirmação nos leva a interpretá-la no sentido de uma derivação quantitativa. Parte-se de um sistema de valores (ou de preços proporcionais aos valores) e "deduzem-se" daí os preços de produção. É o que faz Marx, e isso explica por que a seção de *O capital* começa por esse cálculo.

O exemplo numérico de Marx é bastante complexo. Podemos imaginar uma economia mais simples, com dois ramos, em que são investidos capitais iguais, de 100 (de uma unidade monetária) cada um. No primeiro ramo, o capital constante é 70 e o capital variável é 30. No segundo, esse capital passa para 90 e 10. Com uma taxa uniforme de sobrevalor de 100%, os sobrevalores são 30 e 10 e os valores das mercadorias produzidas são 130 e 110. O sobrevalor total é 40. Se distribuirmos esse sobrevalor proporcionalmente aos custos de produção, obteremos preços de produção de 120 em cada ramo, portanto taxas de lucro uniformes de 20%. Esse cálculo, no entanto, é imperfeito, porque se as mercadorias são vendidas a preço de produção, os componentes materiais exigidos para sua produção também são comprados a esses mesmos preços. Marx aponta a dificuldade, mas não tenta corrigi-la.

É evidente que, uma vez fornecidos os elementos necessários ao cálculo dos valores (a quantidade de componentes materiais, a determinação da remuneração do trabalho), podemos calcular diretamente os preços de produção, sem cálculo prévio dos valores. Marx tem em mente uma dedução *lógica*, embora proceda a uma derivação *quantitativa*. Para ele, preços só podem exprimir o que ele chama algumas vezes de "metabolismo" social das horas de trabalho criadoras de valor. Eles são "formas do valor" nessa qualidade, mesmo que a relação quantitativa seja mais complexa. Para ele, trata-se de acompanhar o valor pelos caminhos que os preços e as rendas o obrigam a percorrer, desde sua criação até sua realização. Para além do fetichismo da mercadoria, encontramos aqui as relações entre os homens.

Marx dedica-se, sobretudo, à questão da "distribuição" do sobrevalor total, pois a formação dos preços de produção não deve invalidar sua teoria da exploração. Em seu cálculo, o sobrevalor total é redistribuído entre os diversos ramos, portanto é inalterado por construção. Mais genericamente, Marx acredita que os preços de produção são a expressão dessa redistribuição do valor total das mercadorias. É o que ele expressa na condição da igualdade da soma dos valores e da soma dos preços de produção do trecho 6.

Essa é sua ideia geral. Ele parte de um sistema em valores; junta e redistribui as horas de trabalho numa segunda rodada; obtém um novo sistema de preços (nesse caso, os preços de produção). O sobrevalor é em si mesmo (isoladamente) o objeto dessa redistribuição. Assim o dispositivo completo da exploração, tal como se apresenta no livro 1, é preservado ao fim de uma distribuição geral das horas de trabalho.

O problema é que, ao efetuar esse cálculo da maneira correta, isto é, levando em consideração o fato de que os componentes dos capitais são comprados por seu preço de produção e não por preços proporcionais aos valores, é impossível definir um sistema de preços que assegure uma taxa de lucro uniforme e garanta as duas igualdades, a da soma dos sobrevalores e dos lucros e a dos valores e dos preços totais. A solução desse problema não se encontra em cálculos matemáticos elaborados, em que a definição particular dos preços de produção (a igualdade das taxas de lucro) teria um papel específico (pois a teoria marxista da exploração deve se adequar às exceções a essa uniformidade), mas numa reconsideração dos princípios fundamentais. Uma literatura extremamente volumosa foi dedicada a essa questão.

Tendências da acumulação, da mudança técnica e da distribuição

Embora esses temas não estejam reunidos numa parte específica de *O capital*, a obra inteira é permeada da análise das grandes tendências da produção capitalista, num campo correspondente ao que poderíamos classificar de "longo prazo", ou mesmo de "longuíssimo prazo". Seus principais aspectos são a acumulação do capital, a mudança técnica e as variáveis que definem a situação da distribuição, como o salário real ou a taxa do sobrevalor e a taxa de lucro. O fato de Marx não dar um tratamento sistemático a esses temas (como é o caso também de outros mecanismos, em especial os mecanismos da crise) só faz aumentar o problema. Mas essa dificuldade não diminui o interesse do estudo.

Esbarramos mais uma vez aqui no caráter inacabado da obra econômica de Marx. A arbitragem que definiu a distribuição desse material entre os diferentes livros de *O capital* é problemática. Aqui, trata-se sobretudo da relação entre os livros 1 e 3, porque essas considerações são estranhas ao livro 2. Neste último, a acumulação é considerada em seus efeitos sobre o processo de "reprodução" (esquemas de reprodução), mas não em sua dinâmica própria e em sua relação com as outras variáveis que descrevem as mudanças da técnica e da distribuição.

1) Examinamos até aqui como o sobrevalor nasce do capital; vamos ver agora como o capital nasce do sobrevalor. A utilização do sobrevalor como capital ou a retransformação do sobrevalor em capital chama-se acumulação do capital.[9]

2) A composição do capital deve ser tomada em seus dois sentidos. No que diz respeito ao valor, essa composição é determinada pela proporção segundo a qual ele [o capital] divide-se em capital constante, ou valor dos meios de produção, e capital variável, ou valor da força de trabalho, soma global dos salários. No que diz respeito à matéria, tal como funciona no processo de produção, todo capital divide-se em meios de produção de força de trabalho viva. Essa composição é determinada pela relação entre a massa dos meios de produção empregados, de um lado, e a quantidade de trabalho exigida para empregá-los, de outro. Chamo a primeira composição de composição-valor do capital e a segunda de composição técnica do capital. Existe entre as duas uma estreita correlação; dou à composição--valor do capital, na medida em que é determinada por

---

9 Marx, *Le capital*, livre premier, p.649.

sua composição técnica e reflete as modificações desta, o nome de composição orgânica do capital.[10]

3) O crescimento do capital inclui o crescimento de seu componente variável, aquele que é convertido em força de trabalho. Uma parte do sobrevalor transformado em capital suplementar deve ser permanentemente transformada em capital variável, em fundos de salário suplementar. Se supusermos que a composição do capital, permanecendo idênticos todos os outros fatores, permanece ela mesma inalterada, isto é, uma massa determinada de meios de produção ou de capital constante requer permanentemente a mesma massa de força de trabalho para ser posta em movimento, está claro que a demanda de trabalho e o fundo de subsistência dos trabalhadores crescerão à proporção do crescimento do capital, e isso será tanto mais rápido quanto mais rápido for esse crescimento. [...] Como a cada ano há mais trabalhadores ativos que no ano anterior, em algum momento chegaremos ao ponto em que as necessidades de acumulação acabarão excedendo a oferta habitual de trabalho e, portanto, a alta dos salários intervirá.[11]

4) Assim, à medida que a acumulação avança, a relação entre capital constante e capital variável se modifica [Marx apresenta uma série de frações que mostram uma alta da composição do capital]. Como a demanda de trabalho não é determinada pelo volume do capital global, mas pelo volume de seu componente variável, ela cai progressivamente, à medida que o capital global cresce, em vez de aumentar proporcionalmente a ele, de acordo com nossa hipótese anterior. [...] a acumulação capitalista produz permanentemente, e à proporção de sua energia e extensão, uma população operária excedente relativa, excedente em relação às necessidades médias de valorização do capital e, portanto, supérflua.[12]

5) Mas se esse excedente de população operária é produto necessário da acumulação, do desenvolvimento da riqueza

---

10 Ibid., p.686.
11 Ibid., p.687.
12 Ibid., p.706.

sobre bases capitalistas, essa sobrepopulação se torna inversamente uma alavanca para a acumulação capitalista e até uma condição de existência para o modo de produção capitalista. Ela constitui um exército industrial de reserva disponível que pertence de maneira tão plena e absoluta ao capital que se poderia crer que este a criou desde a mamadeira, à sua própria custa. Ela cria o material humano constantemente pronto e *explorável* para as necessidades mutáveis de sua valorização, independentemente das barreiras erguidas pelo aumento efetivo da população.[13]

6) Por outro lado, demonstramos – e isso constitui o verdadeiro mistério da baixa tendencial da taxa de lucro – que os processos de criação de sobrevalor relativo levam, em grandes linhas, de um lado, a transformar uma massa dada de trabalho em tanto sobrevalor quanto possível e, de outro, a utilizar o mínimo de trabalho possível em relação ao capital adiantado; de modo que as mesmas causas que permitem aumentar a taxa de exploração de trabalho são também aquilo que impede de explorar tanto trabalho quanto antes, com o mesmo conjunto de capitais. São essas as tendências antagonistas que, ao mesmo tempo que contribuem para o aumento da taxa de sobrevalor, contribuem também para uma queda da massa de sobrevalor criada por um capital dado e, assim, para uma queda da taxa de lucro.[14]

7) O aumento da taxa de sobrevalor [...] é um fator que determina a massa de sobrevalor e, portanto, também a taxa de lucro. Ele não suprime a lei geral. Mas faz essa lei agir de preferência como uma tendência, isto é, como uma lei cuja realização absoluta é retida, retardada, enfraquecida por circunstâncias que se opõem a ela.[15]

A sétima seção do livro 1 é dedicada à acumulação do capital. O capítulo 22 (na edição alemã e na tradução francesa) começa com a definição da acumulação, tal como é reproduzida no trecho 1: o capitalista retém uma parte do sobrevalor, que ele acrescenta

---

13 Ibid., p.708-9.
14 Id., *Le capital*, livre troisième, v.1, p.246 [*Marx Engels Werke*, v.25, p.243].
15 Ibid., p.247 [*Marx Engels Werke*, v.25, p.244-5].

a seu capital. O capítulo seguinte, intitulado "A lei geral da acumulação capitalista" é famoso, e com toda a razão. Marx analisa aí a divisão do capital recém-acumulado entre capital constante e capital variável. Em outros termos, ele estuda a composição do capital acumulado e suas variações de um período para outro. Hoje, chamaríamos isso de "mudança técnica". A pesquisa visa determinar o impacto da acumulação sobre o emprego.

Nesse estudo, Marx sente necessidade de dar um conteúdo relativamente preciso à noção de composição do capital, a relação da fração constante do capital com sua fração variável, como indicado no trecho 2. De um lado, ele apreende essa relação em termos técnicos: a "composição técnica" é uma "massa" de meios de produção por hora trabalhada; há aqui claramente um problema de unidade de medida. De outro, ela dá a definição de "composição-valor": a mesma relação, mas na qual as grandezas são expressas em valor. Marx introduz então uma terceira relação, a que ele utiliza em geral: a "composição orgânica". Essa noção um tanto desconcertante é idêntica à composição-valor do capital, "na medida em que depende de sua composição técnica", o que supõe que a composição-valor depende de outra coisa, isto é, das variações de valor dos componentes do capital (que não é sobre o que Marx quer falar em geral). Podemos compreender que, na composição orgânica, Marx se refere em especial ao maior valor do conjunto das máquinas utilizadas numa tarefa, supondo o valor de cada uma dessas máquinas constantes. É uma maneira de expressar o fato de que ele abstrai a baixa do valor das máquinas devida ao avanço da produtividade do trabalho.

Munido desse instrumental teórico, Marx inicia o estudo dos efeitos da acumulação sobre o emprego e, indiretamente, sobre o salário. Aqui é preciso compreender o salário como poder de compra, salário "real". Marx diria o "mais ou menos de subsistências" que o trabalhador pode adquirir. Nesse estudo, ele combina o ritmo de acumulação com a variação da composição do capital. A exposição ganha a forma de comentário sobre as variáveis de um modelo não escrito, e isso frequentemente de maneira minuciosa.

i) Composição do capital constante. É o caso considerado no trecho 3. O emprego aumenta à proporção da acumulação, com efeito positivo sobre o salário. A relação de força entre capitalistas e trabalhadores está sempre em jogo na determinação do salário, o que explica o efeito benéfico sobre o salário de uma acumulação que provoca aumento do número de horas trabalhadas.

ii) Composição do capital crescente, ou seja, cada vez mais capital constante em relação ao capital variável (trecho 4). Para Marx, essa é a configuração típica da acumulação capitalista, tanto que ele não considera o terceiro caso, o da composição decrescente. Essa trajetória é capaz (segundo os parâmetros) de gerar um excedente de população em relação ao emprego, que é determinado pela quantidade de capital variável. Marx classifica esse excedente de "relativo", porque só aparece como tal em relação ao crescimento do capital. A tendência de alta do salário, característica do caso anterior, é atenuada ou mesmo invertida.

Essa análise comporta a tese de que a acumulação do capital permite a produção de uma população excedente, pelo viés da alta da composição do capital. Assim Marx introduz a famosa noção de "exército industrial de reserva". No longo prazo considerado aqui, a acumulação do capital não entra em conflito com os limites da população explorável. É o que ele chama de lei da "lei de população", característica do período capitalista. Além de seu interesse intrínseco, essa análise visa refutar teses de economistas como Malthus ou Ricardo, que atribuem a responsabilidade pela miséria das classes laboriosas ao seu ritmo próprio de reprodução (número de filhos). Marx remete essa responsabilidade ao campo do capital, que, de todo modo, adapta-se a esse ritmo natural de crescimento da população pela escolha de técnicas de produção mais ou menos esbanjadoras ou econômicas em termos de trabalho (abstraídas outras modalidades, como o controle da imigração).

Essa arma temível nas mãos da classe capitalista permite que ela mantenha a classe operária sob seu jugo, exercendo controle sobre emprego e salário. Esse paralelo entre acumulação e miséria potencial levou à formulação das famosas "teses da pauperização", seja esta relativa ou absoluta. O quadro analítico é mais complexo e não implica nada semelhante, mas devemos reconhecer que certas formulações de Marx, levado por seu ardor revolucionário, são bastante ambíguas.

A análise é prejudicada pelas limitações do campo teórico em que é conduzida. Uma primeira lacuna, a menos importante, diz respeito ao estudo do ciclo industrial (a sucessão de expansões e contrações da economia). Nos desenvolvimentos aqui considerados, Marx descreve como a acumulação do capital esbarra de modo recorrente nos limites da população explorável em suas fases de expansão; como o exército industrial é reconstituído nas crises que resultam desse embate; e como a acumulação é retomada, num novo ciclo, com base numa composição aumentada do capital. Essa exposição está bastante presente nessas páginas do livro 1, embora seja prejudicada pela ausência de uma teoria do ciclo industrial. Marx retoma o tema no livro 3,[16] com o conceito de superacumulação. A principal lacuna dessa análise – notável, aliás – é a ausência de uma variável central na teoria de Marx: a taxa de lucro. Esse estudo aparece nos manuscritos do livro 3. Voltaremos a ele.

Assim o capital pode se acumular segundo valores crescentes da composição do capital, o que confere à classe capitalista um poder terrível sobre a classe operária, como na análise da lei de acumulação do capital citada anteriormente. No entanto, transformar esse mecanismo em remédio, para a classe capitalista, para todos os males da acumulação relativos à escassez potencial da força de trabalho é abusivo. É supor que a alta da composição do capital não tem nenhum inconveniente para os capitalistas. Ora, a análise da baixa da taxa de lucro, no livro 3 de *O capital*, sustenta a tese contrária.

Para compreender isso, podemos nos colocar no quadro analítico muito simples em que o próprio Marx se coloca no livro 3. Ele considera a economia globalmente; segue a lógica do "fluxo" da teoria da valorização do capital do livro 1; coloca-se num mundo governado pela troca das mercadorias a preços proporcionais a seus valores (apesar dessa hipótese não ter nenhuma consequência). O lucro nada mais é que o sobrevalor (cujas divisões são obliteradas), representado por sv, e o capital é a soma do capital constante e do capital variável, $c + v$. Nessas notações, que são as que Marx utiliza, a taxa de lucro é: $r = sv / (c + v)$. Dividindo numerador e denominador por v, obtém-se: $r = (sv / v) / (c / v + 1)$. Reconhecemos facilmente a taxa de sobrevalor no numerador e a composição do capital acrescida de 1 no denominador.

---

16 Ver a seguir a seção "A crise".

Essa fórmula elementar da taxa de lucro mostra que a alta da composição do capital tem um efeito negativo sobre essa taxa. Mas entendemos também que a utilização de métodos de produção mais sofisticados pelas empresas (uma forma de "mecanização", para simplificar as coisas) deve gerar uma alta da produtividade do trabalho. Essa alta, na medida em que afeta o consumo dos trabalhadores, pode aumentar a taxa do sobrevalor, se o poder de compra dos trabalhadores não aumentar numa proporção que anule seu efeito. Atendo-nos à fórmula da taxa de lucro citada anteriormente, vemos surgir os efeitos contraditórios dessas tendências sobre a taxa de lucro. O avanço da produtividade do trabalho é conduzido, por um lado, pela alta da composição do capital (a mecanização), que faz baixar a taxa de lucro, e, por outro, pode contribuir para a alta da taxa do sobrevalor, o sobrevalor relativo. Em especial, supondo-se que o poder de compra dos trabalhadores seja constante, o avanço da produtividade beneficia inteiramente a empresa.

Todo o dispositivo analítico está aí. Marx vê na alta da composição do capital uma tendência histórica. Essa alta é uma das alavancas do crescimento da produtividade do trabalho, que, mediante certas hipóteses sobre o poder de compra dos trabalhadores, aumenta a taxa do sobrevalor. Mas ela pesa na taxa de lucro. Conforme o modo como essas relações se travam em certas fases históricas, a taxa de lucro entra em fases de baixa. É o que mostra o trecho 7.

Vemos que Marx definiu um quadro analítico muito elaborado, sem dominá-lo. De um lado, a lei de acumulação do capital, exposta no livro 1, dá aos capitalistas a possibilidade de recuar os limites que a disponibilidade de trabalho impõe à acumulação (e que ameaçam as empresas com uma alta de salários). Isso tem um custo: a alta da composição do capital, que puxa a taxa de lucro para baixo (o que é abstraído do livro 1 e introduzido apenas no livro 3). Mas há um raio de esperança para os capitalistas, já que o avanço da produtividade do trabalho empurra para cima a taxa de sobrevalor, portanto a taxa de lucro. Diante do jogo de interdependências complexas desse conjunto de variáveis, Marx conclui pela prevalência de fases históricas em que se manifesta uma trajetória de diminuição da taxa de lucro (ao passo que, em outras fases, esses mecanismos podem se resolver de outro modo). A pesquisa empírica, a que Marx não tinha acesso, mostra o extraordinário interesse dessa problemática relativa às etapas posteriores do capitalismo.

A lei da tendência à baixa da taxa de lucro não é exceção à relação que essas leis estabelecem com os processos de concorrência.[17] Os capitalistas não adotam deliberadamente procedimentos de produção que baixem suas taxas de lucro. Nessa análise, Marx abandona por um breve momento seu ponto de vista macroeconômico (global) relativo à tendência à baixa da taxa de lucro. Um capitalista introduz uma nova técnica de produção, aumentando a composição do capital, sob a capa da taxa de lucro, acima da taxa uniforme propiciada por essa inovação, enquanto não é adotada pelos concorrentes. Assim, nessas circunstâncias iniciais, essa inovação parece rentável a seu introdutor, mas quando ela se difunde e a taxa de lucro média se impõe novamente a todos, a queda da taxa de lucro torna-se clara. Os trabalhos matemáticos realizados posteriormente sobre esse ponto mostram a complexidade da questão, em razão da necessidade de estabelecer hipóteses sobre a evolução do salário.

Podemos indagar qual era a ideia de Marx, de modo geral, sobre o poder de compra do salário. A resposta é que seu ponto de vista evoluiu consideravelmente, como explica Engels. Na juventude, Marx aderiu à tese da "lei de bronze dos salários", que determinava que o poder de compra do salário devia ser constantemente reconduzido a uma espécie de mínimo compatível com a reprodução da classe operária. Marx depois se distanciou dessa tese, mas nunca foi claramente concludente.

O capítulo 24 da sétima seção do livro 1 (na edição alemã) é comentado na parte política desta obra.

A crise

Marx foi um dos primeiros economistas a identificar aquilo que hoje chamamos de "ciclo conjuntural", uma expressão que tende a banalizar o fenômeno e a encobrir parte de sua comple-

---

17 Ver a seção "Tendências da acumulação, da mudança técnica e da distribuição" deste capítulo (p.281).

xidade. Esse ciclo surgiu nas primeiras décadas do século XIX, e Ricardo, que publicou seus *Princípios de economia política e tributação* em 1817, ainda não descreve sua existência (mas fala de "estados de miséria"). Trata-se da sucessão de períodos de expansão da produção, interrompidos, de modo recorrente, mas não regular, por fases de contração da atividade, que por sua vez são seguidas de retomadas. O capitalismo nunca fugiu a esses movimentos sempre tão característicos do capitalismo atual. Esses altos e baixos da produção se combinam com episódios de perturbações financeiras mais ou menos sérios, o que altera suas modalidades. Marx chama de "crises" as fases de contração da atividade, acompanhadas dessas desordens financeiras. Para ele, as crises têm uma importância particular. Como assinalamos na primeira seção deste capítulo, Marx prognosticava, ao menos em 1848, que elas se multiplicariam e aprofundariam, suscitando condições favoráveis a uma mudança social revolucionária.

Levando em conta essa perspectiva política, poderíamos imaginar que Marx organizaria seu estudo de modo que a análise das crises fosse seu tema central. E essa era sua intenção, quando escreveu a "Introdução geral de 1857". Nos cinco pontos do plano cogitado, o último era "O mercado mundial e as crises".[18] Mas fossem quais fossem suas intenções, ele não levou o projeto a cabo. Em *O capital*, o tema da crise aparece de modo desordenado, e não podemos dizer que Marx tenha feito uma exposição sistemática. É necessário fazer um trabalho de reconstrução. Não se "lê" a teoria das crises de Marx, mas toma-se conhecimento dela ao longo de uma leitura do conjunto.

> 1) Se considerarmos os ciclos em que se move a indústria moderna – estado de tranquilidade, animação crescente, prosperidade, superprodução, *krach*, estagnação, estado de tranquilidade etc. –, ciclos dos quais uma análise mais profunda nos desviaria de nosso tema.[19]
> 2) As crises periódicas, que fazem os negócios passar sucessivamente por períodos de animação média, precipitação, crise, encontram fundamento material no ciclo plurianual

---

18 Marx, *Philosophie*, p.481.
19 Id., *Le capital*, livre troisième, v.2, p.27 [*Marx Engels Werke*, v.25, p.372].

das rotações [do capital] vinculadas umas às outras, no decorrer das quais o capital é prisioneiro de sua parte fixa. [...] a crise é sempre o ponto de partida para investimentos novos e importantes. E para a sociedade em seu conjunto, podemos considerar mais ou menos que a crise fornece um fundamento material ao próximo ciclo de rotação.[20]

3) Superprodução de capital, e não de mercadorias particulares – embora a superprodução de capital suponha sempre uma superprodução de mercadorias [pois a mercadoria é uma forma do capital] –, nada mais é, portanto, que uma superacumulação de capital. Para entender em que consiste essa superacumulação (a análise detalhada encontra-se adiante), é preciso supô-la absoluta. Quando uma superprodução de capital é absoluta? É uma superprodução que não se anuncie apenas nesse ou naquele campo importante da produção, mas seja absoluta no conjunto da produção e, portanto, se estendesse a todos os domínios?

Haveria superprodução absoluta de capital desde que o capital adicional destinado à produção capitalista [capaz de se valorizar] fosse igual a zero. Ora, o objetivo da produção capitalista é a valorização de capital, isto é, a apropriação de sobretrabalho, a produção de sobrevalor, de lucro. Ocorreria uma superprodução absoluta de capital desde que o capital se desenvolvesse, relativamente à população de trabalhadores, numa proporção tal que não pudessem ser acrescidos nem o tempo de trabalho absoluto que pode ser oferecido por essa população nem o tempo de sobretrabalho relativo (o que, de todo modo, seria impossível numa situação em que a demanda de trabalho fosse tão grande que os salários tenderiam a aumentar). Assim o capital aumentado poderia produzir uma massa de sobrevalor apenas igual, ou mesmo inferior, ao sobrevalor anterior ao aumento do capital. Isso significa que o capital aumentado, $C + \Delta C$, não produziria mais lucro, ou produziria um lucro menor que o capital C antes de seu aumento de ΔC. Nos dois casos, haveria uma queda forte e rápida da taxa geral de lucro, mas dessa vez em

---

20 Ibid., livre deuxième, v.1, p.185-6 [*Marx Engels Werke*, v.24, p.372].

razão de uma mudança da composição do capital que não seria devida ao desenvolvimento da força produtiva, mas a um aumento do valor monetário do capital variável (em razão da alta dos salários) e a uma baixa correspondente na relação entre o sobretrabalho e o trabalho necessário.[21]

4) O último fundamento de todas as crises verdadeiras é sempre a pobreza e a limitação do consumo das massas em relação à tendência da produção capitalista de desenvolver as forças produtivas como se fossem limitadas apenas pela capacidade de consumo absoluto da sociedade.[22]

5) Se, contudo, desejamos dar a essa tautologia a aparência de uma justificação mais profunda, dizendo que a classe operária recebe uma parte demasiado limitada de seu próprio produto, e que resolveremos o problema assim que ela obtiver uma porção maior dele, então basta observar que as crises são sempre preparadas por um período em que o salário aumenta em geral e a classe operária obtém de fato uma porção maior da parte determinada do produto anual que se encontra disponível para o consumo. Do ponto de vista dos defensores do bom-senso "simples" e são, esse período deveria, ao contrário, afastar a crise. Portanto, parece que a produção capitalista supõe condições, independentes de qualquer boa ou má vontade, que só autorizam essa prosperidade relativa da classe operária de maneira provisória, e sempre como sinal anunciador de uma crise.[23]

6) Por outro lado, na medida em que a taxa de valorização do capital total, a taxa de lucro, é o aguilhão da produção capitalista (assim como a valorização do capital é seu único objetivo), sua baixa retardará a constituição de novos capitais autônomos e surgirá assim como uma ameaça para o desenvolvimento do processo de produção capitalista; essa baixa favorece a superprodução, a especulação, o excesso de capital, ao lado de excesso de população. Assim os economistas que, como Ricardo, consideram que o modo de produção capitalista é absoluto sentem aqui que esse modo

---

21 Ibid., livre troisième, v.1, p.264 [*Marx Engels Werke*, v.25, p.261-2].
22 Ibid.., v.2, p.145 [*Marx Engels Werke*, v.25, p.501].
23 Ibid., livre deuxième, v.2, p.63 [*Marx Engels Werke*, v.24, p.409].

de produção cria um limite para si mesmo, e atribuem a culpa disso não à produção, mas à natureza (pela teoria da renda) [alusão às teses de Ricardo]. Mas o que é importante no horror da queda da taxa de lucro é o sentimento de que o modo de produção capitalista encontra um limite no desenvolvimento das forças produtivas, um limite que não tem nada a ver com a produção da riqueza como tal. Esse limite atesta sua própria limitação e o caráter apenas histórico, transitório do modo de produção capitalista; atesta o fato de que modo de produção capitalista não é um modo de produção absoluto para produzir riqueza, mas antes entra em conflito com esta última num certo nível de desenvolvimento.[24]

Marx dá uma excelente descrição das diferentes fases do ciclo. Uma dessas formulações é objeto do trecho 1. O leitor notará, em particular, a quarta fase, denominada "superprodução". Num certo momento, as empresas encontram dificuldade para vender pelo preço que propõem. As mercadorias tornam-se invendáveis e amontoam-se nos estoques. É o que chamamos de "superprodução". Na época de Marx, essa situação era historicamente nova e parecia paradoxal. As crises do passado expressavam com frequência situações de escassez, como, por exemplo, a escassez agrícola. Essas superproduções, das quais Marx é testemunha, provocam uma miséria intensa entre os trabalhadores que perdem seus empregos. Portanto, observamos a convivência chocante entre produtos não vendidos e uma população privada do essencial. Essa fase de superprodução é temporária. É seguida do *crach* e da depressão, isto é, da queda drástica da produção, porque, sem vender, as empresas param de produzir.

A duração desse ciclo é tipicamente de dez anos. Marx interroga-se sobre esse número. Liga-o à duração de vida do capital fixo (sobretudo das máquinas). Essa interpretação é o objeto do trecho 2, que contém também uma enumeração mais sucinta das fases do ciclo.

Quando trata das fases de superprodução das mercadorias, Marx diz usualmente "superprodução geral". O adjetivo indica

---

24 Id., Ibid., livre troisième, v.1, p.254 [*Marx Engels Werke*, v.25, p.251-2].

que a dificuldade momentânea para vender manifesta-se num grande número de ramos, ou mesmo em todos. Portanto, não se trata de crises de *desproporção*, isto é, crises que manifestam excesso de investimento em certos ramos e insuficiência em outros. Marx insiste nesse ponto, censurando Ricardo, em particular, por essa interpretação. Essas crises de desproporção atestariam o fracasso dos processos de concorrência descritos na primeira seção deste capítulo. Marx considera que a capacidade das diferenças de taxas de lucro de guiar o investimento do capital nos diferentes ramos é bastante grande. Em geral não é esse mecanismo que causa problemas na produção capitalista. De certo modo, essa observação vai contra as leituras que fazem de Marx o teórico da *anarquia* do mercado, uma noção que exige esclarecimentos. Uma anarquia de fato se manifesta nas crises recorrentes, mas não se trata de um fracasso dos processos de concorrência tal como analisado no início do livro 3. É evidente que Marx não descarta a possibilidade de tais desordens, em especial no livro 2 de *O capital*, em que afirma que se certas proporções não são verificadas, há "crise". Nos manuscritos conhecidos como "Teorias da mais-valia", ele faz uma alusão explícita, e talvez única, a "crises parciais"[25] dessa natureza, mas não se trata da teoria das crises de superprodução geral.

Há naturalmente o problema da explicação. Marx considera dois tipos de mecanismos suscetíveis de levar ao *krach* e à depressão. O primeiro diz respeito à *superacumulação* do capital. É descrito no trecho 3. Há uma relação estreita com o quadro analítico da lei da acumulação capitalista.[26] Trata-se da disponibilidade do trabalho e do efeito de uma escassez potencial de mão de obra sobre o poder de compra do salário. O ponto de partida de Marx é a observação de uma fase de acumulação mais rápida, "geral" (isto é, em um grande número de ramos), de *capital* e não de *mercadorias*. Essa superprodução de capital é característica da fase de "prosperidade", em que as empresas contratam e, se esse ritmo for muito acelerado (o que é descrito pela noção de *super*acumulação), devem pagar salários mais elevados.

---

25 Id., *Le capital*, livre deuxième. In: *Oeuvres*, II, p.620-1.
26 Ver a seção "Tendências da acumulação, da mudança técnica e da distribuição" (p.281).

O aumento dos salários diminui a taxa de lucro das empresas. Marx esclarece explicitamente que não se trata do mecanismo a que ele se refere em sua tese sobre a tendência de baixa da taxa de lucro, mas de uma baixa que podemos qualificar de "curto prazo", a fim de distingui-la da anterior. Para ser compreendido, Marx supõe uma forma absoluta dessa superprodução de capital, em que o emprego de novos trabalhadores aumenta a tal ponto o custo do trabalho que o lucro total não cresce, apesar da acumulação do capital. Essa baixa de rentabilidade provoca a entrada na fase de superprodução, um efeito e não uma causa. Marx não explicita esse mecanismo, cuja análise necessita de um instrumental teórico que ele não tinha à disposição. Mas a ideia está lá.

Esses desenvolvimentos completam e repetem, de certo modo, os do livro 1. A relação com a lei da acumulação capitalista é muito forte. Uma acumulação excessiva, isto é, uma superacumulação, não protegida pela capacidade dos capitalistas de recompor o exército industrial de reserva, leva à crise. Esta provoca essa formação da reserva, também a "curto prazo", expressão do aumento súbito do desemprego na depressão. Inicia-se uma nova fase de acumulação e aqui surge a relação descrita no trecho 2, relativo ao caráter decenal do ciclo: "a crise é sempre o ponto de partida para um investimento poderoso". É essa nova onda de investimentos que sustenta a alteração da composição do capital no sentido de uma alta da composição orgânica. Ela transforma, em parte, a recomposição temporária do exército industrial de reserva em recuperação duradoura.

Marx tem consciência igualmente de um segundo fator potencial dessa diminuição de curto prazo da rentabilidade. É o efeito da alta da taxa de juro na fase de prosperidade. O resultado é o mesmo: uma baixa da rentabilidade de curto prazo para a empresa.

Encontramos muitas passagens em *O capital* em que Marx atribui a responsabilidade das crises à dinâmica geral da produção capitalista, cuja finalidade não é satisfação das necessidades dos trabalhadores, mas a rentabilidade do capital. Essas afirmações subentendem sempre uma referência a uma forma de organização superior – além do capitalismo –, que não esbarra nesse tipo de obstáculo porque sua finalidade é outra (a satisfação das necessidades dos trabalhadores, ao invés da rentabilidade do capital).

O trecho 4 reproduz uma dessas passagens. Devemos deduzir daí que Marx atribui as crises à debilidade do salário, uma explicação que ignora que o motor da produção capitalista é o lucro. Marx refuta explicitamente essa interpretação subconsumista, e ridiculariza-a no livro 2. O leitor lerá, a esse respeito, o trecho 5, que dispensa comentários.

Se a crise, como fase do ciclo industrial, provém de fases de diminuição "de curto prazo" da taxa de lucro, entendemos que as trajetórias longas de baixa da taxa de lucro, cujos determinantes são estudados por Marx nos desenvolvimentos do livro 3 que citamos na segunda seção deste capítulo, favorecem a ocorrência dessas crises. Essa é uma ideia central de Marx, de grande pertinência histórica, cujo enunciado encontramos no trecho 6. Marx enumera aí os males do capitalismo que as fases de baixa efetiva da taxa de lucro podem provocar: "a superprodução, a especulação, o excesso de capital, ao lado de excesso de população".

Encontramos aqui a ambivalência da alta da composição orgânica, que evita as fases de superacumulação (portanto as baixas de curto prazo da taxa de lucro), mas provoca a tendência de baixa da taxa de lucro (as baixas de longo prazo). No primeiro caso, o efeito é a crise do ciclo industrial e, no segundo, a crise estrutural, sabendo-se que a repetição e o aprofundamento das crises do primeiro tipo são aspectos das segundas.[27]

Os mecanismos financeiros

Como no caso da análise da crise e do ciclo industrial, não há em *O capital* um estudo sistemático dos mecanismos financeiros. Engels reuniu da melhor forma que pôde o material que Marx deixou, de níveis de aprofundamento muito díspares. Muito desse material é descritivo. Seria inútil tentar dar conta deles aqui. Esta seção aborda apenas alguns temas de alcance geral, que completam os que foram abordados anteriormente.

---

27 Leituras complementares: os manuscritos de 1861 e 1863 contêm material sobre a "possibilidade da crise" (Marx, *Oeuvres*, II, v.2, p.459-98). Essa possibilidade está inserida na separação entre a compra e a venda. No entanto, não se pode construir uma teoria das crises dentro de uma problemática limitada à teoria da mercadoria.

Devemos retomar, em primeiro lugar, a análise da circulação do capital do livro 2: as formas que o capital assume nessa circulação e a definição do capital industrial.[28] Lembramos que os "átomos" de capital podem assumir três formas: capital-dinheiro (D), capital-mercadoria (M) e capital produtivo (P). Eles passam de uma forma a outra na configuração típica do circuito do capital, a do capital industrial: D–M ... P ... M–D. A quarta seção do livro 3 introduz duas outras configurações do circuito, reunidas sob um título comum.[29] O "capital do comércio das mercadorias" e o "capital do comércio do dinheiro" formam juntos o "capital comercial", em oposição ao "capital industrial".[30]

Chegou o momento de introduzir o capital do comércio do dinheiro, que omitimos até aqui. Toda a sua circulação ocorre no interior da forma D. Trata-se de operações monetárias: "a manutenção do fundo de reserva dos homens de negócios, as operações técnicas de entrada em caixa e pagamento, os regulamentos internacionais e, por consequência, o comércio de lingotes". Veremos que é o banqueiro quem se incumbe dessas operações e, portanto, desincumbe os capitalistas industriais ou do comércio de mercadorias. O comerciante de dinheiro poupa essas capitalistas de certos custos de circulação (por exemplo, os custos ocasionados pela entrada em caixa ou pelo pagamento). Como no caso do comércio das mercadorias, esse capital não cria sobrevalor, porém o realiza na concorrência.[31]

Essas questões são difíceis. Duas confusões devem ser evitadas. Em primeiro lugar, o capital do comércio do dinheiro não é o "capital-dinheiro". Este último é uma das formas do capital, como o capital industrial. Uma parte do capital do capitalista industrial possui necessariamente a forma dinheiro, dado que existem certos prazos entre a venda e a compra. Em segundo lugar, o capitalista do comércio do dinheiro não é o "emprestador" ou

---

28 Ver a seção "Mais-valia ou sobrevalor, sua partilha e extensão" do capítulo "Mercadoria, dinheiro e capital" (p.243).
29 Ver a seção "A circulação do capital" do capítulo "Mercadoria, dinheiro e capital" (p.252).
30 Os termos utilizados em alemão são respectivamente: *Warenhandlungskapital*, *Geldhandlungskapital* e *kaufmännishches Kapital*.
31 Ver a seção "A concorrência capitalista" deste capítulo (p.271).

"capitalista de dinheiro", aquele que contribui para o avanço do capital, mas não cumpre as funções do capitalista ativo. Marx é absolutamente explícito no que diz respeito a esses temas. A dificuldade deriva das inter-relações, já que os capitalistas industriais e comerciais confiam seus estoques de capital-dinheiro ao capitalista do comércio do dinheiro e este último pode emprestar capital aos capitalistas industriais e comerciais. Os tradutores se perdem nesses meandros.

É sobre essas bases que Marx produz o primeiro conceito que nos interessa diretamente aqui, o de "capital bancário". Passamos assim à quinta seção do livro 3, que Engels teve muito dificuldade para compor e na qual encontramos também os desenvolvimentos relativos às sociedades por ações.[32]

1) Outro aspecto do sistema de crédito vincula-se ao desenvolvimento do comércio do dinheiro [*Geldhandels*], que naturalmente avança na produção capitalista com o desenvolvimento do comércio das mercadorias. Vimos na seção anterior (capítulo 19) como a manutenção do fundo de reserva dos homens de negócios, as operações técnicas de entrada em caixa e pagamento, os regulamentos internacionais e, por consequência, o comércio de lingotes estão concentrados nas mãos dos comerciantes de dinheiro. Com esse comércio de dinheiro, outro aspecto do sistema de crédito se desenvolve: a administração do capital portador de juro ou do capital-dinheiro, como função particular dos comerciantes de dinheiro. O tomar e o emprestar dinheiro tornam-se seu negócio particular. Eles se apresentam como intermediários entre os emprestadores e os tomadores de empréstimo efetivos de capital-dinheiro. Expresso de maneira geral, o ofício dos banqueiros consiste, desse ponto de vista, em concentrar maciçamente em suas mãos o capital que pode ser emprestado, de modo que os banqueiros substituem os emprestadores efetivos e apresentam-se diante dos capitalistas industriais e comerciais como representantes de todos os emprestadores. Tornam-se os administradores

---

32 Ver a seção "O capital de empréstimo. As instituições do capitalismo moderno" do capítulo "Mercadoria, dinheiro e capital" (p.261).

gerais do capital-dinheiro. Por outro lado, em relação aos emprestadores, eles concentram as tomadas de empréstimo, já que tomam emprestado para o conjunto do mundo dos negócios. O banco representa, de um lado, a centralização do capital-dinheiro, a dos emprestadores e, de outro, a centralização dos tomadores de empréstimo. Seu lucro consiste em geral no fato de que o juro a que toma emprestado é inferior ao juro a que empresta.

O capital à disposição dos bancos que pode ser emprestado chega até eles de várias maneiras. Em primeiro lugar, visto que os bancos são os caixas dos capitalistas industriais, o capital-dinheiro que todo produtor ou comerciante mantém como fundo de reserva ou que lhe chega como pagamento concentra-se em suas mãos. Esse fundo se transforma assim em capital-dinheiro emprestável. Desse modo, o fundo de reserva do mundo dos negócios, por estar concentrado como fundo comum, é reduzido ao mínimo necessário e uma parte do capital-dinheiro, que do contrário permaneceria latente como fundo de reserva, cumpre a função de capital portador de juro. Em segundo lugar, os bancos constituem seu capital emprestável com os depósitos dos capitalistas de dinheiro que lhes permitem fazer empréstimos. Com o desenvolvimento do sistema bancário e, sobretudo, desde que os bancos paguem um juro sobre os depósitos, a poupança monetária e a moeda momentaneamente ociosa de todas as classes são depositadas neles. Todas essas pequenas quantias, que separadamente seriam incapazes de agir como capital, são reunidas em grandes massas e formam assim uma potência monetária. É preciso ver essa soma das pequenas contribuições como uma função particular do sistema bancário, distinta da função de intermediário entre os capitalistas de dinheiro, propriamente ditos, e os tomadores de empréstimo. Enfim, as rendas, que são consumidas apenas progressivamente, também são depositadas nos bancos.[33]

---

33 Marx, *Le capital*, livre troisième, v.2, p.66-7 [*Marx Engels Werke*, v.25, p.415-6].

2) O Estado deve pagar anualmente certa quantidade de juros para o capital emprestado. Nesse caso, o credor não pode rescindir seu crédito, mas somente vendê-lo, ceder o título de propriedade que possui sobre ele. O capital em si foi gasto, despendido pelo Estado. Não existe mais. O que o credor do Estado possui é: 1) um título de crédito sobre o Estado, digamos, de 100 libras esterlinas; 2) um direito que esse título de crédito lhe dá sobre a renda anual do Estado, isto é, sobre o produto anual do imposto, um direito a certa quantia, digamos, 5 libras ou 5%; 3) a possibilidade de vender, se assim desejar, esse título de 100 libras a outra pessoa. Se a taxa de juro é de 5%, e se, além do mais, supõe-se a garantia oferecida pelo Estado, o possuidor A da obrigação pode vendê-la normalmente a 100 libras a B; pois para B isso equivale a emprestar 100 libras a 5% ao ano ou garantir para si um tributo anual do Estado de um montante de 5 libras, pagando 100 libras. Mas, em todos esses casos, aquilo que se considera um capital cujo produto (juro) é um pagamento feito pelo Estado é um capital ilusório, fictício. Não só porque a quantia emprestada ao Estado não existe mais, mas porque ela nunca foi destinada a ser gasta como capital, a ser investida, e seria somente por seu investimento como capital que ela poderia se transformar num valor que conservasse a si mesmo. Para o credor original A, a parte do imposto anual que lhe cabe representa o juro de seu capital, do mesmo modo que cabe ao usurário uma parte da fortuna de seu cliente, ainda que nos dois casos a quantia emprestada não seja gasta como capital.[34]

3) Mesmo no caso em que o título de crédito – o valor mobiliário – não representa um capital puramente ilusório, como era o caso da dívida pública, o valor-capital desse título é puramente ilusório. Vimos anteriormente como o sistema de crédito associa capitais. Os títulos têm a função de títulos de propriedade e representam esse capital. As ações de sociedades de estradas de ferro, minas de carvão, navegação etc. representam um capital real, isto é, o capital investido nessas empresas como capital em função; em

---

34 Ibid., p.127 [*Marx Engels Werke*, v.25, p.482-3].

outras palavras, elas representam a quantia de dinheiro adiantada pelos acionistas para ser utilizada como capital nessas empresas. [Essa formulação é a mais rigorosa.] O que não exclui absolutamente, aliás, que elas sejam pura vigarice. Mas esse capital não existe duas vezes: uma como valor-capital dos títulos de propriedade, das ações, e outra como o capital realmente investido ou a ser investido nessas empresas. Ele existe apenas nessa última forma, e a ação nada mais é que um título de propriedade, *pro rata*, sobre o sobrevalor a ser realizado por esse capital. A pode muito bem vender seu título a B, e B a C. Essas transações não mudam em nada a natureza da coisa. A ou B têm então seu título transformado em capital, mas C transformou seu capital em simples título de propriedade sobre o sobrevalor que é esperado do capital em ações.[35]

O trecho 1 é a melhor exposição do conceito de capital bancário. Começa lembrando a definição do capital do comércio de dinheiro da qual extraímos a lista de suas funções. Marx indica que o "sistema de crédito", nesse caso os bancos, possui uma segunda função: a administração do capital portador de juro (outro nome para capital de empréstimo). O banqueiro junta os fundos dos emprestadores e empresta esses fundos aos tomadores de empréstimo. Age como um intermediário no exercício do empréstimo. Torna-se o "administrador desses fundos".

O acúmulo das funções não é fortuito. Existe uma relação entre a primeira função do capital bancário, o comércio do dinheiro, e a segunda, a intermediação do crédito. No primeiro caso, o capital bancário concentra os haveres líquidos das empresas e dos particulares. Portanto, ele pode utilizá-los, emprestando parte deles. É o que dá a entender o segundo termo desta breve menção: "A administração do capital produtivo de juros e do capital-dinheiro". Todos os seus mecanismos são retomados no segundo parágrafo do trecho 1.

O capital bancário – o banco era a instituição financeira típica dos tempos de Marx – é, portanto, a unidade do capital

---

35 Ibid., p.129 [*Marx Engels Werke*, v.25, p.484-5].

do comércio do dinheiro e da intermediação, tendo em vista a relação entre as duas funções. O segundo aspecto confere ao capital bancário uma função de "administração" do capital de empréstimo (no sentido de Marx). Essa dualidade ainda é característica das grandes instituições financeiras no capitalismo contemporâneo. A única coisa que falta aqui é a ideia da criação monetária pelo crédito. Marx tem em vista, sobretudo, a "intermediação": o banco empresta os fundos de que dispõe.

No livro 3 de *O capital*, encontramos outro conceito de interesse particular: o de "capital fictício". Para compreendê-lo, devemos retomar a definição de capital como valor tomado num movimento de autocrescimento. Para Marx, tudo que se pretende "capital" e não entra nessa definição é *capital fictício*. O exemplo típico são os títulos, obrigações ou vales, que são introduzidos no trecho 2 e representam os empréstimos ao Estado. Essas aplicações rendem um juro aos seus autores, mas, segundo a definição de Marx, não há "capital" subjacente a essas operações. O produto do empréstimo foi gasto. Podemos notar que ocorre o mesmo com o crédito ao particular cujo intuito é financiar o consumo ou a moradia, que não é capital no sentido de Marx.

O trecho 3 mostra de que modo Marx estende esse conceito ao crédito às empresas e às ações emitidas por essas empresas (ambos componentes do "capital de empréstimo"). Naturalmente, o dinheiro recolhido desse modo pelas empresas não será mantido nessa forma, mas contribuirá para a expansão do processo do capital e se valorizará. Contudo, Marx insiste: o capital não existe duas vezes, como no ativo e no passivo do balanço das empresas. Ele vê na multiplicação desses títulos a proliferação de um capital fictício. A questão da relação desse capital fictício com o capital que ele financia é complexa, já que esses títulos podem ser trocados e, por isso, possuem preços suscetíveis de se desviar do preço do "verdadeiro" capital que representam. Se os possuidores desses títulos reclamassem conjuntamente seu reembolso, o capitalismo entraria numa crise financeira. Marx tem consciência dessa instabilidade potencial, da qual observou numerosos exemplos, e essa foi uma das razões que o levaram a desenvolver o conceito de capital fictício. Essa "ficticidade" é fonte de instabilidade, e a crise do fim dos anos 2000 nos fornece uma nova demonstração disso.

Globalmente, o julgamento de Marx a respeito dos mecanismos financeiros é diversificado. Por um lado, ele reconhece certas virtudes no sistema de crédito (em relação ao desempenho da produção capitalista). O crédito permite certa economia sobre o capital-dinheiro, com efeito positivo sobre a taxa de lucro; ele é uma alavanca poderosa da tendência de igualação das taxas de lucro dos ramos.[36] Por outro lado, Marx estigmatiza toda a "ladroeira" suscitada pelo desenvolvimento dos mecanismos financeiros e o fermento de instabilidade que esse desenvolvimento constitui.

---

36 Ver a seção "História. Ativar seu curso" do capítulo "Projeto e método" (p.211).

OBRAS SOBRE MARX

Ferramentas gerais

DUMÉNIL, G.; LÖWY, M.; RENAULT, E. *Les 100 mots du marxisme*. Paris: PUF, 2009.

HAUG, W. F. (Org.). *Historisch-kritisches Wörterbuch des Marxismus*. Berlin: Argument Verlag, 1995.

LABICA, G.; BENSUSSAN, G. (Org.). *Dictionnaire critique du marxisme*. Paris: PUF, 1985.

Para aprofundar

Política

ABENSOUR, Miguel. *La démocratie contre l'État*: Marx et le moment machiavélien. Paris: Le Félin, 2004. [Ed. bras.: *A democracia contra o Estado*: Marx e o momento maquiaveliano. Belo Horizonte: Ed. UFMG, 1998.]

BENSAÏD, D. et al. *Le manifeste communiste aujourd'hui*. Paris: Les Éditions de l'Atelier, 1998.

_____. *Marx l'intempestif*: grandeurs et misères d'une aventure critique. Paris: Fayard, 1995. [Ed. bras.: *Marx, o intempestivo*: grandezas e misérias de uma aventura crítica. Rio de Janeiro: Civilização Brasileira, 1999.]

BIDET, J.; DUMÉNIL, G. *Altermarxisme*: un autre marxisme pour un autre monde. Paris: PUF, 2007.

HAUPT, G.; LÖWY, M.; WEILL, C. *Les marxistes et la question nationale 1848-1914*. Paris: L'Harmattan, 1997.

HOBSBAWM, E. *Marx et l'histoire*. Paris: Demopolis, 2008.

KOUVELAKIS, E. *Philosophie et révolution*: de Kant à Marx. Paris: PUF, 2003.

LÖWY, M. *La théorie de la révolution chez le jeune Marx*. Paris: Maspero, 1970. [Ed. bras.: *A teoria da revolução no jovem Marx*. Petrópolis: Vozes, 2002.]

MALER, H. *Conveiter l'impossible*: l'utopie avec Marx, malgré Marx. Paris: Albin Michel, 1995.

RUBEL, M. *Karl Marx*: essai de biographie intellectuelle. Paris: Marcel Rivière, 1957.

TEXIER, J. *Révolution et démocratie chez Marx et Engels*. Paris: PUF, 1998. [Ed. bras.: *Revolução e democracia em Marx e Engels*. Rio de Janeiro: Ed. UFRJ, 2005.]

Filosofia

BALIBAR, É. *La philosophie de Marx*. Paris: La Découverte, 1993. [Ed. bras.: *A filosofia de Marx*. Rio de Janeiro: Jorge Zahar, 1995.]

BIDET, J. *Théorie générale*. Paris: PUF, 1999.

DERRIDA, J. *Spectres de Marx*. Paris: PUF, 1999. [Ed. bras.: *Espectros de Marx*. Rio de Janeiro: Relume-Dumará, 1994.]

FISCHBACH, F. *La production des hommes*: Marx avec Spinoza. Paris: PUF, 2005.

GARO, I. *Marx, une critique de la philosophie*. Paris: Seuil, 2000.

HENRY, M. *Marx*: une philosophie de l'économie. Paris: Gallimard, 1976. v.2.

_____. *Marx*: une philosophie de la réalité. Paris: Gallimard, 1991. v.1.

LABICA, J. *Karl Marx*: les thèses sur Feuerbach. Paris: PUF, 1987. [Ed. bras.: *As teses sobre Feuerbach de Karl Marx*. Rio de Janeiro: Jorge Zahar, 1990.]

LABICA, J. *Le statut marxiste de la philosophie.* Bruxelles: Complexe, 1976.

LEFEBVRE, H. *Le marxisme.* Paris: PUF, 1948. [Ed. bras.: *Marxismo.* Porto Alegre: L&PM, 2009.]

MACHEREY, P. *Marx 1845*: les thèses sur Feuerbach. Paris: Amsterdam, 2008.

RENAULT, E. (Org.). *Marx et l'idée de critique.* Paris: PUF, 1995.

_____. *Lire les Manuscrits de 1844.* Paris: PUF, 2008.

TORT, P. *Marx et le problème de l'idéologie*: le modèle égyptien. Paris: L'Harmattan, 2006.

TOSEL, A. *Études sur Marx (et Engels)*: vers un communisme de la finitude. Paris: Kimé, 1996.

Economia

ALTHUSSER, L. et al. *Lire Le Capital.* Paris: Maspero, 1965. [Ed. bras.: *Ler O capital.* Rio de Janeiro: Jorge Zahar, 1979.]

BIDET, J. *Que faire du Capital?*: philosophie, économie et politique dans Le Capital. Paris: PUF, 2000.

BIHR, A. *La reproduction du capital.* Lausanne: Page Deux, 2001.

BRUNHOFF, S. Finance, capital, états. In: DUMÉNIL, G.; LEVY, D. (Org.). *La finance capitaliste.* Paris: PUF, 2006. [Ed. bras.: *A finança capitalista.* São Paulo: Alameda, 2010.]

DUMÉNIL, G. *Le concept de loi économique dans Le Capital.* Paris: Maspero, 1978.

_____; LÉVY, D. *Économie marxiste du capitalisme.* Paris: La Découverte, 2003.

FOLEY, D. *Understanding Capital*: Marx's Economic Theory. Cambridge: Harvard University, 1986.

HILFERDING, R. *Le capital financier.* Paris: Minuit, 1970. [Ed. bras.: *Capital financeiro.* São Paulo: Nova Cultural, 1985.]

MANDEL, E. *Traité d'économie marxiste.* Paris: Juliard, 1962.

ROUBINE, I. *Essais sur la théorie de la valeur de Marx.* Paris: Syllepse, 2009.

SWEEZY, P. *The Theory of Capitalist Development*: Principles of Marxian Political Economy. New York: Modern Reader Paperbacks, 1968.

TRAN, H. H. *Relire Le Capital*: Marx, critique de l'économie politique et objet de la critique de l'économie politique. Lausanne: Page Deux, 2003.

REFERÊNCIAS BIBLIOGRÁFICAS

ABENSOUR, M. *La démocratie contre l'État*: Marx et le moment machiavélien. Paris: PUF, 1997. [Ed. bras.: *A democracia contra o Estado*: Marx e o momento maquiaveliano. Belo Horizonte: Ed. UFMG, 1998.]

ADORNO, T. W. *Dialectique négative*. Paris: Payot, 1982. [Ed. bras.: A *dialética negativa*. Rio de Janeiro: Jorge Zahar, 2009.]

_____. L'idée d'histoire de la nature. In: *L'actualité de la philosophie et autres essais*. Paris: Rue d'Ulm, 2008. p.31-55.

_____. *Minima moralia*: réflexions sur la vie mutilée. Paris: Payot, 1982. [Ed. bras.: *Minima moralia*: reflexões a partir da vida lesada. Rio de Janeiro: Azougue, 2008.]

_____; HORKHEIMER, M. *Dialetique de la raison*. Paris: Gallimard, 1974. [Ed. bras.: *Dialética do esclarecimento*: fragmentos filosóficos. Rio de Janeiro: Jorge Zahar, 1985.]

ALTHUSSER, L. et al. *Lire Le Capital*. Paris: PUF, 1996. [Ed. bras.: *Ler O capital*. Rio de Janeiro: Jorge Zahar, 1979.]

_____. Idéologie et appareils idéologiques d'État. In: *Positions*. Paris: Éditions Sociales, 1976. p.67-125. [Ed. bras.: *Aparelhos ideológicos do Estado*. Rio de Janeiro: Graal, 2010.]

_____. *Lenine et la philosophie*: suivi de Marx et Lenine devant Hegel. Paris: Maspero, 1972. [Ed. bras.: *Lênin e a filosofia*. São Paulo: Mandacaru, 1989.]

ALTHUSSER, L. Sur la dialectique matérialiste: de l'inégalité des origines. In: *Pour Marx*. Paris: Maspero, 1965. [Ed. bras.: *A favor de Marx*. Rio de Janeiro: Jorge Zahar, 1979.]

BAKOUNINE, M. A. La réaction en Allemagne. In: ANGAUT, J.-C. *Bakounine jeune hégélien*: la philosophie et son dehors. Lyon: École Normal Supérieure, 2007.

BALIBAR, É. La vacillation de l'idéologie dans le marxisme. In: *La crainte des masses*. Paris: Galilée, 1997.

BAUDRILLARD, J. *Le miroir de la production ou l'illusion critique du matérialisme historique*. Paris: Casterman, 1973.

BAUER, B. *Das Entdeckte Christentum*. Jena: Diederichs, 1927.

_____. Der Christliche Staat und Unsere Zeit. In: *Feldzüge der Reinen Kritik*. Frankfurt: Suhrkamp, 1968.

_____. *Kritik der Evangelischen Geschichte der Synoptiker*. Leipzig: Otto Wigand, 1846.

_____. La question juive. In: MARX, K. *La question juive*. Paris: UGE, 1968.

_____. *La trompette du jugement dernier contre Hegel, l'athée et l'antéchrist*: un ultimatum. Paris: Aubier-Montaigne, 1972.

BENJAMIN, W. *Origine du drame baroque allemand*. Paris: Gallimard, 1989. [Ed. bras.: *A origem do drama barroco alemão*. São Paulo: Iluminuras, [s.d.].]

_____. Sur le concept d'histoire. In: *Écrits français*. Paris: Gallimard, 1991. [Ed. bras.: *Magia e técnica, arte e política*. São Paulo: Brasiliense, 1985.]

BENSAÏD, D. *Le pari mélancolique*. Paris: Fayard, 1997.

_____. *Les dépossédés*: Karl Marx, les voleurs de bois et droit des les pauvres. Paris: La Fabrique, 2007.

BERNSTEIN, E. *Les présupposés du socialisme*. Paris: Seuil, 1974. [Ed. port.: *Os pressupostos do socialismo e as tarefas da social-democracia*. Lisboa: Dom Quixote, 1976.]

BLOCH, E. *Geist der Utopie*. München: Duncker & Humblot, 1918. [*L'esprit de l'utopie*. Paris: Gallimard, 1977.]

_____. *Le principe d'espérance*. Paris: Gallimard, 1976-1991. 3v. [Ed. bras.: *O princípio da esperança*. Rio de Janeiro: Contraponto, 2006. 3v.]

BOURDIEU, P. *Méditations pascaliennes*. Paris: Seuil, 1997. [Ed. bras.: *Meditações pascalianas*. Rio de Janeiro: Bertrand Brasil, 2001.]

CALVIÉ, L. *Aux origines du couple franco-allemand*: critique du nacionalisme et révolution démocratique avant 1848. Toulouse: Presses Universitaires du Mirail, 2004.

CAPDEVILA, N. *Le concept d'idéologie*. Paris: PUF, 2004.
CHOE, H. *Idéologie: Eine Geschichte der Entsthung des Gesellschfts Kritischen Begriffs*. Bern: Peter Lang, 1997.
CIESZKOWSKI, A. *Prolegomena zur Historiosophie*. Berlin: Veit, 1938. [*Prolégomènes à l'historiosophie*. Paris: Champ Libre, 1973.]
DELLA VOLPE, G. *La logique comme science historique*. Bruxelles: Complexes, 1977.
DRAPER, H. *Karl Marx's Theory of Revolution*. New York: Monthly Review, 1983.
DUMÉNIL, G.; LÖWY, M.; RENAULT, E. *Les 100 mots du marxisme*. Paris: PUF, 2009.
ENGELS, F. *Dialectique de la nature*. Paris: Éditions Sociales, 1952. [Ed. bras.: A *dialética da natureza*. Rio de Janeiro: Paz e Terra, 1979.]

_____. *Ludwig Feuerbach et la fin de la philosophie classique allemande*. Paris: Éditions Sociales, 1979. [Ed. bras.: *Ludwig Feuerbach e o fim da filosofia clássica alemã*. São Paulo: Edições Sociais, 1977.]

_____. *Quelques mots sur l'histoire de la Ligue des communistes*. In: MARX, K. *Révélations sur le procès des communists à Cologne*. Paris: Costes, 1939.

_____; MARX, K. *Ausgewählte Briefe*. Berlin: Dietz, 1953.

_____; _____. *Correspondance de F. Engels, K. Marx et divers*. Paris: Costes, 1950.

_____; _____. *Correspondance*. Paris: Progrès, 1981.

_____; _____. *Der Briefwechsel zwischen Marx und Engels 1868-1883*. In: MARX, K. *Marx-Engels Gesamtausgabe*. Berlin: Marx-Engels Verlag, 1931. v.3, t.4.

_____; _____. *L'idéologie allemande*. Paris: Éditions Sociales, 1976. [Ed. bras.: A *ideologia alemã*. São Paulo: Boitempo, 2007.]

_____; _____. *La sainte famille*. Paris: Éditions Sociales, 1972. [Ed. bras.: A *sagrada família*. São Paulo: Boitempo, 2003.]

_____; _____. *Lettres sur les sciences de la nature*. Paris: Éditions Sociales, 1973.

_____; _____. *Marx Engels Werke*. 21.ed. Berlin: Karl Dietz Verlag, 2005.

_____; _____. *Selected Works*. Moscow: Progress, 1969.

_____; _____; LENIN, V. *Sur la Commune de Paris*. Moscow: Progrès, 1971.

FEUERBACH, L. *L'essence du christianisme*. Paris: Maspero, 1982. [Ed. bras.: A *essência do cristianismo*. Petrópolis: Vozes, 2009.]

FEUERBACH, L. Necessité d'une réforme da la philosophie. In: *Manifestes philosophiques*. Paris: PUF, 1973.

_____. Principes de la philosophie de l'avenir. In: *Manifestes philosophiques*. Paris: PUF, 1973. [Ed. port.: *Princípios da filosofia do futuro*. Lisboa: Edições 70, 1988.]

_____. *Sans objet*. Paris: Vrin, 2009.

_____. Thèses provisoires pour la réforme de la philosophie. In: *Manifestes philosophiques*. Paris: PUF, 1973.

FOUCAULT, M. *Il faut défendre la société*. Paris: Gallimard, 1997. [Ed. bras.: *Em defesa da sociedade*. São Paulo: Martins Fontes, 2000.]

GAYOT, L. L'idéologie chez Marx: concept politique ou theme polémique? *Actuel Marx en Ligne*, Paris, n.32, 15 out. 2007. Disponível em: <http://actuelmarx.u-paris10.fr/indexm.htm>. Acesso em: 11 mar. 2011.

GRAMSCI, A. *Oeuvres choisies*. Paris: Éditions Sociales, 1959.

GUTTERMAN, N.; LEFEBVRE, H. *Introduction aux morceaux choisis de Karl Marx*. Paris: Gallimard, 1934.

HABER, S. *L'aliénation*: vie sociale et expérience de la dépossession. Paris: PUF, 2007.

HABERMAS, J. *La technique et la science comme idéologie*. Paris: Gallimard, 1973. [Ed. port.: *A técnica e a ciência como ideologia*. Lisboa: Edições 70, 1994.]

_____. *Le discours philosophique de la modernité*. Paris: Gallimard, 1985. [Ed. bras.: *O discurso filosófico da modernidade*. São Paulo: Martins Fontes, 2002.]

HEINE, H. *Deutschland*: Ein Wintermärchen. Hamburg: Hoffmann & Campe, 1844. [*De l'Allemagne*. Paris: Gallimard, 1998.]

_____. *Pages choisies*. Paris: Éditions Sociales, 1964.

_____. Zur Geschichte der Religion und Philosophie in Deutschland. In: *Der Salon*. Hamburg: Hoffmann & Campe, 1835. [*À propos de la religion et de la philosophie en Allemagne*. Paris: Gallimard, 1998.]

HESS, M. Catéchisme communiste par questions et réponses. In: GRANDJONC, J. *Marx et les communistes allemands à Paris*. Paris: Maspero, 1974.

_____. *Die europäische Triarchie*. Leipzig: Otto Wigand, 1841. [*La triarchie européenne*. Tusson: Lérot, 1988.]

_____. L'essence de l'argent. In: FONTENAY, E. de. *Les figures juives de Marx*. Paris: Galilée, 1973.

_____. Philosophie de l'action. In: BENSUSSAN, G. *Moses Hess, la philosophie, le socialisme*. Paris: PUF, 1985.

HONNETH, A. La critique comme mise au jour. In: RENAULT, E.; SINTOMER, Y. (Org.). *Où en est la théorie critique?* Paris: La Découverte, 2003. p.59-74.

_____. *Pathologien der Vernunft:* Geschichte und Gegenwart der Kritischen Theorie. Frankfurt: Suhrkamp, 2007.

JOAS, H. *Praktische Intersubjektivität:* Die Entwicklung des Werks von George Herbert Mead. Frankfurt: Suhrkamp, 1980. [*George Herbert Mead:* une réévaluation contemporaine de sa pensée. Paris: Economica, 2007.]

KANT, I. Sobre a expressão corrente: isto pode ser correto na teoria, mas nada vale na prática. In: *A paz perpétua e outros opúsculos.* Lisboa: Edições 70, 1988. p.57-102.

KORSCH, K. *Marxisme et philosophie.* Paris: Minuit, 1968. [Ed. bras.: *Marxismo e filosofia.* Rio de Janeiro: Ed. UFRJ, 2008.]

LABICA, G. *Karl Marx:* les thèses sur Feuerbach. Paris: PUF, 1987. [Ed. bras.: *As teses sobre Feuerbach de Karl Marx.* Rio de Janeiro: Jorge Zahar, 1990.]

LABRIOLA, A. *Essais sur la conception matérialiste de l'histoire.* Paris: Gordon & Breach, 1970.

LICHTHEIM, G. *Marxism:* an Historical and Critical Study. New York: Praeger, 1962.

LUKÁCS, G. *História e consciência de classe.* São Paulo: Martins Fontes, 2001.

_____. *Théorie du roman.* Paris: Flammarion, 2000. [Ed. bras.: *A teoria do romance.* São Paulo: Ed. 34, 2000.]

MACHEREY, P. À propos du procès d'exposition du Capital. In: ALTHUSSER, L. et al. *Lire Le Capital.* Paris: PUF, 1996. v.1, p.213-256.

_____. *Marx 1845:* les "thèses" sur Feuerbach. Paris: Amsterdam, 2008.

MANNHEIM, K. *Idéologie et utopie.* Paris: Maison des Sciences de l'Homme, 2006. [Ed. bras.: *Ideologia e utopia.* Rio de Janeiro: Jorge Zahar, 1982.]

MARIÁTEGUI, J. C. El problema de las razas en America Latina. In: _____. *Ideologia y política.* Lima: Amauta, 1969.

MARX, K. Crétinisme parlementaire et opportunisme. In: *Pages choisies pour une éthique socialiste.* Paris: Marcel Rivière, 1948.

_____. *Critique du droit politique hégélien.* Paris: Éditions Sociales, 1975. [Ed. bras.: *Crítica da Filosofia do Direito de Hegel.* São Paulo: Boitempo, 2010.]

_____. *Critique du programme de Gotha.* Paris: Éditions Sociales, 2008.

MARX, K. *La guerre civile en France*. Paris: Éditions Sociales, 1952. [Ed. bras.: A guerra civil na França. In: MARX, K.; ENGELS, F. *Obras Escolhidas*. São Paulo: Alfa Ômega, 1985. p.39-103, v.2.]

_____. *Le 18 Brumaire de Louis Bonaparte*. Paris: Éditions Sociales, 1948. [Ed. bras.: *O 18 de brumário de Luís Bonaparte*. São Paulo: Boitempo, 2011.]

_____. *Le capital*: livre premier. Paris: PUF, 1993. [Edição Roy – Paris: Maurice Lachatre et cie., 1872–75].

_____. *Le capital*: livre deuxième. Paris: Éditions Sociales, 1974. [Ed. bras.: *O capital*: crítica da economia política. 23.ed. Rio de Janeiro: Civilização Brasileira, 2009.]

_____. *Le capital*: livre troisième. Paris: Éditions Sociales, 1974.

_____. *Les luttes des classes en France (1848-1850)*. Paris: Éditions Sociales, 1948.

_____. *Les manuscrits de 1844*. Paris: GF, 1996.

_____. *Oeuvres philosophiques*. Paris: Costes, 1948.

_____. *Oeuvres*: economie. Paris: Gallimard, 1968. v.2, Coleção La Pléiade.

_____. *Oeuvres*: philosophie. Paris: Gallimard, 1982. v.3, Coleção La Pléiade.

_____. *Oeuvres*: politique. Paris: Gallimard, 1994. v.1.

_____. *Philosophie*. Paris: Gallimard, 1994.

_____. Provisional Rules of the Association. In: INTERNATIONAL WORKINGMEN'S ASSOCIATION. General Council. *The General Council of the First International 1864-1866*: the London Conference 1865. Moscow: Foreign Languages Publishing House, 1964.

_____. *Révélations sur le procès des communistes*. Paris: Costes, 1939.

MEAD, G. H. *Mind, Self and Society*. Chicago: Chicago University, 1934.

PAPAIOANNOU, K. *Marx et les marxistes*. Paris: Flammarion, 1965.

POLITZER, G. *Écrits*: les fondements de la psychologie. Paris: Éditions Sociales, 1969. v.2.

RENAULT, E. Marx et sa conception déflationniste de la philosophie. *Actuel Marx*, Paris, n.46, 2009.

_____. Qu'est-ce que les Manuscrits de 1844? In: *Lire les Manuscrits de 1844*. Paris: PUF, 2008.

RICARDO, D. *Princípios da economia política e da tributação*. São Paulo: Abril Cultural, 1983.

RUBEL, M. *Pages choisies pour une éthique socialiste*. Paris: Rivière, 1948.

SARTRE, J.-P. *Critique de la raison dialectique*. Paris: Gallimard, 1960. [Ed. bras.: *Crítica da razão dialética*. Rio de Janeiro: DP&A, 2002.]

SHANIN, T. *Late Marx and the Russian Road*: Marx and the "Peripheries of Capitalism". New York: Monthly Review, 1983.

SMITH, A. *A riqueza das nações*. São Paulo: Martins Fontes, 1999.

SPIVAK, G. Les subalternes peuvent-ils prendre la parole. In: DIOUF, M. (Org.). *L'historiographie indienne en débat*. Paris: Karthala, 1999.

STRAUSS, D. F. *Das Leben Jesu*: Kritisch bearbeitet. Tübingen: Osiander, 1835-1836.

TORT, P. *Marx et le problème de l'idéologie*: le modèle égyptien. Paris: PUF, 1988.

VYGOTSKY, L. S. *Conscience, inconscient, émotions*. Paris: La Dispute, 1997.

_____. *Pensée et langage*. Paris: La Dispute, 1997. [Ed. bras.: *Pensamento e linguagem*. São Paulo: Martins Fontes, 2008.]

WALZER, M. *Critique et sens commun*: essai sur la critique sociale et son interprétation. Paris: La Découverte, 1990.

WEBER, M. *L'éthique protestante et l'esprit du capitalisme*. Paris: Gallimard, 2003. [Ed. bras.: *A ética protestante e o espírito do capitalismo*. São Paulo: Companhia das Letras, 2008.]

SOBRE O LIVRO

Formato: 14 x 21 cm
Mancha: 23 x 42 paicas
Tipologia: Goudy Old Style 11/13
Papel: Pólen Soft 80 g/m² (miolo)
Cartão Supremo 250 g/m² (capa)
1ª edição: 2011
316 páginas

EQUIPE DE REALIZAÇÃO

Edição de Texto
Dalila Pinheiro e Artur Gomes (Preparação de original)
Íris Morais Araújo e Maria Alice da Costa (Revisão)

Capa
Estúdio Bogari

Editoração Eletrônica
Eduardo Seiji Seki (Diagramação)

Assistência editorial
Alberto Bononi

Impressão e acabamento